阿育王时代变造佛教之史探（上）

阿育王掌控僧团推行变造、
分裂佛教之政策

随佛禅师　著

复旦大学出版社

目　次

序——法利中华
初版序
二版序——慧日出云
随佛禅师简介

1　引述 ··· 1
  1-1　主要引用的文献资料及年代 ···································· 1
    1-1-1　经诵 ·· 1
    1-1-2　律藏 ·· 2
    1-1-3　论书 ·· 2
    1-1-4　史献 ·· 3
    1-1-5　汉传教派 ··· 4
    1-1-6　现代学术著作 ·· 6
    1-1-7　其他 ·· 8
  1-2　孔雀王朝至今，四圣谛佛教发展大事记 ················· 8

2　佛陀、阿育王的年代考证 ··· 14
  2-1　确立印度佛教史探的基点 ······································ 14
  2-2　阿育王年代的确立 ·· 14
  2-3　佛陀年代的确立 ·· 16
    2-3-1　《周书异记》的古代星象传说 ······················ 16
    2-3-2　托附"众圣点记"的传说 ······························· 18

- 2-3-3 出自"(大乘)菩萨道"的传说 ……………………… 19
- 2-3-4 出自各部派的记录 ……………………………… 24
- 2-3-5 验证僧团师承与王统的说法 ………………… 26
- 2-3-6 锡兰传说的疑问 ……………………………… 30
- 2-3-7 确定佛陀的年代 ……………………………… 32

3 阿育王掌控僧团，变造、分裂佛教之史探 …………… 37
3-1 总说佛教分裂 ……………………………………… 37
- 3-1-1 研究佛教分裂史的认识 ………………………… 37
- 3-1-2 佛教纷争、分裂史的四种旧说 ………………… 38
- 3-1-3 探知"王权压迫，变造佛教"的分裂史 ……… 59
- 3-1-4 佛教分裂的真正原因 …………………………… 61

3-2 略述"五事异法僧争" ……………………………… 66
3-3 孔雀王朝的起源背景 ……………………………… 68
3-4 旃陀罗笈多确立神圣王朝 ………………………… 71
3-5 阿育王的谋国之路 ………………………………… 75
- 3-5-1 阿育王弑兄谋位 ………………………………… 75
- 3-5-2 阿育王的宗教策略与佛教裂变 ………………… 77
- 3-5-3 南传铜鍱部的混淆记载 ………………………… 119
- 3-5-4 阿育王变造佛教的政策 ………………………… 126
- 3-5-5 佛法及《舍利弗阿毗昙论》的主要差异 ……… 140
- 3-5-6 佛说一乘道、道次第与生活态度 ……………… 148
- 3-5-7 阿罗汉无漏、不究竟的论义 …………………… 152
- 3-5-8 变造阿罗汉的证量——折衷五事的僧争 …… 155
- 3-5-9 佛教僧团分裂为三大部系 ……………………… 155
- 3-5-10 论书开启部派佛教的时代 …………………… 158

3-6 阿育王推广论书主导的"变型佛教" ……………… 160

3-6-1	变型佛教对佛教、人民、国家的长期伤害	160
3-6-2	论系之分别说部	161
3-6-3	阿育王分建佛舍利塔于各地	165
3-6-4	释迦族供奉的佛舍利	171
3-6-5	华人佛教徒迎奉佛陀真身遗骨（舍利）	189
3-6-6	印度分别说部学团的分化	192
3-6-7	政教一体的统治政策	194
3-6-8	阿难系僧团的反制	198
3-6-9	阿育王压制优波鞠多	201
3-6-10	五部僧团分化	209
3-6-11	阿育王与分别说部学团	214
3-6-12	阿育王在佛教的定位及影响	216
3-6-13	君士坦丁大帝在基督教的定位及影响	217
3-6-14	阿育王与君士坦丁大帝的比较	220
3-7	孔雀王朝与佛教	220
3-7-1	依经传法的阿难系僧团	220
3-7-2	维护经律的摩偷罗僧团	221
3-7-3	阿育王引发分裂及敕禁分裂	222
3-7-4	变造佛法的分别说部	223
3-7-5	始终支持耆那教的孔雀王朝	224
3-7-6	灭孔雀王朝者崇信婆罗门教	225
3-8	佛教分裂的真实情况	227
3-8-1	中印三次僧团大争端	227
3-8-2	初分裂为三大派、五部僧团	227
3-8-3	律师僧团的传承与分裂	229
3-8-4	经师僧团的传承与分裂	236
3-8-5	佛教分裂的真实情况	248

3-9 佛教分裂的伪史 ································· 249
　　3-9-1 编造佛教分裂伪史的原因 ················· 249
　　3-9-2 分别说部诬蔑毗舍离僧团 ················· 252
　　3-9-3 大众部指责分别说部的说法 ··············· 256
　　3-9-4 分别说部诬蔑毗舍离僧团的说法 ··········· 257
　　3-9-5 分别说部欺压摩偷罗僧团的说法 ··········· 257
　　3-9-6 说一切有部凌驾分别说部的说法 ··········· 258
3-10 分别说系铜鍱部的发展 ························· 259
　　3-10-1 锡兰佛教的过去与今日 ··················· 259
　　3-10-2 缅甸佛教的发展 ························· 268
　　3-10-3 泰国佛教的发展 ························· 269
　　3-10-4 铜鍱部的比丘尼传承 ····················· 270
　　3-10-5 台湾佛光山的作为 ······················· 272
　　3-10-6 恢复铜鍱部比丘尼的困难 ················· 274
　　3-10-7 齐力恢复比丘尼僧团传承 ················· 277

4 **菩萨信仰与比丘尼的宗教地位** ················· 279
　4-1 菩萨信仰的发展 ··························· 279
　4-2 三十二相的信仰 ··························· 280
　4-3 贬抑女性的宗教信仰 ······················· 282
　4-4 比丘尼的宗教地位 ························· 283
　4-5 《八敬法》的制定背景与现代意义 ············· 287
　4-6 建立原始佛教两部僧团的传承 ··············· 293

5 **正法与异说的消长** ··························· 297
　5-1 略说原始佛法与《舍利弗阿毗昙论》的差异 ······ 297
　5-2 经师、论师的对抗 ························· 300

5-3 经法、论义的对立及影响 ·················· 301
5-4 大乘、小乘的争论 ·················· 302
5-5 重现原始佛教光辉,昌盛人间 ·················· 306

后　记 ·················· 311

原始佛教传承史大事略记 ·················· 312

序——法利中华

佛教各派传诵的佛教史,一直是各说各话的状况,也是各说、各信、各传的处境。简单的说,佛教既没有统一的佛教史,也无有统一于佛教史实的佛教历史教育。

自佛教发生分裂,佛教发展出各部派宗门以后,分别立派的各方僧团为了达到"自派胜于他宗"的目的,不免篡改史实,各编纂出有利于"确立自派权威"的伪史。因此,同样的史实,不同的部派是各有不同的历史传述。

由于部派佛教的建立,是先有"自派"的建立,后有"自派传述的佛教史",造成"佛教界既无有统一的思想及佛教史,也无契合史实的佛教史"的困境。如此,佛教无有一致的思想与契合史实的佛教史,佛教只会分裂难合。

华人社会的主要传统宗教信仰是佛教,当佛教的历史、教说、信仰分歧难合时,信仰佛教的华人社群也无法团结,这是各地区华人社群的老问题。

近代的中国社会受到西方宗教及文化的影响,使中国社会族群有着明显的分化,信仰佛教、道教与信仰基督、天主、伊斯兰教的中国人,彼此有着相当不同的社会差距。由于信仰佛教、道教的社群,明显受到消极、退缩、不务实际的宗教文化影响,使中国社会的发展逐渐朝向西方社会倾斜,更造成中国社会的特有性、独立性减弱。

若要减轻西方文化侵蚀中国社会根基的问题,可以透过统一佛教史实、修正佛教教说,改正佛教的偏差教说、消极文化、逃避态度,提升与强化佛教徒的正向思想、生活能量与人口数,促进中国佛教徒的素质及团结,提高中国社会的独立性与稳定性。

　　人类群体的利益,是无法统一无争,出自宗派利益的"宗派伪史",肯定无法令各方佛教徒信奉。反之,愈接近史实的记载,愈能够让各方人士信受,并依之建立共识。

　　探求原始佛教的基础,是依据佛教史实厘清各派之间起承关涉的偏差见解与作法,并予以消除,恢复释迦佛陀的教导,使佛教徒共信共行。本书的宗旨,即在于此。

　　先确立史实,再根据史实探知释迦佛陀的本怀,使十方佛子、学人如实知、共信、共行,并借助团结佛教的力量,兴隆社会、国家。

　　上海复旦大学出版社愿意出版此书,虽本人不收取任何费用,依然致上诚挚的谢意!

随佛

佛正觉后 2453 年 1 月・公元 2021 年 2 月

初版序

印度阿育王是佛教的知名人物，两千多年来佛教的僧俗二众，一直认定阿育王是坚定护持佛教的大护法。甚至，某些学派特别称誉阿育王，并将阿育王与佛陀时代的频婆娑罗王、波斯匿王同列，推崇是兴隆佛教的护法君王。

自部派佛教时代起，两千两百多年的佛教称誉，使阿育王的护法形象深植人心，受到佛教各界的赞誉。然而，历史上真实的阿育王，真的是佛教的重要护法君王？阿育王的作为是护持佛教、发展佛教，还是变造、分裂佛教？

经由印度佛教各派的史献比对，佛灭百余年的佛教历史，正是攸关佛教僧团分裂、教法分歧的重要时代。这一时代的佛教重大事件，几乎都与阿育王有着密切的关连，阿育王的作为直接影响了佛灭百余年的佛教，也间接影响了两千多年来的佛教发展。

目前佛教圈流传的佛教史，其实多数是各学派自说自话、自立权威地位的佛教史，同一事件的历史记载，往往多有龃龉，彼此对立不同。许多学界的研究，同样也陷于引据资料的偏误，变成"有见解、没事实"的观点。

探究佛教的史实，不可只引据、信受某特定学派的史献记载，必须经过多方史献的引据、比对、爬梳、整治。除此以外，若只探知史献，易流于"只知其然，不知其所以然"的处境，故有必要参究"经律"与"经律演变"，辅以现实佛教的演变史实，这才较能得知"佛教演变的表里关涉"，尽最大程度地接近佛教史实。

阿育王是最早统一中印度的君王，也是极大程度涉入佛教僧团与思想结集,推行"掌控僧团、变造佛教"政策的君王。佛教的分裂及变质,阿育王要负起绝大部分的责任。

因此,对于佛灭后百余年的佛教发展,探究阿育王与阿育王的宗教政策,是极其重要的研究要点。

本书的内容,原是拙作《原始佛法与佛教之流变》之原始佛教、根本佛教、部派佛教、大乘菩萨道、秘密乘等五大章篇中,属于部派佛教的部分内容。

本书分上、下两册,上册详述"阿育王掌控僧团推行变造、分裂佛教之政策",下册是详论"《舍利弗阿毗昙论》变造佛教之异说"。本书提供的探究,不仅涉及"第一次经律结集"之《七事修多罗》的原说,兼及部派佛教各派传诵之经、律、论、史献的比对研究,同时探明国际学术界尚未研究确认的印度佛教史实。

依此研究佛教演变,探明佛教由务实、团结、昌盛转为分裂、质变、衰微,发生其间的转折点与关键原因,目的是为世人重开正确认识佛法及佛教的窗口,并为佛法的显扬及传承开启新机运。

随佛

自序于台北内觉禅林
佛正觉后 2449 年雨安居
公元 2017 年 9 月

二版序——慧日出云

佛教是亚洲文化的主要元素之一,也是华人社会的主要信仰之一,影响华人社会极为深远。自十九世纪起,西方社会挟着"第一次工业革命"的成果,向世界各地侵略及殖民,亚洲各国普遍遭受到侵略、压迫、灭国、殖民。各国原有的民族文化与信仰,也同样无法抵挡基督教的强势文化。在此之下,亚洲的儒教、佛教、道教与民间泛灵信仰,逐步地被西方基督文化取代。

在亚洲,佛教是基督教的首要对手,二十世纪初年,中国曾有几位信仰基督教的军人,他们对佛教大加迫害。

现代的台湾社会,广义佛教的信众人数,依然多过信仰基督教、天主教的信众。但是,基督教对台湾社会的主导性与影响力,是远在佛教之上。为什么?

长久以来,佛教一直受到社会精英的质疑、拒绝。理由是:虽然佛教推广高度善良的道德规范,但却提倡种种不合实际的思想,鼓吹消极、避世的生活态度,不仅无助于个人、家庭、社会的进步,更会成为国家强盛的障碍。

因此,社会各界的精英是多数不认同佛教,并且佛教信众的类型,也是以女性及中老年人居大多数,而为数不多的年青信众当中,多数的青年佛教徒是倾向感性、温和、善良、逃避竞争及困境的特质,只有极少数是善良、理性、务实、积极且勇于面对竞争的年青人。如此可知,这样的佛教,是衰弱的佛教,是只能适应安逸、善良、稳定、平安的环境,却无力面对罪恶、困境、竞争及多重挑战的现实世界。

例如,在西化超过60年的台湾社会,西方文化已在第三代开花结果，年青人接近佛教的比例是愈来愈少，中国大陆社会也流传着"佛系青年"的担忧、贬抑观点，而马来西亚华人社群愿意接受佛教的年青人，更是每况愈下。南传佛教国家的处境也一样，当社会逐步现代化以后，佛教的信众、僧侣人数逐年的下降，愿意出家的年青人也愈来愈少。佛教的前途，不是不看好，是已陷入极大的困境！

目前流传的"佛教思想"，确实充斥着众多脱节现实、不合实际而为社会难以接受的思想，更鼓吹消极、避世的生活态度。例如南传佛教宣传：一切皆无常、苦、空、无我，应当厌离、远离。又如北传佛教宣传：一、一切法毕竟空，如梦、如幻，毕竟不可得（《般若经》及《中观》）；二、真如是实，能生一切，不著一切；万法唯识，一切皆假，假必依实（唯识体系）；三、清净真我相，此即如来藏，又名清净心，具恒沙功德，心净国土净（唯心体系）。佛教徒冷静想想：在现实的人间，目前佛教流传的思想及生活态度，现代社会精英、青年愿意信受吗？现代人可以获得务实、有效的帮助吗？

科学发展不会停顿，社会的发展只会更加的务实、实际，世人为了追求更优质、稳定的生活，富民强国是不会改变的目标。在此之下，国际间的竞争、合作、团结绝不会停止，而务实、实际、积极的思想与生活态度，更是必要的发展基础。

在当前世界的需要及前进方向下，充斥着不合实际、消极、避世思想的"目前佛教"，如果不改变流传的思想及做法，"目前佛教"势必走向被世界淘汰的结局，必定要被时代巨轮碾碎。

个人探究、还原原始佛教的教法，并厘清部派佛教的史实，确定了"目前佛教"多是受《舍利弗阿毗昙论》影响的变型教法。然而，《舍利弗阿毗昙论》出自分别说部的编集，是配合阿育王的宗教政策，依据奥义书、耆那教为主轴的"变造佛教"，目的是建立御用佛教集团来平衡某些反阿育王的耆那教势力，并消除佛教与耆那教的教法差异，使御用佛教集团与耆那教皆成为孔雀王朝的支持力量，稳定孔雀王朝的统治。

　　简要地说，目前佛教的教法早已不是释迦佛陀的真实教，是出自后世的编伪，不仅严重地脱节现实，在现代社会形态下，更是个人、社会、国家的发展障碍。

　　还原、宣扬原始佛教的经说教义，目的不是破坏现有的宗门法派，更不是要创立新佛教门派。原始佛教会的目的是团结全世界的华人，致力于"续佛慧命，兴隆佛教，利乐世间"，使佛教经由"还原佛陀教说"，宣扬契合实际、尊重生命的思想，提倡务实、积极及勇于面对困难、竞争、挑战的生活态度，教育出端正、公义、尊重生命且不惧竞争、挑战、善于解决问题的佛弟子。如此，佛教可以走在社会先端，胜任现代社会的需要，不畏社会的困难及挑战，务实、有效地利益世人，使佛教长传不绝。

随佛

佛正觉后 2450 年 5 月·公元 2018 年 6 月

随佛禅师简介

一、法脉传承

随佛禅师（Ven. Bhikkhu Vūpasama Thero）为中国人，出生于中国台湾省，自1972年修学佛法至今已48年，在世界各地创办"原始佛教会"，是自公元前262年《舍利弗阿毗昙论》传出、佛教分裂后至今，再次还原、振兴隐没已约有2 280年之原始佛教的法脉传人。

禅师出家于缅甸铜鍱部僧团，剃度师是承续雷迪大师（Ven. Ledi Sayadaw, C. E. 1846～1923）禅法及道场系统之 Ven. Bhaddanta Zagara Bhivamsa 长老。

2002～2018年，随佛禅师对于佛教教法的探究与修行，主要的研究是"从佛教最古老传承的《七事修多罗》，探寻佛教初始时期的教法，依此致力于释迦佛陀教法、禅法、道次第原貌的探究、阐扬与实践"。

随佛禅师不仅传承原始佛教,也熟习汉传佛教各宗宗义,印度菩萨道之"般若"、"瑜伽"与"如来藏"等三系思想,特别是对《般若经》《中论》的思想与"禅宗"的禅法,皆有深入的体会与教学经验。

2014年依原始佛教会为基础,再创立"四圣谛佛教会",团结仰信"四圣谛"的原始佛教及南传佛教,提倡"原始佛教、南传上座、汉传显教、藏传密乘,四系一家,同利人间"。

2015年,禅师依据《相应阿含》《佛说阿弥陀经》《毗尼母经》的传诵,著作《三阶念佛弥陀禅》,提倡"持名念佛、定心念佛、实相念佛"的三阶念佛;导归"见因缘法之实相念佛",正确为世人揭示"由末法向正法"的弥陀法门。《三阶念佛弥陀禅》指出,"弥陀行者终是原始佛教行者,原始佛教行者也是弥陀行者",促进原始佛教、汉传佛教是一家无争、和谐共荣的新时代。

自2013起,禅师在中国大陆各地寺院传授禅法,引导中国大陆佛弟子学习经法、禅法,促进原始佛教的传续、学习。

2018年,禅师经16年的努力,不仅完成了阿难系汉译《相应阿含》(古误译名《杂阿含》)、优波离系汉译《别译杂阿含》及论师系南传《相应部》的比对研究,并进一步地依据南传、汉传三藏及历史考证,根据汉译《相应阿含》、南传《相应部》之《因缘相应》《食相应》《圣谛相应》《界相应?》《五阴(蕴)相应》《六处相应》及《四念处等道品相应》等《七事修多罗》的共说,"依经证经"地还原佛陀原说教法。

依据古老《七事修多罗》还原的原始佛教,不论是教法、禅法、修证次第、圣者典范的定义,处处不同于受分别说部论义影响的部派佛教,也不同于分别说系的南传佛教,更不同于延续部派佛教而再创新发展的"大乘菩萨道"。

原始佛教之教法核心,是"十二因缘法",最主要的内容有:1."六处分位"的"十二因缘法";2."十二因缘观"的正确方法与次第法;3.观十二因缘(四念处),次第起八正道(七解脱、五根、五力、四神足),先断无明、后断贪欲,次第究竟"四圣谛三转、十二行"的"修证次第",成就正觉、离贪、慈悲喜舍、解脱的"一乘道次第"。

二、僧戒律脉传续

随佛禅师现今担任中华、美国、马来西亚、澳洲、欧洲各地原始佛教会的导师,并兼任中国台湾、马来西亚、纽约等地中道禅林的导师,相近共学为奉守原始佛法的"中道僧团"。

随佛禅师暨中道僧团,既不受取、不积蓄、不使用钱财,也无"为僧人管理金钱供养的净人",常年宣法于世界各地,不定居一处。

佛正觉后2450年1月14～15日,公元2018年3月1～2日,中道僧团随佛禅师迎请斯里兰卡 Amarapura Nikāya 的大长老 Most Ven. Kammatthanacara Dodampahala Chandrasiri Maha Nayaka Thero 及 Siam Nikāya 的长老 Ven. Kirama Wimalajothi Maha Thero 等十位斯里兰卡僧团大德,在台北内觉禅林建立原始佛教根本戒场,并传比丘戒。

2018年11月25日,阿曼罗普罗派 Amarapura Nikāya 第二十代首席大戒师 Ven. Kammatthanacara Dodampahala Chandrasiri Maha Nayaka Thero 正式认定、承认:由随佛长老领导的中道僧团,是传承阿曼罗普罗派之僧律法脉于中国大陆、台湾及马来西亚等地华人社会的正统僧团。自此,随佛禅师领导中道僧团,自斯里兰卡阿曼罗普罗派 Amarapura Nikāya 承续两千四百多年之解脱僧团律脉于中华。

三、传承著作

随佛禅师已出版的中文著作有:
1.《跟随佛陀的人》(2003出版)

2.《不食肉与慈心之道》(2005 出版)

3.《相应菩提道次第》(2008 出版)

4.《原始佛教之确证与开展》(2010 出版)

5.《嫉妒的觉知与止息》(2011 出版)

6.《突破困难的智慧与方法》(2012 出刊、2014 出版)

7.《正觉的财富观与生涯规划》(2014 出版)

8.《正觉人生的规划与落实》(2014 出版)

9.《十二因缘经法原说略讲》(2014 出版)

10.《相应菩提道次第纲要》(2014 出刊、2015 出版)

11.《原始佛教之界定》(2014 出版)

12.《七觉分统贯佛陀一代圣教》(2015 出版)

13.《净土真义》(2014 出版)

14.《三阶念佛弥陀禅》(2015 出版)

15.《随佛行道》第一、二、三辑(2016、2017、2019 出版)

16.《阿育王时代变造佛教之史探(上、下)》(2018 出版)

17.《十二因缘之原说与奥义》(2018 出版)

禅师另有讲述佛法的影音，目前共有二十余种传世。

四、还原、重现原始佛法

随佛禅师依据汉译三藏、南传三藏及史献，比对汉译《相应阿含》及南传《相应部》之《因缘相应》《食相应》《圣谛相应》《界相应?》《五阴(蕴)相应》《六处相应》《四念处等道品相应》等《七事修多罗》的共说，再进一步去除其中糅杂《舍利弗阿毗昙论》思想的论义经诵，还原佛灭当年"第一次经诵结集"的集成。经过 16 年的探究，2018 年 4 月完成了《七事修多罗》的古老经说还原。这在回归释迦佛陀的原说教导上，主要有八大要点：

1. 显现印度佛教根本分裂的隐没史实

考证：佛灭 116～152 年间，阿育王变造、分裂佛教的真相，并依此还原佛教的原始经诵及僧团、教法演变的史实。

2. 还原"十二因缘法"的原说

根据古老《七事修多罗》的经说，还原"依六处分位"之"十二因缘法"的经法原说，修正目前佛教误传——出自分别说部《舍利弗阿毗昙论》编伪之"依识分位"的"因俱生法"，再次回归正统佛教的五阴缘生说、轮回缘生说。

3. 重现"十二因缘观"的原说

从"六入处观集法、灭法"入手，现观"十二因缘集法与灭法"。观五阴系缚及苦的生法与灭法、观四念处生法与灭法、观四食的生法与灭法、观老死及苦的生法与灭法、观向正定断苦成就之神足，都是修习"观十二因缘的生法与灭法"。

4. 还原"四圣谛"的原说

依正统十二因缘，还原"贪爱五阴有苦"的四圣谛，舍弃"五阴是苦"的错误四圣谛，修正"灭五阴是道，解脱与涅槃混淆"的偏差，回归"厌离、不厌离俱舍是离贪，现前生活灭苦解脱"的八正道。

5. 重现"一乘道次第"的原说

还原"先断无明，后断贪爱"，舍弃"十结"及四种圣贤的论义，重现"四圣谛三转、十二行"的"一乘菩提道次第"。

6. 还原"三十七道品"的次第、内涵

还原古老《七事修多罗》的五盖、四念处、四正勤、四神足、五根、五力、七觉支、八正道的经法原义及修证次第。修正糅杂《舍利弗阿毗昙论》的论义经诵，去除错误教说。

7. 重现佛教"中道"的原说

经由还原佛陀亲说的"十二因缘法"，重新显现"修十二因缘观，次第起灭苦正道，统贯三十七道品，究竟四圣谛三转、十二行，成就正觉、离贪、慈悲喜舍、解脱"的"中道"。

8. 厘清印度佛教分裂及佛法变异的真相

根据南北传三藏、史献的考证，参考印度史献、现代佛教学术研究，确认阿育王促成"变造佛法"及僧团分裂的事实。

9. 还原《七事修多罗》的古老经说

自公元 2002~2018 年共历时 16 年，随佛禅师根据汉译说一切有部《相应阿含》、巴利铜鍱部《相应部》当中古老共说之《七事修多罗》的比对，以及南北传三藏、史献的考证，并参考印度史献、现代佛教学术研究，终于在佛陀正觉后 2450 年 3 月 15 日（2018 年 4 月 30 日），滤净后世异道学说及部派论义的糅杂，恢复"第一次经典结集"之古老《七事修多罗》的教说原义，还原佛陀亲教之因缘法、因缘观、四圣谛、三十七道品之修证次第及一乘圣者，确立原始佛教的经法传承，这为佛法再现人间作出巨大的助力。

五、完成人间佛教的思想及实践论证

人间佛教的精义，是指"开展人间生活、修证菩提的相应一致"，是展现"佛法与现代生活是互通无碍"的佛教。绝不可误解是"只限于人类及世俗生活的佛教"，更不是"不信有诸天鬼神的佛教"及"凡夫的佛教"。

"人间佛教"是清末以来，整个汉传佛教的发展趋势之一，不论提倡者的思想根据为何，大家的目标一致，都是改革佛教的陈腐积弊，引导佛教由重视超拔、度亡，转而重视现实的人生世界。

二十世纪初，太虚大师首先提倡"法界圆觉为本"的人生佛教，思想核心是后期大乘佛教的"唯心"，但是针砭汉传佛教以超荐、度亡为主轴的弊病，引导佛教重视现实人生。

二十世纪中叶，印顺导师接续提倡"性空唯名为本"的人间佛教,改依"空、无自性"的印度初期大乘教说,走出中、后期大乘思想的"唯心、唯识",延续重视现实人生的主轴,强调十善为基础的人间正行。

两位汉传的菩萨道大师,尽力一生的宣法,前后经过近约百年的"人间佛教"革新运动,皆对华人佛教及社会产生巨大、正面、可贵的影响。

但是,在世间的认识论上,不论是以"唯心、唯识",或采用"非我、空",或是"无常、苦"作为根本,这都是源自《舍利弗阿毗昙论》的不当论义,不仅偏向"破邪即显正"的讹误,更是"否定现实世间"的思惟,绝对无法达成"开展人间生活与修证菩提的一致性"。

二十一世纪初,承续佛陀的利世精神,随佛禅师最终提倡"缘起四谛为本"的人间佛教。随佛禅师受印顺导师启发,探究古老《七事修多罗》的真实内容,终于探得"因缘法"的教法原貌,确认"因缘法"是世间的真相,重新依据"因缘法"为核心,"四圣谛三转、十二行"为实践次第,契合"显正得舍妄,舍妄不显正"的事实,走出部派佛教至今长达两千两百余年的讹误,回归"解决问题,开展人生,灭除苦恼"的佛法宗旨,遂能达成"契合真实佛法,体现开展人间生活与修证菩提的一致性",完成人间佛教的思想及实践论证。

虽然目前各派佛教都不反对因缘法、四圣谛,但是都受到《舍利弗阿毗昙论》的不当影响,偏向"破邪即显正"的讹误,误依"无常、苦、非我","空、如幻"或"唯识、唯心"作为认识论,忘失"缘起"是诸法轴心的真实义。

随佛禅师依据释迦佛陀的亲教,坚定"显正得舍妄,舍妄不显正"的真道,舍弃部派佛教以"无常、苦、非我"及大乘菩萨道用"空、唯心、唯识"作为认识诸法实相的岔路,回归"缘起"是佛法主轴,"四圣谛"为菩提道次第的佛教,达成"开展人间与修证菩提的一致",重新揭示圣道无分的"一乘菩提道",再为佛教注入澎湃、昌盛的生命力。

至此,百年三部曲的人间佛教革新运动,经由太虚大师、印顺导师、随佛禅师的三阶段探究,自后期大乘追溯法源,度过初期大乘、部派佛教的讹误,最终在思想、实践的主轴,彻底回归佛陀亲教的因缘法、四圣谛。

依据原始佛教,既可确知佛陀的真教法,也可开展中道的人间正行,达成佛法与人间生活的契合无碍,证明:人间佛教即是佛陀的佛教,佛陀的佛教是真正的人间佛教。

如《增一阿含·等见品》(三经):"彼以人间为善趣,于如来得出家,为善利而得三达。所以然者,佛、世尊皆出人间,非由天而得也!"

1 引 述

1-1 主要引用的文献资料及年代

探究阿育王时代,佛教僧团的诸多事件,引用的许多佛教史献,是分别出自不同学派、不同时代的记录。因此,比对、爬梳、引用史献记录,必须考虑史献的出处、时代,无法全盘地信受及否定。以下是本书引用主要史献的出处及时代:

1-1-1 经诵

1. 《相应阿含》(古误译名为《杂阿含》):说一切有部传,137 B.C.E.有部形成以后,再编集自派传诵,C.E. 435~445 求那跋陀罗汉译出,原有 50 卷,现存 48 卷。

2. 《中阿含》:说一切有部传,137 B.C.E.编集自派传诵,C.E. 398 罽宾沙门僧伽提婆共僧伽罗叉译,共 60 卷。

3. 《长阿含》:法藏部传,251 B.C.E.后法藏部形成编集传诵,C.E. 413 罽宾沙门佛陀耶舍共竺佛念译,共 22 卷。

4. 《增一阿含》:大众系说出世部传,235 B.C.E.后编集自派传诵,C.E. 385 兜佉勒国沙门昙摩难提译,共 51 卷。

5. 《相应部》:铜鍱部传,巴利藏 26 B.C.E.~C.E. 460 发展定型,C.E. 1990 台湾元亨寺汉译出南传大藏经。

6. 《中部》:铜鍱部传,巴利藏 26 B.C.E.~C.E. 460 发展定型,C.E. 1990 台湾元亨寺汉译出南传大藏经。

7. 《长部》:铜鍱部传,巴利藏 26 B.C.E.~C.E. 460 发展定型,

C.E. 1990 台湾元亨寺汉译出南传大藏经。

1-1-2 律藏

1. 《十诵律》：阿难系摩偷罗僧团传，盛传于迦湿弥罗。
2. 《根本说一切有部毗奈耶》：公元 160 年后，说一切有部传。
3. 《摩诃僧祇律》：优波离系毗舍离僧团传，古律。
4. 《五分律》：公元前约 149 年后，分别说系化地部传。
5. 《四分律》：公元前约 149 年后，分别说系法藏部传。
6. 《铜鍱律》：公元前 26 年后，分别说系铜鍱部传。

1-1-3 论书

1. 《舍利弗阿毗昙论》：公元前 265～公元前 262 年著作传出，是分别说部的根本论。后秦弘始十年(C.E. 408)，昙摩耶舍与昙摩崛多合译，目前收录在《大正藏》第 28 册。
2. 《分别功德论》：五卷，注释《增一阿含经》之最初四品，大众部传。
3. 《发智论》：公元前约 137 年，说一切有部传。
4. 《大毗婆沙论》：约公元二、三世纪，说一切有部传。
5. 《萨婆多毗尼毗婆沙》：说一切有部律注，汉译八卷。
6. 《阿毗昙毗婆沙论》：说一切有部传。说一切有部《大毗婆沙论》的汉译本，除《鞞婆沙》14 卷以外，即是公元 425～427 年浮陀跋摩 Buddhavarman、道泰共译的《阿毗昙毗婆沙论》。本书原有一百卷，后因动乱佚失四十卷，现存六十卷。唐·玄奘再译出，译名《阿毗达磨大毗婆沙论》，共有二百卷，是至今最完善的译本。
7. 《杂阿毗昙心论》：简称《杂心论》。说一切有部传，四世纪中叶的法救尊者造，共十一卷，公元 435 年伽跋摩译出。

1-1-4 史献

1-1-4-1 阿难系变异分支的说一切有部传

1. 《阿育王传》：公元前一世纪作品，有三种译本：

a)《阿育王传》七卷，公元 290~306 年间传入汉地，由安息(伊朗)三藏安法钦译出。

b)《无忧王经》二卷，公元 435~453 年求那跋陀罗 Guṇabhapāla 译出。

c)《阿育王经》十卷，公元 512 年扶南三藏僧伽婆罗 Saṅghapāla 译出。

2. 《十八部论》：公元前一世纪作品，作者世友论师，有部四大论师之一，佛灭后 250~350 年人。此论有三种汉译：

a)《十八部论》一卷，鸠摩罗什初译(公元 402~410 年)

b)《部执异论》一卷，陈·真谛次译(公元 548~569 年)，并作《部执异论疏》十卷，今已失传，目前只散见于《三论玄义检幽集》。

c)《异部宗轮论》一卷，唐·玄奘新译(公元 662 年)。

《十八部论》[①]传出于公元前一世纪，是说一切有部世友论师的著作，内容是摩偷罗僧团分出之说一切有部针对部派分裂的记述及看法，该书是现今记述部派分裂的最早文献。《十八部论》原有古译已失佚，存有少部分的古译内容，目前录在陈·真谛译的《文殊师利问经卷下分别部品》。《十八部论》已知的初译者，是姚秦·鸠摩罗什(Kumārajīva)，鸠摩罗什的时代，汉地尚未有《文殊师利问经》。当后世的陈·真谛(Paramaśrtha)译出《文殊师利问经》，佛教界才得知《文殊师利问经卷下分别部品》录存了少分已失佚的《十八部论》。

目前流传的《十八部论》的前文，是《文殊师利问经卷下分别部

---

① 《十八部论》，《大正藏(49)》p.19。

品》录存的少分已失佚的《十八部论》译文,加上姚秦·鸠摩罗什翻译的《十八部论》,这两部分合编而成。许多人不知,却误传《十八部论》是陈·真谛译,实际只有前文取自《文殊师利问经卷下分别部品》的部分是出自陈·真谛的翻译。

鸠摩罗什以后,《十八部论》又有再译,是陈·真谛译的《部执异论》,真谛之后又有再译,是唐·玄奘译的《异部宗轮论》。

1-1-4-2 优波离系变异分支的大众部传

1.《舍利弗问经》:公元前约149~前50年之间传出。

1-1-4-3 分别说系铜鍱部传

1.《善见律毗婆沙》:公元五世纪初,锡兰觉音(巴Buddhaghoṣa)的著作,相当于巴利文《一切善见律注》(巴Samantapāsādika)。巴利本《一切善见律注》于公元五世纪初,觉音(巴Buddhaghoṣa)于锡兰所著,为巴利《律藏》的注释。比较二者,本书乃节译《一切善见律注》而成。文中可见受自《四分律》之影响,如本书所载波逸提法有九十(巴利本有九十二),即是受《四分律》的影响所致。

2.《岛王统史》:(巴Dīpavaṁsa)编纂于公元352~450年之间。

3.《大王统史》:(巴Mahāvaṁsa)是五世纪末由法称Dharmaśreṣṭhin编纂。

1-1-5 汉传教派

1.《大方等大集经》:三十卷。约公元408~414年间,北凉·昙无谶译(另有广本作六十卷,系隋·僧就于原经以外,附加那连提耶舍等译的《日藏经》等合集而成)。

2.《放光般若经》:二十卷,公元291年,西晋·无罗叉译。

3.《光赞般若经》:十卷,公元286年,西晋·竺法护译。

4. 《摩诃般若波罗蜜经》:二十七卷,公元 404 年,后秦·鸠摩罗什译。

5. 《达摩多罗禅经》:两卷。公元约 411 年佛陀跋陀罗——觉贤 Buddhabhadra 译出,传述说一切有部达磨多罗、佛大先的禅法。

6. 《大般涅槃经》:四十卷。公元 421 年北凉·昙无谶译。

7. 《过去现在因果经》:四卷,公元 431~450 年,刘宋·求那跋陀罗译。

8. 《大悲经》:五卷。公元 565~569 年间,北齐·那连提耶舍译。

9. 《大智度论》:公元二~三世纪传出,龙树论师造。

10. 《十住毗婆沙论》:十七卷。龙树造,鸠摩罗什译。

11. 《瑜伽师地论》:无著 Asaṅga(C.E. 310~390)作。

公元五世纪前叶,部分内容已经传至汉地。公元六世纪前叶,有菩提流支 Bodhiruci、佛陀扇多 Buddhaśāmti、勒那摩提 Ratnamati、瞿昙般若流支 Prajñāruci 等人,来至北魏,译出无著、世亲的相关著作。目前流传的《瑜伽师地论》,是公元 648 年,唐·玄奘译出。

12. 《菩萨地持经》:公元 414 年昙无谶 Dharmaraṣa 译。

13. 《菩萨戒经》:公元 431 年求那跋摩 Guṇavarman 译。

《菩萨地持经》《菩萨戒经》《菩萨戒本》《菩萨戒羯摩文》皆源自《瑜伽师地论》的《菩萨地持品》。

14. 《梵网经》:近代学术界已认定,该经是出自梁武帝时代 (C.E. 502~549)建康教团的编撰。

15. 《法句经序》:吴·支谦作,公元 230 年传出。

16. 《高僧传》:十四卷。约公元 522~533 年梁·慧皎著。

17. 《摩诃僧祇律私记》:晋·法显著。

18. 《大乘玄论》:共五卷。三论宗之佛学名著,又称《大乘玄义》《大乘玄章》《大乘玄》。隋·吉藏(C.E. 548~622)原著有四卷,后加慧均之八不义而成五卷。

19.《三论玄义》：一卷(或二卷)。隋·吉藏撰于公元602年，吉藏糅杂"佛性"的思想，讲述龙树之《中论》《百论》《十二门论》等三论的要旨。

20.《三论玄义检幽集》：公元七世纪传出。

21.《大唐西域记》：唐·玄奘口述，公元646年传出。

22.《大唐大慈恩寺三藏法师传》：释慧立、释彦悰记写，公元688年立传。

23.《异部宗轮论述记》：唐·窥基作。

24.《俱舍论记》：共三十卷。又称俱舍论光记、光记，出自唐·玄奘门人的普光(七世纪)作。

25.《北山录》：共十卷，又称《北山语录》《参玄语录》《北山参玄语录》。公元806年，唐(宪宗元和元年)·梓州慧义寺沙门神清撰，北宋·慧宝注。

26.《大方便佛报恩经》：七卷，公元947～951年录出，译人名失佚。

27.《佛祖统纪》：五十四卷(现行本缺十九、二十两卷)。源自天台宗的史传，宋·释志磐撰，公元1271年传出。

28.《翻梵语》：十卷，飞鸟寺信行撰集。

1-1-1～1-1-5 文献资料引用：台北新文丰出版社的《大正藏》及《卍续藏》、台湾元亨寺的《汉译南传大藏经》

1-1-6 现代学术著作

1.《印度佛教史》：平川彰著，日本春秋社(1974～1979)，释显如、李凤媚译，台湾法雨道场，上册(2001)。

2.《佛教之真髓》：水野弘元著，日本春秋社(1986)，香光书香编译组译。

3. 《印度之佛教》：印顺著，台湾正闻出版社（1943初版，1984重版）

4. 《佛教史地考论》：印顺著，1946初版于上海，台湾正闻出版社（1999）

5. 《说一切有部为主的论书与论师之研究》：印顺著，台湾正闻出版社（1966）

6. 《原始佛教圣典之集成》：印顺著，台湾正闻出版社（1969）

7. 《初期大乘佛教之起源与开展》：印顺著，台湾正闻出版社出版（1979）

8. 《印度佛教思想史》：印顺著，台湾正闻出版社（1987）

9. 《巴利文法》：水野弘元著，许洋主译，收入《世界佛学名著译丛(5)》，台湾华宇出版社（1986）

10. 《相应菩提道次第纲要》：随佛著，中华原始佛教会（2015）

11. 《中道禅法之正统与递嬗》：随佛著，《正法之光（50～51）》，中华原始佛教会（2017）

12. 《中华佛教百科全书》：中华佛教百科文献基金会（1994）

13. 《世界佛学名著译丛》：蓝吉富主编，台湾华宇出版社（1988）

14. 《释迦佛陀之舍利》：哈利·福克（Harry Falk）著，中华原始佛教会中译，叶少勇润文（2018）

15. 《古印度文字的创作与传播》：哈利·福克著，中华原始佛教会中译，叶少勇润文（2019）

16. 《基督新教的伦理与资本主义的精神》：马克斯·韦伯（Max Weber）著，张汉裕译，收入《协志工业丛书》（1960）

17. 《新教伦理与资本主义精神》：马克斯·韦伯著，于晓译，顾忠华审定，台北左岸文化（2008）

1-1-7 其他

1. 《史记·老子传》:西汉·司马迁著。
2. 《帝王世纪》:西晋·皇甫谧撰,书已散佚,现存十卷后世辑本。
3. 《竹书纪年》:清·《四库全书》本;《古本竹书纪年》:清·朱又曾撰。
4. 《旧唐书》:后晋·张昭远编撰,全书共200卷。
5. 《奥义书》(Upaniṣad):乃文作,中国致公出版社,2008年出版。
6. *Buddhism in Sri Lanka*:by H. R. Perera(1984)
7. *Therovada Buddhism*:by Rochard Gombrich(1988)
8. *The World of Buddhism*:by Heinz Bechert(1995)
9. *The Buddhist Religion*:by R. H. Robinson and W. L. Johnson(1996)
10. *Buddhism in Thailand*:by Karuna Kusalasaya(2005)
11. *Buddhist Nuns in Burma*:by Dr. Friedgard Lottermoser(1984)

1-2 孔雀王朝至今,四圣谛佛教发展大事记

1. 孔雀王朝(322～185 B.C.E.)
2. 开创者旃陀罗笈多(340～298 B.C.E.),在位约公元前322～前298年。旃陀罗笈多晚年出家于耆那教,最终依耆那教的解脱标准——绝食而亡,死后成为耆那教圣者。
3. 佛灭后116年,阿育王登位(271 B.C.E.),华氏城鸡园寺发生异道出家的大天举"五事异法"。阿育王支持大天,并用"沉船"迫害"反对五事"的摩偷罗僧团长老。
4. 佛灭后116～118年,阿育王登位第1～3年(271～269 B.C.

E.),受迫害未亡的摩偷罗僧团长老逃往罽宾(迦湿弥罗)避难,害僧事件广为周知,阿育王为弥补受害的摩偷罗僧团长老,遂建寺于罽宾供奉。

5. 佛灭后118年,阿育王登位约第3年(269 B.C.E.),阿育王为修补害僧的不良形象,采取"政治皈佛"手段,皈佛后约两年多,无意于佛教信仰。

6. 佛灭后119年,阿育王登位第4年(268 B.C.E.),阿育王进行"掌控佛教"的政策,逼迫王弟帝须出家,王族阿嗜等多人,也随同帝须出家于目犍连子帝须学团。

7. 佛灭后121年,阿育王登位第6年(266 B.C.E.),阿育王安排王子摩哂陀、王女僧伽蜜多依止目犍连子帝须学团出家。

8. 佛灭后122年,阿育王登位第7年(265 B.C.E.),目犍连子帝须配合阿育王,让王族逐步掌控目犍连子帝须学团,并静居阿炑河山编纂变造佛法的《舍利弗阿毗昙论》。

9. 佛灭后123年,阿育王登位第8年(264 B.C.E.),阿育王征服迦陵迦国。

10. 佛灭后124年,阿育王登位第9年(263 B.C.E.),阿育王、目犍连子帝须、目犍连子帝须学团共同合作,排除"分别说者"以外的僧团,举行分别说部学团的结集。

11. 佛灭后125年,阿育王登位第10年(262 B.C.E.),分别说者学团的结集,历经九个月完成。目犍连子帝须领导"分别说者"编集出糅杂异道思想的《舍利弗阿毗昙论》,并依《舍利弗阿毗昙论》的论义,改编"第二次结集"集成的四部经典,集出古、新糅杂的"分别说部三藏"。

12. 佛灭后125年,阿育王登位第10年(262 B.C.E.),阿育王支持分别说部学团为主的传教,传教团开始将"分别说部三藏"传往印度全境及周边地区。阿育王藉分别说部学团掌控、变造佛教,建立合乎孔雀王朝统治利益的"变型佛教"。

13. 佛灭后约125年,阿育王登位约第10年(262 B.C.E.),阿难系摩偷罗僧团第三师优波鞠多,举行"第三次经律结集",目的是保持"第二次经律结集"的四部圣典、律藏,抗拒新编的"分别说部三藏"。

14. 佛灭后125或126年,阿育王登位第10或11年(262 B.C.E.或261 B.C.E.),佛教正式分裂为三大派:一、"反对五事异法"的阿难师承摩偷罗僧团;二、不表态的优波离师承毗舍离僧团;三、听命阿育王,"折衷五事异法"的论师系分别说部学团、"支持五事异法"的大天学团。

15. 佛灭后126～136年,阿育王登位第11～20年(261～252 B.C.E.),阿育王攫取七国(除罗摩伽国)奉藏的释迦佛陀舍利,并藉分别说部传教团在各地广建佛舍利塔。

16. 佛灭后约134年,阿育王登位第19年(253 B.C.E.),领导分别说部学团的目犍连子帝须殁世。

17. 佛灭后约135年,阿育王登位第20年(252 B.C.E.),阿育王开始于印度各地置立宣扬"法的敕令"的石柱,印度分别说部的分化已逐渐形成化地部、法藏部、饮光部等三派。

18. 佛灭137年,阿育王登位第22年(250 B.C.E.),分别说部正式分裂为化地部、法藏部、饮光部。此时,楞伽岛(铜掌国,今斯里兰卡)成为孔雀王朝的藩属国,摩晒陀正式将分别说部传入楞伽岛。此时,印度佛教共有五部僧团,分别是阿难系摩偷罗僧团、优波离系毗舍离僧团,以及分别说系三部。除摩偷罗僧团以外,其余四部僧团开始编集自派新经诵(《经集》《小部》或《杂部》)。

19. 佛灭后152年,阿育王登位第37年(235 B.C.E.)殁。阿育王殁后,南印案达罗地区朱罗王朝随即征服楞伽岛,优波离系毗舍离僧团亦分化出一说部、说出世部、鸡胤部。一说部提出"世、出世法皆无实体,但有假名"的部义,一说部的部义,是公元前一世纪《般若经》的思想源头。此外,鸡胤部主张"舍经弘论(《昆勒》)"。

20. 佛灭后152～200年(235～187 B.C.E.)之间,鸡胤部可能已编出自派论书《昆勒》,并传于南印制多山系各部。

21. 佛灭后约 202 年(185 B.C.E.),孔雀王朝末代巨车王 Bṛihadratha 受权臣弗沙蜜多罗 Puṣyamitra 谋篡而覆亡。弗沙蜜多罗建立巽加王朝 Śuṅga,支持婆罗门教,杀尽孔雀王朝子孙,灭除中印佛教。

22. 佛灭后约 238 年,弗沙蜜多罗王殁(149 B.C.E.)之后,毗舍离僧团、分别说部学团之间,发生"古新律争",毗舍离僧团奉行较古的《摩诃僧祇律》,不认同分别说系僧团编集的"新律"。自此,毗舍离僧团即自称是不认同"新律"的"大众部"。

23. 佛灭后约 250 年(137 B.C.E.),"古新律争"之后数年,原自称是"多闻众"的阿难系摩偷罗僧团,有迦旃延尼子接受《舍利弗阿毗昙论》的论义,著作《发智论》。《舍利弗阿毗昙论》是摩偷罗僧团抗拒的异说,《发智论》造成摩偷罗僧团的争端及分裂,分裂为重经的雪山部、重论的说一切有部。

24. 佛灭后约 250～270 年(137～117 B.C.E.),说一切有部的南方化区,靠近优禅尼地区的有部学众,舍弃《发智论》,改宗《舍利弗阿毗昙论》,自有部分化出犊子部。

25. 佛灭后约 270～300 年(117～87 B.C.E.),犊子部学众为了争议《舍利弗阿毗昙论》之一偈,分裂为四部,即正量部、法尚部、贤胄部、密林部。

26. 佛灭后约 270～300 年(117～87 B.C.E.),承续分别说部《舍利弗阿毗昙论》,宣扬《发智论》的说一切有部,为了确立自派是说一切有部正统,即改称"根本说一切有部"。此外,又为了向分别说部争正统,也开始自称是上座部的正统。

27. 佛灭后约 343～370 年(44～17 B.C.E.),锡兰佛教大寺派分裂出无畏山寺派(Abhaya giri-vihāra)。

28. 佛灭后约 361 年(26 B.C.E.),分别说部学团分化于锡兰的大寺派举行自派结集,用僧伽罗语集出锡兰的"铜鍱部三藏",确立了锡兰佛教的传承。

29. 佛灭后约360~400年(27 B.C.E.~C.E. 13),说一切有部内有不满重论发展的鸠摩罗多,主张以阿难为师、依经为量,形成重经的经量部,对抗重论的说一切有部。

30. 公元四世纪,锡兰大寺派、无畏山寺派交争剧烈,大寺派势力衰微。公元334~362年间,锡兰王又另建祇陀林寺派(Jetavanārāma),自此锡兰佛教三派分立。

31. 佛灭后约797~819年(C.E. 410~432)后,觉音论师采用巴利语改写锡兰大寺派传诵的僧伽罗语"铜鍱部三藏",确立了铜鍱部传诵的《巴利三藏》。

32. 佛灭后1540年(C.E. 1153),锡兰王波洛卡摩婆诃一世(Parakkamabāhu Ⅰ)大王致力在政治、经济、文化各方面从事改革,在佛教方面则废弃教法混杂的无畏山寺与祇陀林寺二派,仅保护传统大寺派。因此,大寺派急速兴隆,锡兰大寺派开展的传诵,也使锡兰、缅甸、泰国、柬埔寨、寮国等国,发展为教说一致的南传佛教。

33. 佛灭后1674年(C.E. 1287),元朝铁骑横扫中南半岛,造成中南半岛的佛教衰落。日后,再从锡兰传比丘戒进入中南半岛。

34. 佛灭后1666年(C.E. 1279),是南传佛教比丘尼最后的活动纪录,以后再无南传佛教比丘尼的讯息。

35. 佛灭后2385年(C.E. 1998),锡兰佛教黄金寺的长老依据铜鍱部僧律、僧团,开始传授南传比丘尼戒。锡兰是目前南传佛教唯一有比丘僧团承认比丘尼传承的国家。

36. 佛正觉后2447~2450年(C.E. 2015~2018),原始佛教中道僧团与锡兰僧团合作,在华人世界建立四圣谛佛教比丘、比丘尼的僧律传承。

37. 佛正觉后2450年(C.E. 2018),随佛禅师领导原始佛教会迎奉1898年迦毗罗卫城考古出土释迦佛陀真身舍利入台永住。

自佛灭后三百年,公元前一世纪起,印度部派佛教各派开始共说:佛教分裂为上座部、大众部。但是,佛教僧团分裂为上座部、大众部,绝对不是真正的史实。真正的史实,是佛教分裂为经师传承(阿难系)的摩偷罗僧团、律师传承(优波离系)的毗舍离僧团、论师系统(目犍连子帝须学团)的分别说部及附佛的大天学团等三大派。

2　佛陀、阿育王的年代考证

2-1　确立印度佛教史探的基点

　　印度的历史记录多从口传，难以清楚确实的年代，而较为可资确定的时代记录，是始于阿育王。

　　因此，阿育王年代的确定，不仅是探究印度历史的时间定标，同时也是确定佛陀年代的基础，并且对于厘清初期佛教演变的史承及缘由，有着相当重大的关联性。

　　由于厘清初期佛教演变的史实，有助于厘清佛教教义演革的缘由与过程，并藉由"以史探经，以经证史"的考证，可以探知佛陀教法的原貌，进而度越佛教学派教说分歧的迷思，引摄世人复归佛陀之道。所以，对于佛法原说的探究来说，确定阿育王的年代，是极为重要的事。

2-2　阿育王年代的确立

　　佛教界对于阿育王的记载，主要是印度北方佛教于公元前一世纪传出的《阿育王传》，还有印度南方锡兰佛教于公元后四、五世纪传出的《岛王统史》(Dīpavaṁsa，C.E. 352～450) 及《大王统史》(Mahāvaṁsa，C.E. 460～478)。

　　《阿育王传》是出自说一切有部的记载，《岛王统史》是锡兰铜鍱部的传说，两者的差距很大，说法不一致。

　　根据《阿育王传》的说法，阿育王登位是佛灭后约百年(或佛灭后116年)，《岛王统史》却说阿育王登位于佛灭后约218年，说法不同：

正觉者般涅槃后二百十八年喜见灌顶。①

现今国际史学界对阿育王年代是已确定，考证的主要根据，是阿育王的四种碑石刻文②。

在摩崖法敕《十四章法敕》③第二、十三章④的内容，提到昔兰尼

---

① 《岛王统史》第六章，《汉译南传大藏经(65)》p.39。
② 《阿育王刻文》目录，醒悟译，《汉译南传大藏经(70)》之附录 p.1。
在印度现今已发现的《阿育王刻文》，共有四类。
1) 《摩崖法敕》：有十四章法敕、别刻法敕。
2) 《石柱法敕》：此等法敕分别刻在 A.提利陀普罗 Delli-Toprā 石柱、B.提利弥罗陀 Delhi-Mirath 石柱、C.罗宇利耶阿罗罗智 Lauriyā-Ararāj 石柱、D. 罗宇利耶兰单加利 Lauriyā-Nandangarh 石柱、E. 兰普如瓦 Rāmpurvā 石柱、F. 阿兰哈婆多库赏 Allāhābād-Kosam 石柱(此石柱原存于阿罗哈婆多市)。以上六地石柱共通者为六章法敕，只存于提利普罗石柱者有第七章法敕，阿兰哈婆多库赏石柱则刻有关于王后之法敕与憍赏弥法敕。
3) 《小石柱法敕》：删至 Sāñcī、沙如那陀 Sārnāth、蓝毗尼园 Lumbinī-vana、尼迦利沙迦如 Nigāli Sāgar 等地之石柱法敕。
4) 《小摩崖法敕》、《迦如迦达婆罗多 Calcutta-Bairāt 法敕》(1840 年发现)、婆罗婆如 Barābar 丘之洞院刻文(1847 年已为洞院学者所知)。小摩崖法敕是分别刻于不同地方之岩壁上的刻文，分列为 A.如普那多文（Rūpnāth，略称 R，A.D.1871 即公表刻文括本)、B.沙哈斯罗无文(Sahasrām，略称 S)、C. 婆伊罗多文(Bairāt，略称 B)、D.摩斯奇 (Maski，略称 M，由玛须奇在 1915 年发现，此文特别记有 "天爱喜育" 之阿育王名，为其它阿育王刻文所无有) 文、E.罗婆夫摩奇利（Brahmagira，略称 Br，1892 年发现）文、F. 西兹达普罗(Siddapura，略称 S，1892 年发现) 文、G. 奢提因迦罗迷西由瓦罗(Jatinga-Rāmeśvara，略称 J，1892 年发现) 文。
关于婆罗婆如 Barābar 丘的三个洞院刻文(参《阿育王刻文》正文 pp.84~85)，特别载明此三洞院是阿育王施与外道，第一洞院为榕树洞院(又称斯达摩洞院)，第二洞院为加罗提加洞院(又称修瓦周普利洞院)，第三洞院为斯毗那洞院(又称如那奢宇婆如洞院)，在第三洞院刻文的末后，特别刻有卍字(参《阿育王刻文》正文 p.85 注 4)。
＊笔者注：卍字是印度耆那教所用的神圣符记，但在原始佛教时代是不用此种符号。
见《阿育王刻文》正文 p.2 之注 2，参正文 p.77。
《阿育王刻文》中多见 "天爱、喜见王 Devānampiya Piyadasi lāja" 之文，"天爱" 指为诸神所爱、诸天所亲者，"喜见" 是有欣喜亲见面容的意思。由于公元 1915 年玛须奇在南印摩伊苏如之尼沙无领的摩斯奇村，发现之小摩崖法敕的断片中，有天爱阿育之刻文(此为其他阿育王刻文所无有的词语形式)，遂确证此等为阿育王刻文。
③ 《阿育王刻文》中《十四章法敕》，《汉译南传大藏经(70)》附录之《阿育王刻文》之 pp.1~35。
④ 《阿育王刻文》中《十四章法敕》之第二章及第十三章，《汉译南传大藏经(70)》之附录《阿育王刻文》pp.3~4，pp.30~31："天爱喜见王……安提瑜迦王(安提奥普二世 Antiochus II B.C. 261~246(今叙利亚 Syria)" "灌顶以后八年而天爱喜见王……凡于诸邻邦之间，于此有称为安提瑜迦 Amtiyoga 之臾那王（Yona，Yavana 古波斯)，又越过其安提瑜迦王，有称为土罗耶王 Tulamaya(B.C.E. 285~247 Egypt 埃及)、安提王那王 Amtekina (B.C.E. 276~239 Macedonia 马其顿)、摩迦王 Makā(B.C.E. circa 300~250 Cyrene 王)、阿利其修达罗王 Alikyasueale(B.C.E. 272~circa. 255 Epirus 希腊)之四王，在（转下页）

(希腊文：Κυρήνη，现今利比亚境内。摩迦王 Makā 300～250 B.C.E.)、波斯(安提奥普二世 Antiochus II 261～246 B.C.E.)、埃及(土罗耶王 Tulamaya 285～247 B.C.E.)、马其顿(安提其那王 Aṁtekina 276～239 B.C.E.)、希腊(阿利其修达罗王 Alikyaṣueale 272～约 255 B.C.E.)等五位国王的名称。因此，藉这几位国王的年代，即可推算出阿育王即位的约略年代。

因为在阿育王法敕(dhaṁmalipi，dhaṁmalipī)的碑石刻文，载明当时是"阿育王灌顶○○年后"，即可推算出阿育王即位的年代。

由于西方五王年代的确定是略有出入，史学界公认阿育王的年代约有二至十年的差距，并且认定往后不会再有大的改变。所以，史学界以阿育王的年代，作为推定古印度历史年代的基准。

阿育王即位的年代，目前史学界公认约在公元前 271～公元前 268 年之间，在位约 36 或 37 年，阿育王年代约公元前 271～公元前 235 年。

2-3 佛陀年代的确立

2-3-1 《周书异记》的古代星象传说

关于佛陀的诞生、入灭的年代，国际史学界是依阿育王的年代来推定。除此以外，佛教界各国则有许多史献以外的推算说法。如中国古来即有依星象推算的传说，见《周书异记》：

> 昭王二十四年甲寅岁，四月八日，有五色光，入贯太微，遍于西方。太史苏由曰：有大圣人生于西方。穆王五十二年壬申岁，二月十五日旦，白虹十二道，南北通贯。太史扈多曰：西方有大

(接上页)南方可得周达诸王(Coda)、般提耶诸王(Paṁdiya 约今叙利亚 Syria)，以至锡兰王(锡兰古称 Taṁbapaṁni 檀婆般尼，谓铜掌岛)。"

圣人,终亡之相。①

据《史记》及《帝王世纪》②记载,周昭王南征时死于江上。另据《竹书纪年》《古本竹书纪年》③的说法,周昭王是在即位第十九年(公元前977年),南征楚荆时丧于汉水。何来昭王二十四年?若真有《周书异记》的"周昭王二十四年",根据近代中国断代史的推算④,时间应是公元前972年,而周穆王五十二年是公元前921年。如此,释迦佛陀的生年只有53岁,这是明显不合佛陀年岁的说法。

根据《佛祖统纪》的记载,西晋时代,道士王浮与佛教沙门白法祖争辩佛、道法义的高下,因为王浮屡辩屡败,愤而伪造《老子化胡成佛经》,宣称老子教化天竺人为佛陀:

> 西晋成帝咸康六年,道士王浮因与佛教沙门白法祖论法屡败,愤而伪造《老子化胡成佛经》,称老子携函关令尹喜西入天竺,化胡为佛陀,立浮屠教。⑤

《周书异记》的出现⑥,原是元魏正光元年(公元520年),昙无最为了驳斥王浮伪造的《老子化胡成佛经》,需要有"佛陀先于老子"的依据,

---

① 《佛祖统记》卷二,《大正藏(49)》p.142。
② 《史记·周本纪》:"昭王南巡狩不返,卒于江上。"见西晋·皇甫谧撰《帝王世纪》:此书有说,周昭王南征楚国,楚国求和,以胶船送昭王还国,因船以胶合,故于江中散坏沉溺。
③ 《竹书纪年·昭王》:"十九年春,有星孛于紫微。祭公、辛伯从王伐楚。天大曀,雉兔皆震,丧六师于汉。王陟!"《古本竹书纪年》云:"周昭王十九年,天大曀,雉兔皆震,丧六师于汉。"又云:"周昭王末年,夜有五色光贯紫微。其年,王南巡不返。"《竹书纪年》是西晋武帝时出土于汲郡魏安厘王(一说是魏襄王)墓,原是战国竹简《汲冢书》的部分,因其编年体体例而名为《纪年》。宋代散佚,清编于《四库全书》。
④ 依现今中国史学界的断代史研究,定周昭王的时代为995~977 B.C.E.,而周穆王在位55年,时约976~922 B.C.E.。
⑤ 《佛祖统纪》卷三六《法运通塞志》,《大正藏(49)》pp.339~340。
⑥ 印顺《佛教史地考论》,正闻出版社,1998年新版,p.201:"中国特有的传说:佛生于周昭王二十四年(或作二十六年),入灭于周穆王五十三年说(公元前949年)。从传记看来,这并无从印度传来的形迹。此一传说,是元魏昙无最,在正光元年(公元520年),为了与道教的争论而说到的。北齐法上,也如此说。昙无最的根据是《周书异记》,为一来历不明的文记。道教徒伪造《化胡成佛经》,这对于佛教在中国的地位与发展,受到严重的障碍,所以非说明佛先老后不可。为了达成此一目的,才有《周书异记》,佛灭于公元前九四九年的传说,成为千余年来,中国佛教信用的佛元(但中国多用佛诞年)。"

昙无最才编造出《周书异记》的说法。

《老子化胡成佛经》①是"尊道抑释"的伪说,昙无最为了驳斥王浮的"胡言",这才编造《周书异记》予以驳斥,却意外地成为后世汉传佛教的佛元说。

2-3-2 托附"众圣点记"的传说

除了中国的《周书异记》以外,《历代三宝记》另记载,有关分别说系铜鍱部传说的"众圣点记":

> 武帝世,外国沙门僧伽跋陀罗,齐言僧贤。师资相传云:佛涅槃后,优波离既结集律藏讫,即于其年七月十五日受自恣竟,以香华供养律藏,便下一点置律藏前,年年如是。
>
> 优波离欲涅槃持付弟子陀写俱,陀写俱欲涅槃付弟子须俱,须俱欲涅槃付弟子悉伽婆,悉伽婆欲涅槃付弟子目犍连子帝须,目犍连子帝须欲涅槃付弟子旃陀跋阇。如是师师相付,至今三藏法师。三藏法师将律藏至广州临上,舶反还去,以律藏付弟子僧伽跋陀罗。
>
> 僧伽跋陀罗以永明六年共沙门僧猗,于广州竹林寺译出此《善见律毗婆沙》。因共安居,以永明七年庚午岁七月半夜受自恣竟,如前师法,以香华供养律藏讫即下一点,当其年计得九百七十五点。②

"众圣点记"原是锡兰铜鍱部的传说,南齐永明六年(C.E. 488),僧伽跋陀罗(Saṃghabhadra,即僧贤)翻译《善见律毗婆沙》(相当于铜鍱部 Samanta-pāsādikā),附于《善见律毗婆沙》传来汉地。当时坐船至广

---

① 王浮的《老子化胡成佛经》是崇道抑佛,直至元代,由于是外族统治,拉拢边区民族联合统治汉族,新疆、西藏信奉密教,故元代崇仰密教,造成崇汉抑胡的道教——全真教失势,所以此伪经——《老子化胡成佛经》才被彻底焚毁,禁止流传。
② 《历代三宝记》卷一一,《大正藏(49)》p.95:"武帝世,外国沙门僧伽跋陀罗……点是一年,赵伯休梁大同元年,于庐山值苦行律师弘度,得此佛涅槃后众圣点记年月。"

州,将《善见律毗婆沙》付予僧伽跋陀罗后,随即返回的三藏法师,有可能即是《善见律毗婆沙》的作者——觉音论师本人。

"众圣点记"的说法,是传说佛灭后的僧团,在每年雨安居期的僧自恣日结束时,即在律本作注一点为记,以此记别时当佛灭后已有多少年。此一做法,传说是由优波离将注有起始点记的律本,四传至目犍连子帝须,往后律承代代传续不绝,并辗转传至广州交付予僧伽跋陀罗。

当永明七年(C.E. 489)译出《善见律毗婆沙》时,也在当年僧自恣日结束,继续注点作记,当时共计有975点。日后,庐山弘度律师得知此一年月计数,即作为佛陀年代的推算根据。

然而,初期佛教时代,僧团是以忆持读诵的方式为主,尚无有确切完整文字形式的经、律诵本。试问:何来律本可以作记呢?若依分别说系铜鍱部之"众圣点记"的说法推算,佛陀是灭于公元前486年(975 - 489 = 486),出生于公元前566年(486 + 80 = 566),此则约合乎铜鍱部《岛王统史》的主张。

南传《岛王统史》的阿育王即位年代,是以佛灭后218年为准,而阿育王年代经学界考证,约在公元前271~公元前268年,如此得到佛陀入灭的年代约为公元前489~公元前486年(268 + 218 = 489~486),恰合于"众圣点记"的推算。因此,出于公元四、五世纪的《善见律毗婆沙》《岛王统史》,以及五世纪末的"众圣点记",都是出自锡兰的传说,也都是以"佛灭后218年有阿育王治世"为准。

2-3-3 出自"(大乘)菩萨道"的传说

现今斯里兰卡、缅甸、泰国等南传佛教各国采信的佛教纪元[①],咸

---

① 公元1954年,在缅甸召开的世界佛教徒友谊会第三届大会,通过了佛灭于公元前544年的说法,并决定1956年为佛灭二千五百年(以佛灭当年起算)。但泰国的佛教界,不接受缅甸大会的决议,另在1957年举行佛灭二千五百年大会(此以佛灭次年起算)。这是锡兰、缅甸将出于后起传说,作为世界佛教公认的佛元。然而,此说是无法合于南传《岛王统史》中,以阿育王出于佛灭后218年说法。

认为佛陀是入灭于公元前约 546～前 543 年。此一推论是依据印度《菩提伽耶碑记》①的推算结果，相较《岛王统史》、《善见律毗婆沙》、"众圣点记"的说法，多了约 60 年：

> 昔者南海僧伽罗国，其王淳信佛法发自天然，有族弟出家想佛圣迹，远游印度寓诸伽蓝，……（王）曰斯事甚美闻之何晚。……沙门曰：菩提树者，去来诸佛咸此证圣，考之异议无出此谋。（王）于是舍国珍宝建此伽蓝，以其国僧而修供养，乃刻铜为记。……故此伽蓝多执师子国僧也。②

若依公元七世纪玄奘的《大唐西域记》来推断，这应该和锡兰"无畏山

---

① 印顺《佛教史地考论》之四"论佛灭的年代"，正闻出版社，1998 年新版，pp.197～198："中国与南传国家共传共信的：依《菩提伽耶碑记》，佛灭应为公元前五四六年。此说传入锡兰、缅甸，传说为公元前五四四年。传入泰国、高棉，传为公元前五四三年。彼此虽有二、三年的差异，实依于同一来源而来。"

② A. 玄奘《大唐西域记》卷八，《大正藏(51)》p.918："菩提树北门外摩诃菩提僧伽蓝，其先僧伽罗国王之所建也，庭宇六院观阁三层，……僧徒减千人，习学大乘上座部法。""昔者南海僧伽罗国，其王淳信佛法发自天然，有族弟出家想佛圣迹，远游印度寓诸伽蓝，咸轻边鄙，于是返迹本国，王躬远迎，沙门悲耿似若不能言。王曰：将何所负若此殷忧？沙门曰：凭恃国威游方问道，羁旅异域载罹寒暑，动遭凌辱语见讥诮，负斯忧耻讵得欢心。（王）曰：若是者何谓也？（沙门）曰：诚愿大王福田为意，于诸印度建立伽蓝，……（王）曰斯事甚美闻之何晚。……沙门曰：菩提树者，去来诸佛咸此证圣，考之异议无出此谋。（王）于是舍国珍宝建此伽蓝，以其国僧而修供养，乃刻铜为记。……故此伽蓝多执师子国僧也。"
B. 见《中华佛教百科全书》(二)pp.709～710、(七) p.4417：
根据近代的考证，公元后四世纪笈多王朝沙姆陀罗笈多(Samudragupta, 326～375)在位时，斯里兰卡(锡兰)的摩诃男(Mahānāma)与优婆仙那(Upasena)二位比丘，至印度巡礼圣迹，回国后向当时斯里兰卡国王麦加瓦马(Meghvama)诉苦，告以于印度巡礼圣地时无处可住的困苦。公元 330 年锡兰的麦加瓦马王向印度沙姆陀罗笈多王请求，提供在印度建立僧院的土地。沙姆陀罗笈多王许以在四大圣地中之一处斯里兰卡僧院，斯里兰卡乃在菩提道场菩提树之地，建立供僧众住锡的僧院，此即摩诃菩提僧伽蓝(Mahābodhi-saṁghārāma)，或称大菩提寺、大觉寺(Mahābodhi-vihāra)。
现今在印度摩诃菩提寺的西南面，有一个长方形的遗址，据说这个长方形的遗址，就是锡兰的麦加瓦马王所建造的寺院遗址，目前它已经完全毁坏了，只有遗址尚存。印度现今的佛陀伽耶寺，大约建造于公元二世纪，阿育王可能是此寺最早的建造者，但阿育王所建，应已为后来之国王重建此寺时毁齐，后来的锡兰麦加瓦马王亦曾参与修建。早在公元 1079 年发现缅甸佛教徒曾将此寺重修，公元 1100 年至 1200 年之间，有比丘达摩罗克特进行部分重修，公元 1298 年又有缅甸人重修此寺，其后在哈尔茄尼毗哈发现的刻文，其时间为 1202 年。该刻文已由茄耶萨瓦耳译成英文，刊载于毗哈尔与奥里萨研究会杂志上(六卷)。

寺派(Abhayagiri Vihāra)"的僧众有关。

公元330年时,锡兰的麦加瓦马王(Meghvama)向印度沙姆陀罗笈多王(Samudragupta, C.E. 326～375)请求提供土地,让锡兰能在印度建立安顿旅印锡兰僧伽的僧院,而地点即选在菩提伽耶的大菩提寺旁,此即摩诃菩提僧伽蓝(Mahābodhi-saṃghārāma),或称大菩提寺、大觉寺(Mahābodhi-vihāra)。

日后,大菩提寺大多是"无畏山寺派"的僧众住在其中,唐·玄奘称谓的"大乘上座部",即是锡兰"无畏山寺派":

> 菩提树北门外摩诃菩提僧伽蓝,其先僧伽罗国王之所建也。……至于佛像铸以金银,凡厥庄严厕以珍宝,诸窣堵波高广妙饰,中有如来舍利,其骨舍利大如手指节,光润鲜白皎彻中外,其肉舍利如大真珠,色带红缥。……僧徒减千人(少于千人),习学大乘上座部法。①

---

① A.《大唐西域记》卷八,《大正藏(51)》p.918。
B.印顺《佛教史地考论》之四"论佛灭的年代",正闻出版社,1998年新版,p.198:"考玄奘《大唐西域记》(卷八),菩提伽耶,为释尊成道处。菩提场北,有摩诃菩提寺,为僧伽罗国王所建筑,寺内的僧众,也以僧伽罗国来的为多。摩诃菩提寺内的僧伽罗学僧,所信所行的,是'大乘上座部'。我们知道,僧伽罗就是现在的锡兰,所以毫无疑问的,现在南传佛教国家所信用的佛灭年代——公元前五四四(或五四三),就是留学印度的锡兰学僧,根据《菩提伽耶碑记》而来,只是推算上小有出入而已。玄奘留学时代(公元六二七——六四五)的锡兰学僧,在印度信奉大乘上座部,与现代的锡兰不同。"
C.据《岛王统史》(Dipavaṃsa)所传,阿育王时摩哂陀 Mahinda 将南方上座分别说部的传诵传入锡兰,当时国王天爱帝须 Devānampiya Tissa 建了大寺供养。公元前44～17年,锡兰国王婆多伽摩尼王(Vaṭṭagamani)另建无畏山寺,供养被大寺摈出之摩诃帝须长老 Kupikkala Mahātissa,锡兰佛教因而分裂为大寺派与无畏山寺派。因为锡兰僧团的分裂与竞争,公元前约26年,大寺 Rakkhata 长老召集僧众重新结集法藏,并以文字写于贝多罗树叶,成为世上第一部以文字记载的三藏典籍,此后锡兰大寺派正式成为分化于锡兰的部派——铜鍱部。约公元269～291年,南印有吠多利耶 Vaitulya 学派的新思想传入锡兰,Vaitulya 谓方广派或大空派。据近人考证,吠多利派似为龙树学派,是信受出于公元前后的"般若经"为主,发展成不信受"四圣谛"为圆满教法的"新菩萨道",这不同于部派佛教所发展、信受的"古典菩萨道",仍以"四圣谛"为圆满教法。"新菩萨道"不仅自称为"大乘",并且贬抑传统佛法的"四圣谛"是"小乘"。传出于公元后的"新菩萨道",绝然不同于传统部派佛教之古典菩萨道——是以信守"四圣谛"为圆满教法,作为教法的依归。由于分别说系在锡兰的大寺派不接受"大乘"的异说,而无畏山寺(转下页)

玄奘指的"大乘上座部",意思是出自部派佛教的"上座部",又信仰出自公元后的"新菩萨道(自称大乘)"。由于"大乘上座部"的说法,不是指"大乘"与"上座部"共同组成的教派,是指既出自部派佛教,又同时信受"大乘",变成糅杂"大乘"及"上座部"的学派,这才形成玄奘称谓的"大乘上座部"。

在锡兰的佛教学派,无畏山寺派既守持部派佛教之分别说部的学说、律戒,却又信仰方广学说的"大乘菩萨道",方才被玄奘称为"大乘上座部"。

根据《大唐西域记》的记载,当时除了僧伽罗国(锡兰,今称斯里兰卡)以外,印度本土的摩揭陀国(Magadha)、羯陵伽国(Kaliṅga)、跋禄羯呫婆国(Bhārukacchā)、苏剌陀国(Suraṣṭra)等地,都是兼习上座部及方广学说的"大乘上座部"。

无畏山寺派既信受"新菩萨道"的教说,为什么还会坚持分别说部的学说及律戒?

由于"大乘菩萨道"是公元前一世纪出自南印的新教派,从公元前一世纪到公元四世纪中叶,"大乘菩萨道"发展出不同于传统佛教

(接上页)派则采取接受的立场,所以造成锡兰佛教的严重分裂及对立。
由于"大乘上座部"的说法,并不是指"大乘"与"上座部"共同组成的教派,而是指出于传统佛教又同时信受"新菩萨道"的教说,变成一种糅杂"新菩萨道"思想的"上座部",这才形成玄奘所称的"大乘上座部"。所以,锡兰佛教被称为"大乘上座部"的教派,应是指接受方广学说的无畏山寺派。根据《大唐西域记》的记载,当时除僧伽罗国(今斯里兰卡,参《大正藏(51)》p.934)以外,印度本土的摩揭陀国(Magadha,参《大正藏(51)》p.918)、羯陵伽国(Kaliṅga,参《大正藏(51)》p.929)、跋禄羯呫婆国(Bhārukacchā,参《大正藏(51)》p.935)、苏剌陀国(Suraṣṭra,参《大正藏(51)》p.936)等,都是兼习上座部与方广学说的"大乘上座部"。
公元330年锡兰麦加国瓦马(Meghvama)王于印度佛陀伽耶附近建寺,此寺多为锡兰僧众(主要是大乘上座部的僧众)所居。佛灭于公元前543~前546年,是出于公元"新菩萨道"的传说(参下一批注),不同于锡兰大寺派之《岛王统史》所说的佛陀年代,而公元后七世纪印度菩提迦耶北方,僧伽罗国寺院中的僧侣,多是"大乘上座部(无畏山寺派)"的学众,可以推定"新菩萨道"的佛纪说,应是经由此而传入锡兰。如此一来,造成锡兰流传着两种时间不同的佛陀年代,但锡兰佛教不明辨于此,日后辗转传于缅、泰诸国,才形成今日南传佛教的佛元说与《岛王统史》所记,相互不合的处境。

的新教说。但是,此一时期的"大乘菩萨道"尚未发展出合乎自派思想的律戒,在这时期信奉"大乘菩萨道"的出家者,不得不继续依照部派佛教的律戒为依止。直到公元四世纪的后期,"大乘菩萨道"的无著论师写出《瑜伽师地论》,该论的《菩萨地持品》广受四方学众的认同,进而独立发展为《菩萨戒瑜伽戒本》,并作为"大乘菩萨道"的出家受戒依据。

公元四世纪以前,虽然锡兰无畏山寺派受到南印龙树学派的影响,信受"大乘菩萨道"的教说,但是依旧是遵循部派佛教的律戒。因此,无畏山寺派即成为糅杂"大乘菩萨道"及"分别说系(上座部)"的学派。

印度菩提大塔北方,僧伽罗国(锡兰)寺院的"大乘上座部"僧众,误将印度"(大乘)菩萨道"传说的佛陀年代①,作为佛陀时代的根据,并且把此说传入锡兰。

锡兰的大寺派与无畏山寺派,经历了长达数百年的竞争,互有盛衰、消长,造成承袭自锡兰铜鍱部大寺派系统(Mahā-vihāra)的南传佛教诸国,普遍信受糅杂"(大乘)菩萨道"的佛纪元说。南传佛教诸国不知"佛灭于公元前546~前543年"的说法,实际是出自"(大乘)菩萨道"的传说,又在不知阿育王的确实年代下,也无法获知此说不合

---

① 印顺《佛教史地考论》,正闻出版社,1998年新版,pp.198~199:"当中国的罗什时代(公元五世纪初),大乘佛教广泛传入时,佛教界相信当时是佛灭'千载',也就是佛灭十世纪。我在《佛灭纪年抉择谈》曾假定:'公元四一〇年,为传说的佛灭后九五〇年,那么佛灭年,应为公元前五四〇年。'据此来推算,中国大乘教徒所传说的:'罽贰王'为'后七百年';结集《婆沙论》为'六百余载';马鸣为'六百岁已';龙树为'七百岁已';提婆为'八百余年';诃黎跋摩'九百年出'——公元一、二、三世纪的佛教史事,无不相合。所以,以公元前五四六,或五四四,或五四三为佛灭年代,并非南传佛教国所特有,反而是大乘佛教的佛灭年代说。民国二十二年,太虚大师作《佛灭抉择论》,也采取此一佛灭年代说,就因为他与中国所传大乘佛教史的年代相合。可是此一佛灭纪元,比起巴利文典古传的,阿育王登位时,佛灭二百十八年满,并不相合,而是增多了六十年。"

大寺派之《岛王统史》《善见律毗婆沙》①的推算结果。因为《岛王统史》《善见律毗婆沙》的说法，是主张佛陀灭于阿育王前 218 年，依此来推算佛灭的年代，应是在公元前 486 年(268 + 218 = 486)，如此相较于公元前 546～前 543 年的说法，两种说法差距了约 60 年。

此外，根据中国法显②的记载，住在锡兰无畏山寺的两年期间(C.E. 414～416)，曾听闻"(如来)泥洹已来一千四百九十七岁"的说法，若是采用法显听闻的年代作为推算根据，推得佛灭于公元前约 1082 年，这是在《岛王统史》《善见律毗婆沙》与《菩提伽耶碑记》以外的传闻了。

由以上的引据可知，南传铜鍱部对于佛灭年代的说法，早在公元后五世纪，已是众说分歧、紊乱了。

2-3-4　出自各部派的记录

在部派佛教内部的传说，关于佛陀入灭的年代，有着南、北两派

---

① 《历代三宝记》卷一一，《大正藏(49)》p.95；《中华佛教百科全书(9)》p.5916：《善见律毗婆沙》是觉音论师著作之铜鍱部律藏的注解书，完成的时间约公元 433 年前后，原本由锡兰三藏法师带来广州(可能是觉音)。由僧伽跋陀罗 Saṃghabhadra(僧贤)与沙门僧猗，在齐永明六年(C.E. 488)于广州竹林寺译出。觉音 Buddhaghosa 是中印度人，在佛陀伽耶 Buddhagayā，锡兰僧众所住的大菩提寺 Mahābodhi-vihāra，依离婆多 Revata 出家，修学巴利文三藏。觉音到锡兰，住在大寺，在公元 412～435 年与大寺僧众，以巴利语写定全部三藏；以巴利语为释尊当时所用的语言，提高巴利语三藏的权威信仰。觉音为四部(与四阿含相当)及律藏作注释，并以戒、定、慧为次第，写成最著名的《清净道论》。这部论是依据无畏山寺派之优波底沙 Upatissa 的《解脱道论》[梁僧伽婆罗 Saṅghapāla，在六世纪初(C.E. 506～518)译为汉文]为蓝本，再加以修正、补充，说明声闻弟子同达解脱的修道历程，并对《解脱道论》提出评破。当时的锡兰，大寺派与无畏山派仍在对立中，此后无畏山派日渐没落，大寺派成为锡兰的正统，而《清净道论》遂成为今日南传佛教的重要教科书。"巴利语是佛教现今最古老的用语，南传巴利三藏的用语虽最古老，但这是将公元前一世纪铜鍱部大寺派以锡兰僧伽罗文写成的三藏传诵及注解，在公元五世纪时觉音论师改用更古老的巴利语重新写成，但内容还是以部派分裂以后，南方上座分别说系的传诵为本，另增以锡兰大寺派的思想主张。因此，南传巴利语三藏中用语虽较为古老，但实际内容并不一定最为古老与纯正。

② 《法显传》《大正藏(51)》p.865："在世四十五年说法教化，令不安者安，不度者度，众生缘尽乃般泥洹。泥洹已来一千四百九十七岁，世间眼灭众生长悲，却后十日佛齿当出至无畏山精舍。"

的不同说法。北方是出自说一切有部的传诵,公元前一世纪,说一切有部有"佛灭后百年或116年有阿育王治世"的说法:

> 佛言:我若涅槃百年之后,此小儿者当作转轮圣王四分之一,于花氏城作政法王号阿恕伽,分我舍利而作八万四千宝塔,饶益众生。①

> 佛灭度后百一十六年,城名巴连弗,时阿育王,王阎浮提匡于天下。尔时大僧别部异法。②

佛灭116年有阿育王治世,此年代的说法是源自阿难系摩偷罗僧团。承受此一说法者,印度佛教各派皆有。如大众部末派的《分别功德论》卷三:

> 昔佛去世后,百岁时有阿育王,典主阎浮提。③

公元二世纪,大乘弘法者马鸣(Aśvaghoṣa)著作的《大庄严论经》卷十:

> 于释迦文佛般涅槃后百年,阿输伽王时。④

公元三世纪,龙树(Nāgārjuna)著作的《大智度论》卷二:

> 佛灭度后,初集法时亦如佛在。后百年阿输迦王,作般阇于瑟大会,诸大法师论议异故,有别部名字。⑤

可见,在公元前二世纪至公元三世纪,印度大陆的部派佛教或大乘教派,多有传信此一年代的说法。

目前南传佛教的传说,认为佛灭后218年有阿育王治世,是出于锡兰铜鍱部(Tāmraśāṭīya)《善见律毗婆沙》及《岛王统史》的说法。但是,《善见律毗婆沙》《岛王统史》是在公元四、五世纪传出,比起《阿育

---

① 《阿育王传》卷一,《大正藏(50)》p.99。
② 《十八部论》,《大正藏(49)》p.18。
③ 《分别功德论》卷三,《大正藏(25)》p.39。
④ 《大庄严论》卷一〇,《大正藏(4)》p.309。
⑤ 《大智度论》卷二,《大正藏(25)》p.70。

王传》及《十八部论》的著作时代,已经晚了约五百年的岁月。

此外,阿育王出于佛灭后218年,在部派佛教的各部,只有锡兰铜鍱部抱持这样的说法,而印度大陆诸部派则无有此说。因此,北方说一切有部的传诵,是比南方铜鍱部的说法,既更为古老,也较为可信。

2-3-5 验证僧团师承与王统的说法

阿育王的祖父,孔雀(Maurya)王朝的开创者旃陀罗笈多(Candragupta),原是难陀王朝(Nanda)的人,当亚历山大军队侵略难陀王朝失利后,亚历山大死于西返途中,旃陀罗笈多趁机领兵扫除亚历山大的残余势力,并回军消灭难陀王朝,建立孔雀王朝。①

由于亚历山大的年代是清楚、确定,以亚历山大的年代为基准,即可推定旃陀罗笈多建立孔雀王朝的时间,确定阿育王治世的时代。藉由确定佛陀与阿育王的相隔时间,即可确定佛陀的年代。现今比较可资依靠的推算法,是依据印度王统及僧团传承记录,从两方面推算佛陀时代至阿育王治世的时间。

依两种根据来推算:若依照锡兰传说的王统,佛陀灭后至阿育王之间,有着十位君王的承续,似乎佛灭于阿育王前218年较为可信;若是依照南、北佛教共同承认的僧团师承,是说一切有部传说的"佛灭后116年有阿育王治世"的说法,显然更为合理。

过去史学界对这两种立论,皆有支持者。十八世纪的西方学者多缺乏汉译资料的研究,认为锡兰传说可信。但是,日本学者平川彰博士更能运用汉译资料做比较研究,认为说一切有部的记载较为可信,并提出"在叙述佛教教团的发展时,二一八年说其实是不

---

① 由于旃陀罗笈多(Candragupta)出生为摩利亚族(Maurya),而 Maurya 梵文之意为"孔雀",所以建立的王朝即以"孔雀"为名。

可能"①。

近代汉传印顺法师的研究②，参照汉译资料、欧美史学界的研究

---

① 平川彰《印度佛教史》，显如法师、李凤媚合译，法雨道场，2003年版，p.114。
② 印顺《佛教史地考论》"佛灭纪年抉择谈"之五——"阿育王中心的王系之二百一十八年说之检讨"，正闻出版社，1998年版，pp.160~164。印顺的探究，是依据巴利版《善见律》针对梁译《善见律》加以校定：

《善见律》印度王统经印顺修订后为：佛灭后阿阇世王又二十四年；郁陀耶跋陀罗王十六年。阿鲷楼陀王、闵蹰王在位各八年那迦逮婆(娑?)迦伊王二十四年；修修佛那迦作王十八年；其儿代名阿育，作王二十八年；阿育有十儿，并登为王二十二年；次玖难陀代作王，二十二年；复有旃陀掘多王二十四年；宾头沙罗王代在位二十八年。育王灌顶前自立争位四年。

"(一)《善见律》的那迦逮婆(应为娑之误)迦，即'古事集'的陀娑迦 Darśaka 也是阇王的儿子。《善见律》编于——与阇王相隔三王的闵蹰王下，晋译《阿育王传》缺。优陀耶王(或说是阇王的孙子)以下，传说为'篡弑相寻'，都为弟兄伯叔间的相互废立。(二)《善见律》的修修那迦 Susunāga，《阿育王譬喻集》缺。传为废君自立，创立悉苏那伽王朝，定都旧王舍城 Rājagrha 的名王。然悉苏那伽王朝，实创立于频婆娑罗王 Bimbisāra 以前，频王为第四世。从定都旧王舍城说，恰好证明了这还是以王舍城为首都的时代。考《中阿含经》(卷一一，又《铜鍱律·大品》)，称频王为'洗尼频婆沙罗'。洗尼 Seniya 即悉苏那伽的音转。所以《善见律》的修修那迦王，是编排谱牒者，误以频王前的古王，错编于闵蹰王后。《古事集》即是编列于频王之前的。(三)《善见律》的(迦罗)阿育，与《古事集》的迦迦婆罗那 Kākavarṇa 相当；(Kāka)音转而简为迦罗 kāla，即晋译的乌耳，意义为'黑'。锡兰传说为迦罗输柯 kālasoka；《善见律》的译者，直译之为阿育(阿输柯)。'输柯'，是锡兰传所特有的。本传(《阿育王传》)说：阿育王早年暴虐，人都称他为恶阿育——旃陀罗阿育；信佛以后，仁民爱物，人又称他为法阿育。这是印度的旧说；公元前后的《阿育王传》编纂者，把他编入传中。这一大陆佛教的一般传说，觉音从大陆去锡兰，是会知道这些的。觉音他们——印度王统的编年者，大抵由于二百十八年说的传说，与大陆所传百余年说不合。恰好旧有恶阿育与法阿育的传说，而迦罗的意义是黑，可解说为恶；这才称迦罗(迦迦婆罗那)为迦罗输柯。以为：这是百余年的阿育；护法的阿育，实登位于佛灭二百十九年。二阿育的传说，尤其是指向来所传的——百余年的护法阿育为迦罗输柯，造成印度王统编年的无边纠葛。(四)《善见律》说：迦罗输柯后，有十儿并立，凡二十二年；其后有玖难陀王，也是二十二年。据《古事集》说：篡杀悉苏那伽王朝末主(迦迦婆罗那)的，名摩诃波头摩 Mahāpadma，即晋译的摩诃曼陀罗 Mahāmaṇḍala。拔那 Bana 说：迦迦婆罗那王，于都城附近被袭杀。袭杀迦迦婆罗那的，应即科尔提 Curtius 所说的 Agrammes。科尔提说：Agrammes 原为贫贱的理发师，因见宠王后，所以弄权篡位。Agrammes，又作 Xandrames, Gandaridae。这位篡灭悉苏那伽朝的难陀王 Nanda，传说中名字的变化极大。然传说为'九难陀'，晋译的摩诃难陀罗，波斯匿，难陀；及多氏《印度佛教史》的毗罗斯那，难陀，摩诃波头摩，大抵都属于九难陀王的一王。

今综古事集，拔那、科尔提等传说，认为：迦迦婆罗那是被袭杀的；他应为与难陀王朝相衔接。阿育十儿并立的二十二年，在历代王统编年中，实属不当。十儿的称王是可能的；王朝被难陀王所篡窃，仍不妨占有少数城邑，延续残破偏安的旧统。王统谱牒，本是一朝朝独立的；先后兴的王朝，每同时存在。举中国史为例：陈武帝篡梁，萧齐还维持他的旧统，与陈代的灭亡，相隔仅有一年。又如元明之间，明清之间，新朝已建立，残破的旧朝还延续许多年。如联合不同王统的编年，忽略这种事实，错误可大了！对于印度古代史，我们没有充分知识，不能作肯定说。然对于不同王朝的衔接处，认(转下页)

结果，对于锡兰佛教的王统传说，作出相当清楚的指正。锡兰针对阿育王年代的传说，印顺法师也认为不可能：

> 二百十八年说，确为一古老传说；而锡兰传的印度王统编年，实与锡兰王统，五师传承的编年一样，都是为了证实这一传说，而任意编纂成的。①

南传的《岛王统史》记载，佛灭百余年有迦罗输柯 kālasoka(kāla 义为"黑"，意指恶阿育)，是修修那迦 Susunāga 的儿子，修修那迦创立了悉苏那伽王朝。传说悉苏那伽王朝创立于频婆娑罗王 Bimbisāra 以前，而频婆娑罗王是悉苏那伽王朝的第四代君王，所以《岛王统史》将修修那迦说成佛灭百余年迦罗输柯之父，显示出《岛王统史》传说的印度王统有误。

印大陆古来对阿育王的说法，认为阿育王在统一中印、信佛以前，是残暴不仁的君王，特将信佛以前的阿育王称为"黑阿育"。当阿育王统一中印、信佛以后，转变成仁民爱物的君主，另将此时的阿育王称为"法阿育"。

(接上页)为应特别注意！十儿二十二年，难陀王也恰好二十二年，这不能看作偶然吧！依多氏《印度佛教史》的叙述，相信迦罗诸儿维持残余的王统，与难陀王朝同为新兴的孔雀王朝所灭亡。此外，锡兰传佛灭于阿阇世王八年，而阇王卒于佛灭二十四年；在《古事集》中，却有阇王在位十八年的传说(卒于佛灭十年)。又频头沙罗王，《善见律》说在位二十八年，《古事集》说是二十五年。总之，锡兰所传的印度王统编年，值得怀疑处不少！

耆那教所传，王统的年代较长。然一致说，难陀王朝即位于大雄 Mahāvīra 涅槃后六十年。即依近代学者所说，大雄比佛迟十年入灭，那难陀王朝的成立，也不过佛灭七十年而已。然佛教传说，大雄死于佛陀涅槃以前，所以从佛灭到难陀王朝的成立，大约为六十年左右。难陀王朝二十二年，再加旃陀罗笈多及频头沙罗，也不过一百二十多年。

由于亚历山大 Alexander 的侵入印度，阿育王摩崖石刻的发见，孔雀王朝的——旃陀罗笈多登位与阿育王灌顶——年代，总算大致确定。然旃王以前，阿阇世王以后，一切还在不同的传说中。一般学者，为公元四、五世纪所编定的锡兰文献所蔽，大抵曲附二百十八年说来解说印度王统，以护法的阿育王出佛灭百余年为不可能。其实，如上来的检讨，悉苏那伽为古王的误编；迦罗十儿的部分据立，不应列于难陀王前；又参以传说在位年代的不同，百余年说是尽有可能的。我们必须记着：二百十八年说，确为一古老传说；而锡兰传的印度王统编年，实与锡兰王统，五师传承的编年一样，都是为了证实这一传说而任意编纂成的！

① 《佛教史地考论》"佛灭纪元抉择谈"，正闻出版社，1998年新版，p.164。

又根据耆那教的记录,消灭悉苏那伽王朝的难陀王朝,创立于尼乾陀·若提子(Nirgrantha jñāta putra,又称大雄 Mahāvīra、胜者 Jina,499～427 B.C.E.)涅槃后六十年(367 B.C.E.)。尼乾陀·若提子死于释迦佛陀前不久,难陀王朝的国祚有二十二年,加上难陀王朝后有孔雀王朝(Maurya)的旃陀罗笈多(Candragupta)与频头沙罗(Bindusāra),最多不过一百二十余年而已!如何有二百一十八年?

此外,悉苏那伽王朝末代有十王共传的二十二年。印顺法师的看法,推断应当是"悉苏那伽王朝的末代十位君王,新立的难陀王朝,两者是同时并立"。因为新、旧王朝并立相争于世,而同为后起的孔雀王朝所灭,所以难陀王朝才会一样只有二十二年。印顺法师的推断是相当合理,也合乎史实!

因此,《岛王统史》记载佛灭后百余年的迦罗输柯,以及佛灭后二百余年的阿育王,应是将阿育王信佛前后的不同称呼,误传是不同的两个阿育王,实际都是佛灭百余年的阿育王。由此可知,公元四、五世纪,锡兰分别说系铜鍱部传出的《岛王统史》或《善见律毗婆沙》,其中对阿育王年代的说法,是不可靠的误传。

此外,依照锡兰的记载:佛灭后百年至二百年,佛教僧团分裂为十八部(《岛王统史》[①]《大王统史》[②])。另在现今遗留的阿育王法敕,又有不许僧人分裂的敕令。试问:如果阿育王时代是佛灭后二百余年,当时佛教僧团已经分为十八部。为什么阿育王要劝说僧团不可分裂,分裂僧团必令还俗?试问:如果僧团都已分裂为十八部,为什么在《阿育王刻文》,未见各部派的名称?由此可确定,部派佛教十八部的分化完成,是不可能发生在阿育王以前。

[①] 见《岛王统史》第五章学派及师资相承,《汉译南传大藏经(65)》pp.30～33:"十八之分派与正统之一派,加上正统派,此等全部十八(部派)。"
[②] 《大王统史》第五章,《汉译南传大藏经(65)》pp.167～168。

2-3-6　锡兰传说的疑问

据《岛王统史》的记载,铜鍱部所传的《论事》,是佛灭二百余年的阿育王时代,因为"外道附佛"造成佛教的紊乱,僧团为了屏除外道,才由宣称"佛分别说"的目犍连子帝须举行自部思想的结集,并作成《论事》。

但是,《论事》论破的对象,不仅包括说一切有部、犊子部、正量部、贤胄部、说因部、北道部,还有分别说系饮光部、化地部,以及出自大众系之大众部、鸡胤部、说大空部。此外,又有阿育王时之大众部大天,传化于东南印形成的制多部系(案达罗部),在后世分出的东山住部①及西山住部。由于东山住部及西山住部,以及说因部(说一切有部)、犊子部、正量部、贤胄部、北道部等,多是佛灭后二三百年间的支派。据此判定《论事》的完成,应当是阿育王以后的事,也是佛教诸部大致分化完成的时代。

锡兰传说,佛灭约二百余年时,有外道邪说进入佛教。除此以外,说一切有部也有传说,佛灭约二百年,南印大众部有外道大天出家,并且重提"五事",因而分裂为制多山部、西山住部、东山住部等六部(又共称为案达罗部):

> 第二百年满时,有一出家外道,舍邪归正,亦名大天,大众部中出家受具,多闻精进居制多山,与彼部僧重详五事,因兹乖诤分为三部:一制多山部、二西山住部、三北山住部。②

> 于初之百年中,无任何之分裂,至第二之百年,于胜者之教,生起十七之异派。其后,次第生雪山、王山、义成、东山、西山及

---
① 《论事》第二品第一章,《汉译南传大藏经(61)》p.182:"宣言阿罗汉者而见漏精,认为'魔众天近于阿罗汉而与(不净)',是现在之东山住部、西山住部。"
② 玄奘新译《异部宗轮论》,《大正藏(49)》p.15。真谛旧译《部执异论》,《大正藏(49)》p.20:"此第二百年满,有一外道,名曰大天,于大众部中出家,独处山间,宣说大众部,五种执异,自分成两部,一支提山部,二北山部。"

第六之后王山。①

由于大众部分化的诸部名称见于《论事》,锡兰又传"外道附佛"促使分别说部举行结集,并作成《论事》。

因此,公元四、五世纪的锡兰佛教,有可能将佛灭百余年的"五事异法",以及佛灭约二百年南印大天部众的争端,误认是同一事件。如果真是如此,锡兰佛教是将佛教四大事件,误认是同一事件:(1)佛灭116年,阿育王治世,附会毗舍离僧团的外道大天,提倡"五事异法",佛教僧团为了"五事异法"起争端;(2)佛灭124～125年,阿育王登位第9～10年,阿育王为了平衡僧争、控制佛教,令御用僧人的目犍连子帝须学团(分别说者)举行自派结集,集出变造佛法的《舍利弗阿毗昙论》,佛教遂分裂为经师及律师、附会律师的大天派、论师三派;(3)佛灭约第二百年间,大天学团发展于南印的制多部,内部针对"五事异法"再起争执、分裂;(4)阿育王殁后,印度佛教逐渐分裂为十八派,分别说系(可能是法藏部)编集出《论事》,目的是立自宗、破他派。

发生在不同时代、地域的四大事件,全被串连成阿育王时代的事件,锡兰才会误传:阿育王治世是在佛灭二百余年,当时有外道附佛,目犍连子帝须学团(分别说者)为了净化僧团举行自派结集,并编出《论事》,《论事》才会有大天之制多派分出的西山、东山等部。

锡兰分别说系铜鍱部的说法,应是为了合理化时代、事件错置的混乱,遂将阿育王信佛前后被分别称为黑阿育、法阿育的说法,转说成佛灭后百余年的黑阿育、佛灭后二百余年的法阿育,原本是同一阿育王的两种称呼,转变成不同的两位阿育王。

---

① 《岛王统史》第五章,《汉译南传大藏经(65)》p.33。

2-3-7　确定佛陀的年代

近代学者依古代传记,以及对近代发现的阿育王石刻铭文的研究,在《石柱法敕》中的《憍赏弥(Kosambī)法敕》①,以及《小石柱法敕》的《桑崎法敕》②(桑崎 Sāñcī,阿育王在此建塔,现今此地存有桑崎佛塔)、《沙如那陀法敕》③(沙如那陀 Sārnāth,古昔之鹿野苑),都有呼吁"僧团和合"及"不得破僧"的敕令。如是可知,阿育王时代的佛教,的确发生论诤、僧团不能和合的事实,但是另外转说为华氏城 Pāṭiliputta 淘汰贼住比丘的传说。

阿育王时代的佛教有三大派,分别是阿难师承的摩偷罗僧团、优波离师承的毗舍离僧团(另有附会毗舍离僧团的大天学团)、王朝御用的目犍连子帝须学团(分别说部学团)。在孔雀王朝以外,西北印的罽宾(今克什米尔)地区,也有阿难师承的罽宾僧团。

阿难系摩偷罗僧团的传承,是由阿难传予商那和修,商那和修传予优波鞠多。说一切有部编造一说,阿难临入灭前传予末田地,佛灭后约百年,末田地开化罽宾建立罽宾僧团,并且末田地传法商那和修。阿育王时代,摩偷罗僧团的领导者是优波鞠多,在说一切有部的记载,阿难系摩偷罗僧团第三师优波鞠多的时期,佛教已分化为五部僧团:

> 时阿育王语比丘名一切友:我当施僧十万金⋯⋯于大众中

---

① 阿育王《石柱法敕》之《憍赏弥法敕》,《汉译南传大藏经(70)》附录之《阿育王刻文》p.63:"天爱于憍赏弥敕令于诸大官。⋯⋯命和合⋯⋯于僧伽中不应容此。⋯⋯比丘或比丘尼而破僧者,皆令著白衣,此不得住精舍之处。"
② 阿育王《小石柱法敕》之《删至法敕》,《汉译南传大藏经(70)》附录之《阿育王刻文》p.65:"(不得)破⋯⋯比丘及比丘尼之僧伽,(朕之)诸王子(乃至)曾孙⋯⋯以此令和合⋯⋯。比丘或比丘尼而破僧伽者,皆令著白衣,不得住此精舍之处。⋯⋯不论如何,朕所希望,和合于一令僧之久住。"
③ 《小石柱法敕》之《沙如那陀法敕》,《汉译南传大藏经(70)》附录之《阿育王刻文》p.66,参 p.67 之注 1:"虽任何人亦(不得)破僧。若比丘或比丘尼而破僧者,皆令著白衣,不得住精舍之处。⋯⋯天爱如是昭。"

当说我名供养五部僧。①

如来泥曰未久,阿难传其共行弟子末田地,末田地传舍那婆斯。此三应真咸乘至愿,冥契于昔……其后有优波崛,弱而超悟,智绍世表,才高应寡,触理从简,八万法藏所存唯要,五部之分始自于此。②

佛灭后约250年,摩偷罗僧团分裂为雪山部、说一切有部;佛灭后约250～270年间,说一切有部南方学众自行分化为犊子部。此后,说一切有部即发展于北印、罽宾地区,说一切有部为了向犊子部争"有部正统"的地位,遂自称是"根本说一切有部",自居是犊子部的上首。此外,发展于罽宾的有部,又为了贬低以商那和修为第二师的犊子部,改推崇开教罽宾的末田地是阿难师承的第二师,原是说一切有部及犊子部尊为第二师的摩偷罗商那和修(又译舍那婆斯),此后即被移置在末田地之后。

在优波鞠多的时代,印度孔雀王朝范围的佛教,已经分化出的五部僧团,各为阿难系摩偷罗僧团的多闻众、毗舍离僧团的因缘众、目犍连子帝须学团(分别说部)再分化的化地部(弥沙塞部)、法藏部、饮光部。除此以外,孔雀王朝境外的佛教僧团,尚有西北方迦湿弥罗国末田地领导的僧团、南印案达罗国大天领导的制多部、印度东南海外铜掌国摩哂陀领导的僧团。

根据分化自摩偷罗僧团之说一切有部、分化自毗舍离僧团之大众部的共说,优波鞠多时代的僧团是有大事发生。此外,优波鞠多与阿育王是同一时代,也是说一切有部、分别说部共同承认的事实。如是可知,当时僧团应有大事发生,并且佛教发生大分裂。

根据世友著、真谛译的《部执异论》记载,佛灭后116年的阿育王

---

① 僧伽婆罗译《阿育王经》卷三,《大正藏(50)》p.140。
② 《达磨多罗禅经》卷上,《大正藏(15)》p.301。

时代,附会毗舍离僧团的外道大天提倡"五事异法",佛教僧团为此发生大论争,造成僧团的分裂。当时阿难师承摩偷罗僧团反对"五事",优波离师承毗舍离僧团对"五事"是不表态,附会毗舍离僧团的大天提倡"五事",目犍连子帝须学团(分别说部)采取折衷"五事"的立场。因此,僧团分裂为见解、立场不同的三大派。

由于阿育王支持分别说部学团,使分别说部的发展大为顺利,阿育王登位第19年(253 B.C.E.)目犍连子帝须过世后,分别说部逐渐分化为化地部(弥沙塞部)、法藏部、饮光部,如是形成阿育王、优波鞠多时期的五部僧团。

如此可知,阿育王及优波鞠多的时代,是佛灭后百余年,绝不可能是佛灭后二百余年。

佛灭约152年,阿育王登位第37年殁。阿育王殁后至佛灭约200年(235~187 B.C.E.),五部僧团再分化。毗舍离僧团率先分化出一说部、说出世部、鸡胤部,鸡胤部再分出多闻部、说假部,案达罗国附会毗舍离僧团的大天派则分出制多山部、西山住部、北山住部。如是,本末分化成九部:

> 后即于此第二百年,大众部中流出三部:一、一说部;二、说出世部;三、鸡胤部。次后于此第二百年,大众部中复出一部,名多闻部。次后于此第二百年,大众部中更出一部,名说假部。……第二百年满时,有一出家外道……居制多山,与彼部僧重详五事,因兹乖诤分为三部:一、制多山部;二、西山住部;三、北山住部。①

佛灭后约250年(137 B.C.E.)阿难系摩偷罗僧团分化为雪山部、说一切有部(说因部)。佛灭后约250~270年(137~117 B.C.E.)说一切

---

① 玄奘译《异部宗轮论》,《大正藏(49)》p.15。

有部分化出犊子部 Vātsīputrīya，佛灭后约 270～300 年（117～87 B.C.E.），犊子部再分化出正量、贤冑、法上、密林等四部。佛灭后约 300～350 年（87～37 B.C.E.），说一切有部又分出说转部、说经部（经量部）。如是，本末约九部：

> 其上座部（指摩偷罗僧团）经尔所时一味和合，三百年初有少乖诤，分为两部：一、说一切有部，亦名说因部；二、即本上座部，转名雪山部。后即于此第三百年，从说一切有部流出一部，名犊子部。次后于此第三百年，从犊子部流出四部：一、法上部；二、贤冑部；三、正量部；四、密林山部。……至第四百年初，从说一切有部，复出一部，名经量部，亦名说转部，自称我以庆喜为师。①

> （佛灭后……）至第四百年中，从说一切有部，又出一部，名说度部，亦名说经部。②

> 鸠摩逻多，此云豪童，是经部祖师，于经部中造喻鬘论、痴鬘论、显了论等，经部本从说一切有中出，以经为量名经部。③

> 其萨婆多部，复生弥沙塞部。目犍罗优婆提舍，起昙无屈多迦部、苏婆利师部。他俾罗部，复生迦叶维部、修多兰婆提那部（经量部 Sautrāntikavādin 的音译）。四百年中，（萨婆多部）更生僧伽兰提迦部（说转部 Saṃkrāntikavādin 的音译）。④

依据《十八部论》（即《异部宗轮论》）的说法，印度毗舍离僧团分成八部，印度分别说系分为三部，加上原阿难系摩偷罗僧团分化为八部，

---

① 玄奘译《异部宗轮论》，《大正藏（49）》p.15。
② 真谛译《部执异论》，《大正藏（49）》p.20。
③ 《俱舍论记》卷二，《大正藏（41）》p.35。鸠摩逻多 Kumāralāta 是经部本师，察其作品，约在公元二、三世纪间流传，生活在呾叉始罗（今塔克西拉，梵文：Takṣaśilā；巴利语：Takkasilā）地区，位于巴基斯坦旁遮普省。《成唯识论述记》认为鸠摩逻多是佛灭后一百年出世，实际是出自误读《大唐西域记》的记载。
④ 《舍利弗问经》，《大正藏（24）》p.900。

印度部派佛教共有十九部。如果连摩偷罗僧团、毗舍离僧团与分别说之母部算上,约有二十二部。这正合于南传《岛王统史》所载,佛灭后二百余年(第三百年),佛教分裂为十多部。

佛陀29岁出家,35岁正觉,80岁入灭。因此,依阿育王年代(271 B.C.E.)推算佛陀的时代,得知佛陀入灭于公元前约387年(271＋116＝387),正觉于公元前约432年(387＋45＝432),出生于公元前467年(387＋80＝467)。

藏传有清辨论师 Bhavya 著作的《异部精释(Tāranātha; Sde-pa tha-dad-par byed-pa daṅ rnam-par-bśad-pa)》[①],该书根据犊子系正量部的说法,提出佛灭后137年有阿育王登位。但是,正量部出现的年代较晚于说一切有部,正量部转述的阿育王登位年代,也晚于说一切有部《十八部论》的说法。如此,促使佛灭的年代早说了21～23年[②](408～405 B.C.E.),目前许多的西方学者是采用此说。

---

① 参《印度佛教史》,寺本婉雅日译本,附注87～89, pp.376～377。《异部精释》:"世尊无余涅槃后,百三十七年,经难陀王至摩诃钵土摩王时,于波咤梨城集诸圣众。……天魔化为跋陀罗比丘,住僧中,有一切不相应之见。现诸神通,以根本五事,僧伽起大净论。上座、龙与坚意等,宣传五事。……佛教分裂为二,名上座与大众。"

② 正量部把佛教根本分裂的时间,予以晚说的真正原因,是为了让自部出现的时间更接近佛教分裂的时间,目的是突显自派的根源性及权威地位。

3 阿育王掌控僧团,变造、分裂佛教之史探

3-1 总说佛教分裂

3-1-1 研究佛教分裂史的认识

印度历史的可信时间点,是从阿育王开始。阿育王以前的历史,大多流于神话、传说、诗歌、私记的记录形态,不具备确切、完整、系统的记录。

有关佛教部派的分裂原因、时间、起承转折及后续发展,印度各部派的说法是各说各话。在同一事件的发生时间、原因及后续发展,大多没有一致性,对于部派之间的关联、起承转合,也是各有意见。这是研究部派佛教史献时,必须面对的实况,也是难以爬梳、厘清真相的原因。

各部派记述不一致的原因,主要是"部派情结"。部派为了建立自派的权威与地位,当陈述佛教分裂、演变史时,往往是选择性地记实、技巧性地转说、针对性地编伪、刻意性地失忆。因此,各部派传诵的史献,既不是全然的真实,也不是全然的造伪。若要探知佛教分裂的真相,必须对各部派的传述,深入、周延地交叉比对,逐步爬梳、厘清其中的真相,或是尽量接近真相的面貌,这是任何一位探究部派佛教史的学人,无法避免的困难与课题。

3-1-2　佛教纷争、分裂史的四种旧说

佛陀的遗教是经与律,佛灭后举行"第一次经律结集",使得阿难、优波离受到佛教僧团的特别仰敬。由于初始结集的影响,出自阿难师承、优波离师承的僧众,逐渐成为佛教僧团的两大主流。

佛灭百年内的佛教僧团,主要是出自阿难师承的重经者,以及出自优波离师承的重律者,重经者必须持戒,重律者必须学经,两大师承的僧众是和合无争。

佛灭后约110年,出自优波离师承的毗舍离僧团,擅行受取金钱等非律十事,引发"十事非律僧争"。"十事非律僧争"发生时,开教于摩偷罗、出自阿难师承的商那和修,受到耶舍敦请,出面号召各地长老针对"十事非律"举行净律羯磨。因此,在"十事非律僧争"引起的净律羯磨及"第二次结集"后,商那和修领导的摩偷罗僧团,逐渐受到佛教界的尊敬、重视,但是优波离师承的毗舍离僧团对摩偷罗僧团,应当是有着心结。

佛灭后约116年,阿育王初登王位,附会毗舍离僧团出家的外道大天,公开提举毁谤阿罗汉的"五事",摩偷罗僧团长老坚决反对"五事",遂引发"五事异法僧争"。"五事异法僧争"时,阿育王支持大天,领导毗舍离僧团的树提陀娑,是采取"自保"的立场,既不表态反对阿育王、大天,也不表态支持摩偷罗僧团。

"五事异法僧争"的后续发展,是阿育王迫害摩偷罗僧团,并藉目犍连子帝须建立王朝御用僧团(分别说部),编集糅杂异道思想的《舍利弗阿毗昙论》,进行"变造佛教"的结集(263～262 B.C.E.),并扩大王朝僧团的传教。

此时,优波鞠多领导的摩偷罗僧团,因为反对"五事异法",既受到阿育王的压迫,又为了对抗大天、目犍连子帝须的"异说乱教",更举行了维护正法的"第三次经律结集"(262～261 B.C.E.)。自此,摩

偷罗僧团逐渐成为阿难师承及维护正法的表率。

"十事非律僧争"及"五事异法僧争"皆是重大的佛教僧争,前后两次僧争的事件,也都与毗舍离僧团有密切的关联。经过两次重大僧争以后,出自阿难师承的摩偷罗僧团,以及出自优波离师承的毗舍离僧团,已是很难如同过往的和合了。

阿育王时代,阿育王建立王朝御用的分别说部学团,是目犍连子帝须领导的学派,依目犍连子帝须编造的《舍利弗阿毗昙论》为教说根据,进行变造佛教经说的自派结集。因此,佛教发生根本性的分裂,分别为:经师传承以摩偷罗僧团为代表、律师传承以毗舍离僧团为代表、依《舍利弗阿毗昙论》为宗本的目犍连子帝须学团(分别说部)等,这是阿育王时代印度佛教三大派。

除此以外,在阿育王时代,孔雀王朝境外的佛教僧团,尚有西北方迦湿弥罗国由经师传承末田地领导的僧团、南印案达罗国由依附毗舍离僧团的大天领导的制多部、印度东南海外铜掌国由摩哂陀领导的分别说部学团。

佛教分裂后,分别说部系针对佛教分裂的原因、时间,作出选择性的纪实、针对性的编伪,宣称"佛灭百年的毗舍离僧团擅行非律十事"是佛教分裂的原因,并自称是上座部,毗舍离僧团是大众部。

佛灭约 152 年,阿育王登位第 37 年殁。阿育王殁后至佛灭约 200 年间(235～187 B.C.E.),毗舍离僧团分化出一说部、说出世部等五部。此后,当巽迦王朝的弗沙密多罗王殁(149 B.C.E.)后,毗舍离僧团藉"古新律争"的事件,贬低扩增新律的分别说部是上座部,自称是守持古律的大众部。

此时,毗舍离僧团为本的大众系,为了对抗分别说部的编伪贬低,并建立自派的权威及地位,编撰了优波离师承的毗舍离僧团传承,彰显毗舍离僧团是律承正统。

佛灭后约 250 年(137 B.C.E.),摩偷罗僧团有迦旃延尼子,承续分别说部《舍利弗阿毗昙论》的论义,并著写悖离经说的《发智论》,摩偷罗僧团再三要其改正,迦旃延尼子不改其说。因此,摩偷罗僧团分裂为原重经的雪山部,以及重论之迦旃延尼子学众的说一切有部。

此后,源自摩偷罗僧团的说一切有部,为了确立自派的权威及地位,编撰了阿难为师承的摩偷罗僧团传承,表彰摩偷罗僧团是经师正宗:

> 尊者鞠多作是思惟:我化缘已讫。……今涅槃时到。(优波鞠多)语提多迦言:"子!佛以法付嘱迦叶,迦叶以法付嘱阿难,阿难以法付我和上商那和修,商那和修以法付我,我今以法付嘱于汝。"①

摩偷罗僧团是重经的阿难师承,因为经法即禅法,所以摩偷罗僧团又重禅观。虽然说一切有部源自摩偷罗僧团,既要强调自身是阿难师承正宗,但又重论,并宣称《论》是源自大迦叶的诵集。因此,说一切有部编撰的师承,即有佛陀传予大迦叶,大迦叶传予阿难的编伪说法。

有关佛教的巨大争端、分裂,目前佛教的记载,分别有四种不同出处的说法,各出自不同的佛教部派传说。现依照传出时间的前后,分别如下。

3-1-2-1　第一种说法是"十事非律"

这是说"毗舍离僧团擅行受持金钱等非律十事",遂造成僧团的巨大争端,分裂为上座部(巴 Theravāda)、大众部(巴 Mahāsaṅghika)。此说有四种说法:

一、阿难师承的摩偷罗僧团《十诵律》记述,佛灭百一十年,毗舍离僧团受取金钱引起"十事非律僧争",促成"第二次经律结集",僧

---

① 《阿育王传》卷四,《大正藏(49)》p.126。

团复归于和合清净①。

二、优波离师承的毗舍离僧团《摩诃僧祇律》记述,佛般涅槃后,毗舍离僧团受取金钱引起"十事非律僧争"②,促成"第二次经律结集",毗舍离僧团承认自身错误,僧团复归于和合清净。

三、阿育王登位约第22年(250 B.C.E.),印度分别说部分裂为化地部、法藏部、饮光部。化地部《五分律》、法藏部《四分律》共传:佛灭百年时,毗舍离僧团受取金钱引起"十事非律僧争"③,促成"第二次经律结集"。但是两部律典都无有"十事非律僧争"造成僧团分裂的说法。

四、公元后五世纪,锡兰分别说系铜鍱部《岛王统史》也传此说。但是,铜鍱部另主张:毗舍离僧团不服僧团针对"十事非律"的净律羯磨,自行举行万人合诵④,遂造成佛教僧团分裂为上座部、大众部。虽然饮光部的广律已失传,无法确知饮光部对佛教分裂的说法,但是"十事非律僧争"造成僧团分裂,极可能只是铜鍱部的自派意见而已!由于分别说部是起于"大天五事僧争"之后,印度分别说系三派很可能是主张"大天五事僧争"促使僧团分裂。

探究这四种说法,可知"十事非律僧争"及"第二次经律结集"是

---

① 见《十诵律》卷六〇,《大正藏(23)》p.450:"佛般涅槃后一百一十岁,毗耶离国十事出。是十事非法、非善,远离佛法,不入修妒路,不入毗尼,亦破法相。……何等十事?一者盐净……十者金银宝物净。……耶舍陀是长老阿难弟子,耶舍陀闻毗耶离国十事出已。……语言:沙门释子不应乞金银宝物畜。……毗耶离比丘思惟言:耶舍陀于诸白衣前出我等罪……如是思惟已,集僧与耶舍作出羯磨,不得毗耶离住。"
② 见《摩诃僧祇律》卷三三,《大正藏(22)》p.493:"佛般泥洹后,长老比丘在毗舍离沙堆僧伽蓝。尔时,诸比丘从檀越乞索,作如是哀言:'……世尊泥洹后,我等孤儿,谁当见与。汝可布施僧财物!'如是哀声而乞,时人或与一罽利沙槃、二罽利沙槃,乃至十罽利沙槃。"
③ 见《弥沙塞部和醯五分律》卷三〇,《大正藏(22)》p.192:"佛泥洹后百岁,毗舍离诸跋耆比丘始起十非法。一盐姜合共宿净;……十受畜金银钱净。彼诸比丘常以月八日、十四日、十五日盛满钵水,集坐多人众处,持钵着钱以为吉祥,要人求施。时诸白衣男女大小经过前者,便指钵水言,此中吉祥,可与衣钵革屣药直。有欲与者与之,不欲与者便讥呵言:沙门释子不应受畜金银及钱,设人自与不应眼视,而云何作此求施。"
④ 见《岛王统史》第五章,《汉译南传大藏经(65)》pp.30~32。

各方共说的事件,其中不同的说法,是事件发生时间的记述不同,僧团是否发生分裂的说法不同。(1)分别说系皆主张"十事非律"发生在佛灭后百年;(2)铜鍱部独说"十事非律"僧争造成僧团分裂;(3)摩偷罗僧团的记述,事件发生在佛灭后百一十年,由摩偷罗僧团号召、主持净律羯磨,事后僧团复归和合清净;(4)毗舍离僧团的记述,事件发生在佛般涅槃后,毗舍离僧团导师陀娑婆罗在结集时诵出毗尼①,毗舍离僧团接受羯磨结论。

根据毗舍离僧团传诵之《摩诃僧祇律》的记述,毗舍离僧团明显是已承认自身的错误,是不可能拒绝净律羯磨与教诫,进而造成僧团分裂,并且号召、主持净律羯磨的摩偷罗僧团,也说僧团复归于和合清净。因此,在记述佛教史的这一种说法里,号召、主持净律羯磨的摩偷罗僧团,受取金钱、擅行"十事非律"、接受僧团教诫与羯磨的毗舍离僧团,这两方说法的可信度较高。

如此可知,较为可信的事实,是佛灭后百一十年,毗舍离僧团受取金钱引起"十事非律僧争",促成"第二次经律结集",佛教僧团复归于和合清净。

论师系统的分别说部说法,应当是为了建立自派的权威,选择性地记实了"十事非律僧争"及"第二次经律结集",技巧性地转说了"事件发生时间"及"律藏的主诵者",针对性地编伪了"僧团分裂为上座部、大众部",刻意性地失忆了"毗舍离僧团承认自身的错误"与"阿育王时代,分别说部涉入'五事异法僧争'造成佛教分裂"。

3-1-2-2 第二种说法是"古新律争"

"古新律争"的说法,是出自大众部《舍利弗问经》的记述,传说"僧团有新律、古律的争端,造成佛教僧团分裂,采用古律是大众部,

---

① 《摩诃僧只律》卷三三,《大正藏(22)》p.493:"尔时,尊者陀娑婆罗作是念:我今云何结集律藏? 有五净法,如法如律者随喜,不如法者应遮。"

擅行新律是上座部",此说是大众部独有的说法。

大众部《舍利弗问经》①记述,有恶王毁孔雀王朝,迫害佛教、杀戮僧人。当恶王殁后,佛教各方尽力地恢复佛教传承。此时,有长老比丘扩增古来旧传的僧律,而坚守原有旧律的僧人是极力反对,因此造成了"古新律争"。彼时,国王要求僧争的双方,依照"取筹"的方式定争端,促使旧律、新律的支持者大分裂。信从古律②的《摩诃僧祇律》是大众部(即毗舍离僧团),支持新律是上座部。

印度王史,孔雀王朝末世,有权臣弗沙密多罗政变,推翻孔雀王朝的治权,创立巽迦王朝(185～73 B.C.E.)。

孔雀王朝的治世基础,有耆那教及分别说部教团(变型佛教)的支持,反孔雀王朝的弗沙密多罗,转向婆罗门教寻求支持。因此,弗沙密多罗王信仰婆罗门教,既杀戮孔雀王朝御用的分别说部教团,佛教全体也同受迫害。

公元前185年,弗沙密多罗王灭孔雀王朝,创立巽迦王朝,治世36年(185～149 B.C.E.)。

公元前149年,弗沙密多罗王殁世。大众系僧团《舍利弗问经》提出"古新律争"的说法,应是弗沙密多罗王殁后的事,也是佛灭后

---

① 《舍利弗问经》,《大正藏(24)》p.900:"优婆笈多后,有孔雀输柯王,世弘经律,其孙(时有)名曰弗沙蜜多罗……毁塔灭法,残害息心四众……御四兵攻鸡雀寺。……遂害之,无问少长,血流成川……王家子孙于斯都尽。其后有王,性甚良善……国土男女复共出家。如是比丘、比丘尼还复滋繁,罗汉上天,接取经律还于人间。时有比丘名曰总闻,咨诸罗汉及国王,分我经律多立台馆……时有一长老比丘,好于名闻亟立诤论,抄治我律开张增广。迦叶所结名曰大众律,外采综所遗,逛诸始学,别为群党,互言是非。时有比丘,求王判决。王集二部行黑白筹,宣令众曰:若乐旧律可取黑筹,若乐新律可取白筹。时取黑者乃有万数,时取白者只有百数,王以皆为佛说,好乐不同不得共处。学旧者多,从以为名为摩诃僧祇也,学新者少而是上座。"
② 《摩诃僧祇律》"私记",《大正藏(22)》p.548:"中天竺昔时,暂有恶王御世,诸沙门避之四奔,三藏比丘星离。恶王既死更有善王,还请诸沙门还国供养。时巴连弗邑有五百僧,欲断事而无律师,又无律文无所承案,即遣人到祇洹精舍,写得律本于今传赏。法显于摩竭提国巴连弗邑阿育王塔南天王精舍,写得梵本还杨州。以晋(东晋安帝)义熙十二年岁(C.E. 416～418)在丙辰十一月,于斗场寺出之,至十四年二月末都讫,共禅师译梵本为秦焉。故记之。"

238 年(149 B.C.E.)以后的事。

分别说部系的各部派,化地部《五分律》、法藏部《四分律》共传:佛灭百年,毗舍离僧团擅行受取金钱等十事引起"十事非律僧争",促成"第二次经律结集",已失佚的饮光部广律,也应是此说。但是,印度分别说系三大部未说"十事非律僧争"使僧团分裂。然而,发展于楞伽岛的分别说系大寺派,可能为了推崇传教锡兰的阿育王子摩哂陀是律师正宗的地位,针对性编伪"十事非律僧争"使僧团分裂为上座部、大众部(上座指占少数的分别说部,大众指占多数的正统佛教僧人)。印度分别说系三派,对于大寺派推崇阿育王子摩哂陀的伪说,极可能是"默许"。

分别说系锡兰铜鍱部的说法,是将"分裂佛教僧团"的重大过失归咎于毗舍离僧团。由于佛教认为:分裂僧团(破和合僧)是堕地狱的五逆罪之一,大寺派编伪的宣称"十事非律"导致僧团分裂,等同指责优波离师承的毗舍离僧团违律、破僧,毗舍离僧团必定是无法接受。

由于分别说部是阿育王建立,孔雀王朝御用的王家僧团,深受孔雀王朝的支持与保护,所以孔雀王朝治世的时期,毗舍离僧团是无力反抗分别说部,也无法公开地澄清编伪与贬低。阿育王治世时,印度佛教有三派、五部僧团,锡兰还另有分别说系大寺派。阿育王殁后,毗舍离僧团开始分化。孔雀王朝灭后,巽迦王朝初期,弗沙密多罗王是迫害佛教的恶王,弗沙密多罗王治世时,毗舍离僧团也无法针对分别说部的编伪与贬低,做出有力的驳斥与破伪。

当弗沙密多罗王殁(佛灭后 238 年,149 B.C.E.)后,佛教重兴。当时,印度佛教有三大派:论师系的分别说部,分出有化地部、法藏部、饮光部;优波离师承的毗舍离僧团,在阿育王殁后,分化出一说部、说出世部、鸡胤部,鸡胤部又分出说假部、多闻部;附会毗舍离僧团出家的大天,在案达罗地区建立了制多部,制多部分出东山部、北

山部;阿难师承的摩偷罗僧团,此时尚未分派:

> 于百岁内,从多闻出一部,名只底舸(此山名出律主居处也);于百岁内,从只底舸出一部,名东山(亦律主所居处也);于百岁内,从东山出一部,名北山(亦律主居处)。……
>
> 佛灭度后百一十六年,城名巴连弗,时阿育王,王阎浮提匡于天下。尔时,大僧别部异法……此是佛从始生二部:一谓摩诃僧祇,二谓他鞞罗(秦言上座部也)。
>
> 即此百余年中。摩诃僧祇部,更生异部,一名一说,二名出世间说,三名窟居;又于一百余年中,摩诃僧祇部中,复生异部,名施设论;又二百年中,摩诃提婆,外道出家住支提山,于摩诃僧祇部中复建立三部,一名支提加,二名佛婆罗,三名郁多罗施罗。如是摩诃僧祇中分为九部。……至三百年中,上座部中,因诤论事,立为异部,一名萨婆多,亦名因论先上座部,二名雪山部。①

> (佛灭后)至第二百年中,从大众部,又出三部:一、一说部,二、出世说部,三、灰山住部;于此第二百年中,从大众部又出一部,名得多闻部;于此第二百年中,从大众部又出一部,名分别说部。此第二百年满,有一外道,名曰大天,于大众部中出家,独处山间,宣说大众部,五种执异,自分成两部:一、支提山部,二、北山部。如是,大众部四破、五破,合成七部。一、大众部,二、一说部,三、出世说部,四、灰山住部,五、得多闻部,六、分别说部,七、支提山部,北山部。
>
> 上座弟子部,住世若干年,至第三百年中,有小因缘分成两部:一、说一切有部,亦名说因部;二、雪山住部,亦名上座弟子部。②

---

① 《十八部论》,《大正藏(49)》pp.17~18。
② 《部执异论》,《大正藏(49)》p.20。

（佛灭）后即于此第二百年，大众部中流出三部：一、一说部，二、说出世部，三、鸡胤部；次后，于此第二百年，大众部中复出一部，名多闻部；次后，于此第二百年，大众部中更出一部，名说假部。第二百年满时，有一出家外道，舍邪归正，亦名大天，大众部中出家受具，多闻精进，居制多山，与彼部僧重详五事，因兹乖诤分为三部：一、制多山部，二、西山住部，三、北山住部。如是，大众部四破或五破，本末别说合成九部：一、大众部，二、一说部，三、说出世部，四、鸡胤部，五、多闻部，六、说假部，七、制多山部，八、西山住部，九、北山住部。

其上座部，经尔所时一味和合。三百年初，有少乖诤，分为两部：一、说一切有部，亦名说因部；二、即本上座部，转名雪山部。①

如此可知，源自毗舍离僧团的大众部，在《舍利弗问经》指涉"扩增僧律"的上座部，既不可能是大众系的一说部、说出世部、鸡胤部、说假部、多闻部，也不会是大天（附会毗舍离僧团出家）开创的南印制多部系东山部、北山部，更不可能是出自佛灭250年以后，由摩偷罗僧团分裂出的说一切有部、雪山部。《舍利弗问经》指涉"扩增僧律"的上座部，应当是自称上座部，由分别说部分出的化地部、法藏部、饮光部，以及楞伽岛的大寺派。

阿育王时代，分别说部诬蔑毗舍离僧团造成佛教分裂。当弗沙密多罗王殁后，源自毗舍离僧团的大众部，编集了《舍利弗问经》，刻意将分裂僧团的过失推予分别说部系僧团。

"古新律争引起僧团分裂"的说法，是大众部《舍利弗问经》的独传，在其他各部派皆无有此说。可见，"古新律争引起僧团分裂"的说法，是源自毗舍离僧团的大众部，针对分别说部的贬低、编伪，作出的

---

① 《异部宗轮论》，《大正藏(49)》p.15。

反驳及编造。

有关造成佛教分裂的原因及发生时间,不论是分别说部系传说的"佛灭百年的十事非律僧争",或是大众部指述的"弗沙密多罗王殁后的古新律争",两者皆是不可信。

但是,佛灭百余年发生"十事非律僧争",弗沙密多罗王殁后发生"古新律争",是确实发生的事件,但绝不是佛教分裂的原因与时间。

由分别说部、大众部的说法,可以清楚地发现,两部派为了建立自派的权威及地位,在记述佛教史时,既不是全然的真实,也不是全然的造伪,而是选择性地记实、技巧性地转说、针对性地编伪、刻意性地失忆。

3-1-2-3 第三种说法是"五事异法"

"五事异法"的说法,出自说一切有部的记述。公元前二世纪末至公元前一世纪间传出的《十八部论》,约公元二世纪的《大毗婆沙论》,二者都有相关的记述。

说一切有部,是源自阿难师承的摩偷罗僧团。佛灭后约250年,有迦旃延尼子弘扬自写的《发智论》,论义多是融摄分别说部《舍利弗阿毗昙论》的思想,其中甚多是悖离古老传承的经说。因此,坚持古老经说的摩偷罗僧团,再三要求迦旃延尼子舍弃异说,迦旃延尼子不改自说,摩偷罗僧团为此分裂为两派,一是原重经说的雪山部,二是宣扬"论书"的迦旃延尼子学众,即是说一切有部,并自称是上座部:

> 尊者鞠多……语提多迦言:"子!佛以法付嘱迦叶,迦叶以法付嘱阿难,阿难以法付我和上商那和修,商那和修以法付我,我今以法付嘱于汝。"①

---

① 《阿育王传》卷六,《大正藏(50)》p.126。

> 上座弟子部,唯弘经藏,不弘律、论二藏故。……从迦叶已来,至优波笈多,专弘经藏,相传未异。以后稍弃根本,渐弘毗昙。至迦旃延子等,弃本取末,所说与经不相符,欲刊定之,使改末归本,固执不从。再三是正,皆执不回,因此分成异部。①
>
> 其上座部,经尔所时一味和合。三百年初,有少乖诤,分为两部:一、说一切有部,亦名说因部;二、即本上座部,转名雪山部。②

说一切有部记述的"五事异法僧争"是:

佛灭后116年,印度孔雀王朝的阿育王治世,当时有原是外道的大天,附会毗舍离僧团出家。在孔雀王朝首都华氏城的王家寺院鸡园寺,大天趁十五满月日举行僧团布萨时,提出诋毁阿罗汉的"五事",僧团为此发生论争,这即是"五事异法僧争"。"五事异法僧争"的后续发展,促成了佛教僧团发生根本性的分裂,分裂为见解、立场不同的上座部、大众部(实际是分为三大派):

> 佛灭度后百一十六年,城名巴连弗,时阿育王王阎浮提,匡于天下。尔时,大僧别部异法,有三比丘(众):一名能(龙之误写),二名因缘,三名多闻,说有五处以教众生,所谓:从他饶益、无知、疑、由观察、言说得道。此是佛从始生二部,一谓摩诃僧祇,二谓他鞞罗(秦言上座部也)。③
>
> 大天于后集先所说"五恶见事",而作颂言:"余所诱无知,犹豫他令入,道因声故起,是名真佛教。"于后鸡园寺中,上座苾刍多皆渐次灭殁,十五日夜布洒他时,次当大天升座说戒,彼便自

---

① 《三论玄义检幽集》卷六引真谛《部执异论疏》,《大正藏(70)》p.463。
② 玄奘译《异部宗轮论》,《大正藏(49)》p.15。《异部宗轮论》(古译《十八部论》)是出自说一切有部论师的作品,原阿难系僧团内广受分别说影响者,即是说一切有部学众。上座部的用语,出自分别说部学团。因此,说一切有部为了向分别说争夺上座部正统,延续分别说系的看法,称呼阿难系僧团为上座部,实际上阿难系自称是多闻众。
③ 世友《十八部论》,鸠摩罗什初译,《大正藏(49)》p.18。

诵所造伽他。……于是竟夜斗诤纷然,乃至终朝朋党转盛。①

《十八部论》记载,僧争初始时,僧团分为龙众、因缘众、多闻众等不同立场的三派。"龙众"应当是指造成"五事异法",附会毗舍离僧团出家的大天学团,犹如龙象般难调难伏;"因缘众"是指优波离师承的毗舍离僧团,隐喻"依时势办事的自保风格";"多闻众"是指阿难师承的摩偷罗僧团,也是称誉"多闻第一"②之阿难的弟子众。此时,僧团只是为"五事异法"起争端,尚未正式的分裂。

外道背景、附会毗舍离僧团出家的大天(摩诃提婆,巴 Mahādeva),是信从阿育王的政治僧人。佛灭116年(271 B.C.E.),大天提倡"五事异法"诋毁阿罗汉,受到阿育王及许多依附毗舍离僧团的御用僧人的支持,《十八部论》指称的"龙众",即是大天学团。

反之,阿难师承的摩偷罗僧团(多闻众)是依据经说的主张"阿罗汉无漏、究竟",坚决反对"五事异法",对抗大天学众,并为此受到阿育王的排斥、压迫。

外道大天是附会毗舍离僧团(后世称大众部)出家,当时,领导毗舍离僧团的大德,是毗舍离僧团第三师的树提陀娑(Jotidāsa),树提陀娑传法于耆哆③(Ajita)。

毗舍离邻近华氏城,阿育王是盛世君主,外道附佛的大天是王朝

---

① 《大毗婆沙论》卷九九,《大正藏(27)》p.511。《部执异论》,《大正藏(49)》p.20:"余人染污衣,无明、疑、他度,圣道言所显,是诸佛正教。"
② 《相应阿含》447经,《大正藏(2)》p.115:"众生常与界俱,与界和合。……时尊者阿难,与众多比丘,于近处经行,一切皆是多闻总持。"
③ 《摩诃僧祇律》卷三二,《大正藏(22)》p.493:"耆哆从谁闻? 从尊者树提陀娑闻;树提陀娑从谁闻? 从尊者陀娑婆罗闻;陀娑婆罗从谁闻? 从尊者优波离闻;优波离从谁闻? 从佛闻。"《十诵律》卷六一,《大正藏(23)》p.453:"是八人作乌回鸠罗,为断灭僧中恶事故,如是白。是时长老阿嗜多受戒五岁,善诵持毗尼藏在僧中。长老三菩伽如是思惟:是阿嗜多比丘受戒五岁,善诵持毗尼藏,在此间僧中,若我等令阿嗜多比丘依上座乌回鸠罗,灭僧中恶事,诸上座或能不喜。我等使阿嗜多依受上座作乌回鸠罗,沙树林中为诸上座作敷坐具人。"《四分律》及《十诵律》则共说阿嗜多受戒五岁,本难预结集之席,以其堪任教化,精识法律,乃立为敷坐具人。毗舍离僧团第四师的耆哆,极可能是"十事非律僧争"举行羯磨时,毗舍离僧团之担任八大长老侍者的阿嗜多。

御用、能干的人,同时期的优波鞠多是摩偷罗僧团的导师,具贤达盛名。在印度各派的记录,未见有关树提陀娑的作为、贡献的记载,在"五事异法僧争"发生的时代,相较于阿育王、大天、优波鞠多,树提陀娑应当只是平庸、保守的持律僧人。

当大天提出"五事异法",引起"五事异法僧争"时,平庸的树提陀娑是无能力处理,也无魄力表达立场。当时,树提陀娑既不为阿育王御用操控,也未表态支持或反对大天的主张,但因为"十事非律僧争"造成对摩偷罗僧团的心结(刻意诬蔑耶舍)①,也不表态支持摩偷罗僧团。

树提陀娑是采取"依时势处事"的自保做法,或许因为如此,树提陀娑领导下的毗舍离僧团被称为"因缘众"。因为树提陀娑的不表态,毗舍离僧团受到大天学团的牵连,后世误以为毗舍离僧团皆是支持"五事异法"的大天学团,或者误认提倡"五事异法"是大众部。

"五事异法"造成鸡园寺内的大天学众、摩偷罗僧团长老、毗舍离僧团长老等三方僧众的争论,无法和合诵戒。最后,阿育王介入僧争,支持大天学众,造成佛教僧团分裂为上座部、大众部:

> 王遂令僧两朋别住,贤圣朋内,耆年虽多而僧数少;大天朋内,耆年虽少而众数多。王遂从多,依大天众,诃伏余众……鸡园诤犹未息,后随异见遂分二部,一上座部,二大众部。②

《十八部论》《大毗婆沙论》出自说一切有部,传出的时间,晚于分别说部的《五分律》《四分律》及大众部的《舍利弗问经》。当时,佛教分裂

---

① 《摩诃僧祇律》卷三〇,《大正藏(22)》p.469:"汝本二已去……耶舍言:'瞋打妇人者,得波罗夷。'诸比丘言:'此非好断,汝欲决疑者,可往枝提山中,问持律尊者树提陀娑。'……前至持律所具白上事。持律(尊者树提陀娑)言:'云何耶舍制五波罗夷法?瞋打妇人得偷兰遮。'"
② 《大毗婆沙论》卷九九,《大正藏(27)》p.511。

为上座部、大众部的说法,已经是分别说部系、大众部系的共说。此外,说一切有部的《发智论》,内容是承摄分别说部《舍利弗阿毗昙论》。为此,说一切有部积极向分别说部争夺上座部正统。

如此可知,佛灭后116年,大天举"五事异法"引起僧争,阿育王介入且支持大天,后续引发佛教分裂,应当是事实。但是,"五事异法僧争"造成佛教分裂为上座部、大众部的说法,应当不大可信。值得再探究!

3-1-2-4 第四种说法是"先非律争,后异法争"

"先非律争,后异法争"的说法,是出自五世纪的锡兰铜鍱部,铜鍱部是源自分别说部。公元前约250或前247年(依阿育王登位于271 B.C.E.或268 B.C.E.的推算不同而不同),时当是阿育王登位第22年,阿育王子摩哂陀奉王命传教于印度东南海外的楞伽岛,建立印度海外分别说部分派的大寺派(Mahā-vihāra)。

佛灭后约343~370年(44~17 B.C.E.),楞伽岛的大寺派发生内部纷争,锡兰国王婆多伽摩尼王(Vaṭṭagamaṇi)另建无畏山寺(Abhayagiri-vihāra),供养已被大寺摈出的拘毕伽罗摩诃帝须①(Kupikkala Mahātissa)。拘毕伽罗摩诃帝须别立无畏山寺僧团,大寺为了确立自派,遂在佛灭后约361年(26 B.C.E.)举行自派结集。

大寺派的自派结集,是将摩哂陀引进楞伽岛,原用"巴利语记述"的"分别说部三藏",改为采用"僧伽罗语记述"的"铜鍱部三藏"。大寺派举行自派结集后,大寺派即成为分别说部分化于楞伽岛的正宗,后称铜鍱部。

当大寺派以自派结集确立自部后,前由大寺派分出的无畏山寺

---

① 见《中华佛教百科全书(九)》p.5525:"摩诃帝须长老初住大寺,被大寺一部分僧众认为是个破戒的人,开会决议把他从大寺摈出去。当时他的一位学生婆诃罗摩苏帝须(BahalamassuTissa)长老在座,不同意他们的决议,于是连他也驱逐出去。同时大寺内还有五百比丘站到这位长老方面来,便和他一起离开大寺转到无畏山去而自成一派。这是从佛法传入锡兰之后,第一次分成两派。"

派,即与大寺派陷入长期的竞争、对抗。

公元五世纪,南印有觉音论师至大寺派,觉音论师将大寺派"僧伽罗语记述"的"铜鍱部三藏"加以改写,重新采用"巴利语记述",写定成"巴利语铜鍱部三藏",这是现今南传佛教国家传诵三藏的共同来源。

在五世纪写定的"巴利语铜鍱部三藏",最早的源头是摩哂陀带入楞伽岛的"分别说部三藏",有关佛教分裂的记述,多少还是延续了分别说部的说法。

在佛教分裂的说法上,铜鍱部的传诵是"先非律僧争"及"后异法僧争"的两次分裂:

一、"非律僧争"的第一次分裂:佛灭百年,佛教发生"十事非律僧争",遂引起僧团分裂为上座部、大众部:

> 经过最之百年,达第二之百年时,于上座之说,生起最上之大分裂。集毗舍离一万二千跋耆子等于最上之都毗舍离宣言十事。彼等于佛陀之教,宣言:角盐〔净〕、二指〔净〕、村内〔净〕住所〔净〕、事后承诺〔净〕、习惯〔净〕、不扰乱〔净〕、〔饮〕不酸酵之棕榈酒、又〔受〕银、〔使用〕无边缘座具之〔十事〕。彼等背师之教,〔宣扬〕非法非律,宣言违背破坏义与法。为破斥彼等,多数佛陀之声闻一万二千胜者子等之集来。……比丘等选七百阿罗汉,行最胜法之结集。此第二结集最上之都,毗舍离之重阁讲堂,〔经〕八个月而完成。由上座等所放逐恶比丘跋耆子等,得其他之支持,向众多之人说非法,集合一万人进行结集法。所以此法之结集,称为大合诵。……〔此等之〕大合诵等,是最初之分派,仿彼等而发生数多之分派。①

---

① 《岛王统史》第五章,《汉译南传大藏经(65)》pp.30~32。

由《岛王统史》记述,"十事非律僧争"引起僧团分裂为上座部、大众部,此说极可能是承续自印度分别说部的说法。

二、"异法僧争"的第二次分裂:在铜鍱部记述的佛教史,铜鍱部是认定"佛灭后 218 年有阿育王治世",这是不同于印度部派的说法。见《大王统史》第五章:

> 阿育〔王子〕有善根、威光、体力、神育力,杀戮异母兄弟九十九人,即全阎浮洲唯一之王位。胜者涅槃之后,此王即位前,为二百十八〔年〕如是当知。①

在铜鍱部记述,佛灭后 227 年,阿育王登位第 9 年,因阿育王供僧丰厚,造成外道贪图供养而附佛出家,附佛异道依旧用外道法在佛教寺院说法,遂引发"异法僧争",甚至七年间无法和合布萨:

> 尔时,阿育王登位九年。……王于四城门边起作药藏,付药满藏……尔时,佛法兴隆。诸外道等衰殄失供养利……托入佛法而作沙门,犹自执本法教化人民……悉不得法来入寺住,至布萨日来入僧中,诸善比丘不与其同。诸外道比丘,欲以己典杂乱佛法,遂成垢浊。外道犹行己法,或事火者,或五热炙身,或大寒入水,或破坏佛法者。是故,诸善比丘,不与同布萨自恣及诸僧事,如是展转乃至七年不得说戒。②

> 于第六年阿育之子摩哂陀出家,拘多子有大神通力与长老帝须与须蜜多两人于阿育之第八年般涅槃。此等王子之出家,二人之长老涅槃。

> 多数之刹帝利、婆罗门等明言为优婆塞,于佛之教〔法〕上得大利与恭敬。异学外道等,失利得与恭敬。涂灰并结发行者,尼犍陀无衣等,七年间住于〔精舍〕与群行布萨。〔然〕神圣柔和而

---

① 《大王统史》第五章,《汉译南传大藏经(65)》p.189。
② 《善见律毗婆沙》卷二,《大正藏(24)》p.682。

慎重者等,则不列〔彼〕布萨。①

铜鍱部又记述,"异法僧争"发生后,阿育王子摩哂陀的依止师目犍连子帝须避居阿烋恒迦山:

尔时,目犍连子帝须自念言:争法起已,不久当盛,我若住僧众,争法不灭。即以弟子付摩哂陀已,目犍连子帝须,入阿烋河山中隐静独住。②

利得恭敬共减之外道等,为利得而自取黄色衣,与比丘等共住。彼等依己说谓佛说,己之行虽非〔佛行〕如意行故。由此,坚实之德崇,彼目犍连子长老,见令生此性恶癌肿之教〔上〕,远见〔之人〕观察镇此之时,对摩哂陀长老授己之大比丘群,唯自一人溯恒河往阿普康迦山中独住,专心过七年间。外道等之数为多,不忍从比丘等依法不能制止彼等之事。由此〔理由〕而于阎浮洲比丘等七个年间不得行布萨亦自恣。③

七年无法和合布萨后,阿育王出面处理僧争,却发生使臣斩杀僧人事件:

展转乃至七年不得说戒。阿育王知已,遣一大臣,来入阿育僧伽蓝,白众僧:"教灭斗诤和合说戒。"大臣受王敕已入寺,以王命白众僧,都无应对者。……使臣……白上座言:"王有敕令,众僧和合说戒!何不顺从?"上座答言:"诸善比丘,不与外道比丘共布萨,非不顺从!"于是使臣,从上座次第斩杀。④

闻此而名声大之法阿育大王派遣一人之大臣往优良之阿育精舍,〔曰〕:"往行镇此之纷扰,于余汝精舍,使比丘众行此布萨

---

① 《岛王统史》第七章,《汉译南传大藏经(65)》p.53。
② 《善见律毗婆沙》卷二,《大正藏(24)》p.682。
③ 《大王统史》第五章,《汉译南传大藏经(65)》p.184。
④ 《善见律毗婆沙》卷二,《大正藏(24)》p.682。

式。"彼愚者往行集比丘众,谓:"行布萨式。"……比丘众向彼心愚大臣申诉:"吾等与外道等不共行布萨式。"彼大臣谓:"余令彼等行布萨式。"以刀次第切断若干数长老之首。①

阿育王得知使臣杀僧后,内心忧悔,急欲探知"杀僧过错归谁",但遍问众僧却说法不一。阿育王为了去除疑问,遂礼请目犍连子帝须解疑:

> 大地之主闻此而生热恼,心乱而速行,问比丘众云:"如斯而作业,〔此〕为何人之罪?"彼等之中,不贤者或〔谓〕:"〔此〕为王之罪。"或谓:"两者之〔罪〕。"贤者〔谓〕:"此非王之罪。"闻此,大王问:"除余之疑,有堪护教之比丘耶?"(众谓:)"车乘之主!有目犍连之子彼帝须长老。"②

铜鍱部记述,阿育王登位第 16(9+7) 年,佛灭后 234(218+16) 年,阿育王礼请目犍连子帝须解疑,并出面处理"异法僧争",并主持结集。关于参与结集者的资格,是由阿育王亲自出面拔选,并且是认同"佛分别说"才可参与结集。目犍连子帝须率领"分别说者"进行的结集,历时九个月完成:

> 〔王〕赴己所乐之精舍,无余令集比丘众。与长老共同坐于帷帐中之一隅……王对此之邪见家等令无余还俗……问正法之比丘等言:"善逝〔尊〕何说者耶?"彼等〔答〕:"分别说者。"如此说,王以此而问长老。彼王:"大德!正觉者分别说耶?"长老:"然。"……如斯,王向长老语:〔比丘〕众被净扫故,如是大德!〔比丘〕众可行布萨会。……长老为行正法之会诵于……具有无碍辩之比丘选一千人,由彼等于阿育精舍施行正法会

---

① 《大王统史》第五章,《汉译南传大藏经(65)》p.184。
② 《大王统史》第五章,《汉译南传大藏经(65)》p.184。

诵。……如斯由一千人之比丘,由阿育王之保护,此正法会诵九个月而毕。①

铜鍱部记述,佛灭后235(218+17)年,阿育王登位第17年,目犍连子帝须率领"分别说者"进行的结集已完成,后世称为"分别说部结集"。"分别说部结集"后,孔雀王朝确立了王族掌控的"分别说部学团",这也是孔雀王朝御用的部派:

> 如斯由一千人之比丘,由阿育王之保护,此正法会诵九个月而毕。王之〔即位〕第十七年,……于大自恣日会诵毕。②

铜鍱部另有记述,佛灭后236年,附佛外道导致佛教发生分裂,目犍连子帝须率领一千阿罗汉举行结集,破斥外道邪说,历时九个月完成:

> 经〔佛灭后〕第二百三十六年,上座部再生大分裂。信佛之教〔法〕刹帝利大王法阿育统治于巴连弗城,彼对最上最胜群之僧伽供与大财……见〔彼〕利得广大之恭敬,而六万之贼住外道〔止住〕于阿育园精舍,断绝波罗提木叉……为绝灭外道等,佛陀声闻、胜者之子等来集,于此之集会,长老之目犍连子与师等于大龙象……为净自说,〔为确立〕永久之教〔法〕。导师选千阿罗汉,执最胜者行法之结集。此第三结集令法王建立于阿育园精舍,九个月而毕。③

根据铜鍱部的说法,佛灭后218年,阿育王登位治世;佛灭后236年,即是阿育王登位第18年。依《岛王统史》的记述,佛灭后236年,阿育王礼请目犍连子帝须主持结集,这是不合《善见律毗婆沙》《大王统史》及《岛王统史》的共说,谓阿育王登位第9年,发生外道为求供养

---

① 《大王统史》第五章,《汉译南传大藏经(65)》p.187。
② 《大王统史》第五章,《汉译南传大藏经(65)》p.187。
③ 《岛王统史》第七章,《汉译南传大藏经(65)》p.54。

而附佛,遂发生异法争端,经 7 年无法和合布萨,遂请目犍连子帝须主持结集。除此,也不合《善见律毗婆沙》《大王统史》共说,阿育王登位第 17 年,分别说部结集完成。

如此可见,《岛王统史》记述,佛灭后 236 年,阿育王第 18 年,目犍连子帝须主持结集,是自相矛盾的说法。

铜鍱部的真正说法,是佛灭后 236 年,阿育王登位第 18 年,也即是"分别说部结集"完成后的第二年,佛教发生分裂。

铜鍱部的记述,是公元五世纪写定的说法,远远晚于印度的记述,阿育王登位的年代,明显比《十八部论》的佛灭后 116 年,多说 102(218－116)年。除此,铜鍱部的记述,许多转述自说一切有部的记述。

譬如,阿育王登位第 9 年,外道为求供养而附佛,遂发生异法争端,并发生佛教分裂。这是明显取材自说一切有部记述的"五事异法僧争",外道大天(摩诃提婆)附佛出家,大天提举"五事异法"而造成僧争与分裂,予以技巧性的转说:

> 佛灭度后百一十六年,城名巴连弗,时阿育王王阎浮提,匡于天下。尔时,大僧别部异法……说有五处以教众生,所谓:从他饶益、无知、疑、由观察、言说得道。此是佛从始生二部,一谓摩诃僧祇,二谓他鞞罗(秦言上座部也)。①

> 佛灭度后百一十六年……大僧别部异法……摩诃提婆,外道出家,住支提山,于摩诃僧祇部中复建立三部。②

> 大天于后集先所说"五恶见事",而作颂言:"余所诱无知,犹豫他令入,道因声故起,是名真佛教。"于后鸡园寺中,上座苾刍多皆渐次灭殁,十五日夜布洒他时,次当大天升座说戒,彼便自

---

① 《十八部论》,《大正藏(49)》p.18。
② 《十八部论》,《大正藏(49)》pp.17~18。

诵所造伽他。……于是竟夜斗诤纷然,乃至终朝朋党转盛。①

譬如,阿育王派使臣前去要求僧众和合布萨,正法僧人不愿与附佛外道共同布萨,使臣遂斩杀正法僧人。这也是极明显取材自《大毗婆沙论》的"沉船溺僧",再予以技巧性地转说:

> 王遂从多依大天众,诃伏余众,事毕还宫。尔时,鸡园诤犹未息,后随异见,遂分二部:一上座部,二大众部。时诸贤圣,知众乖违,便舍鸡园,欲往他处。诸臣闻已,遂速白王。王闻既瞋,便敕臣曰:"宜皆引至殑伽河边,载以破船,中流坠溺,即验斯辈是圣是凡。"臣奉王言,便将验试。②

譬如,阿育王礼请目犍连子帝须出山去疑时,对目犍连子帝须的礼遇,明显是取材自《阿育王传》的"礼遇优波鞠多",再予以技巧性地转说:

> 出花氏城半由旬……(阿育)王即下象,一脚登船、一脚在地,扶接尊者优婆鞠多。王身卑伏五体投地,抚尊者足起,而恭敬瞻仰尊颜,合掌而言:……今见尊者便为见佛,于三宝中深生敬信。……尊者于是即以右手摩王顶上,……大王当知,佛以正法付嘱于汝,亦付嘱我,我等当共坚固护持。③

> 彼等以船伴(目犍连子帝须)长老来,王则出迎于彼处。王浸水至膝,差延右手而恭迎长老下船,彼有应供之德慈悲心深之〔长老〕绁王之右手而下船。王伴长老来至罗提瓦达那苑,洗长老之足、涂〔油〕而坐。……长老语鹧鸪本生谭令王得悟。④

---

① 《大毗婆沙论》卷九九,《大正藏(27)》p.511。《部执异论》,《大正藏(49)》p.20:"余人染污衣,无明、疑、他度,圣道言所显,是诸佛正教。"
② 《大毗婆沙论》卷九九,《大正藏(27)》p.511。
③ 晋译《阿育王传》卷一,《大正藏(50)》pp.102~103。
④ 《大王统史》第五章,《汉译南传大藏经(65)》p.186。

铜鍱部记述,佛灭后227年,阿育王登位第9年,外道附佛造成的异法僧争,是不可信的转说与编伪。真实情况应是:阿育王登位初年,外道附佛的大天提举"异法五事",遂造成"异法僧争"的事件。

铜鍱部记述,比起说一切有部的记载,阿育王登位的时间多说了102(218−116)年,发生"异法僧争"的时间也多说了9年,共多说了111年。

在铜鍱部记述,佛灭后236年,阿育王登位第18年,"分别说部结集"完成后的第二年,佛教发生第二次分裂,是不可信的转说与编伪。比较可能的事实是:佛灭后125(236～111)年,阿育王登位第10年,是"分别说部结集"完成后的当年,或是第二年,此时的佛教发生分裂。

理由是:"分别说部结集"历时九个月,结集的时间,极可能选在雨安居进行,从阿育王登位第9年月历6月15日开始,至阿育王登位第10年的3月15日完成。因此,阿育王登位第10年,"分别说部结集"完成的当年,领导摩偷罗僧团的优波鞠多,应当会在当年的雨安居(6月15日至9月15日),举行维护正法的"第三次经律结集"。如是,佛灭后125年或126年(262 B.C.E.或261 B.C.E.),阿育王登位第10年或第11年,佛教分裂为摩偷罗僧团、毗舍离僧团、分别说部及大天徒众等,不同立场的三大部。

铜鍱部记述的佛教分裂史,是将"十事非律僧争"与"五事异法僧争"予以综合再编伪,所以分裂的时间、原因及后续发展的说法,皆不可信,还有待进一步地探究。

3-1-3 探知"王权压迫,变造佛教"的分裂史

有关佛教分裂的四种旧说,彼此有着不同说法的原因,主要是某些说法是出自"维护自派权威"的目的,不是真正可靠的记实。审查、考证旧说与各方史献,较为可靠、可信的说法,是阿难师承摩偷罗僧

团的说法,目前是在说一切有部的记载,但依然要再更深入地厘清疑点。

孔雀王朝的开创君王是旃陀罗笈多,旃陀罗笈多晚年出家于耆那教,并受耆那教认定是解脱者、胜者。自此以后,孔雀王朝即是由解脱者、胜者开创的神圣王朝,也成为坚定支持耆那教的王朝。

阿育王初登王位,"外道附佛出家"的大天,随即在王家寺院的鸡园寺(铜鍱部称阿育王精舍)提举"异法五事"。自佛陀时代起,佛教的主要竞争者是耆那教。大天提举的五事,内容是贬低佛教的解脱者、圣者,明显是配合孔雀王朝之"抑佛教,兴耆那教"的统治需要。

佛灭后 116 年(271 B.C.E.),大天举五事,受到阿育王及许多依附毗舍离僧团的御用僧人(龙众)的支持。阿难师承的摩偷罗僧团(多闻众)是依经说主张"阿罗汉无漏、究竟",坚决反对"五事异法",对抗大天学众,并为此受到阿育王的排斥、压迫。

摩偷罗僧团与大天学团的争端,造成摩偷罗僧团与阿育王之间的裂隙,促使阿育王进一步地掌控佛教。事件发生的时间,极可能是佛灭 124～125 年(263～262 B.C.E.),阿育王登位第 9～10 年,阿育王采取"政治性"的处理"五事异法僧争"。阿育王先选拔出"分别说者"作为王家御用僧团的成员,再令目犍连子帝须领导"分别说者"举行"变造佛教"的结集。分别说部集出融摄奥义书(Upaniṣad)、耆那教思想的《舍利弗阿毗昙论》,并依《舍利弗阿毗昙论》变造佛教的传统经说,发展出"分别说部三藏"。目犍连子帝须学团(分别说部)针对"五事异法僧争",提出"阿罗汉无漏、不究竟"的折衷见解。

佛灭后约 125 年(262 B.C.E.),阿育王登位第 10 年,优波鞠多为了维护正法,对抗"分别说部三藏"的异说,随即领导摩偷罗僧团举行维护正法的"第三次经律结集"。

自此,肇因于孔雀王朝贬抑佛教、压迫僧团,而发生"五事异法"的僧争,也因为阿育王亟欲掌控佛教,并实行"变造佛教"的政策,促使异道思想混淆佛法,佛教遂分裂为重经、重律、重论等三大派。

佛灭约125～126年(262～261 B.C.E.),阿育王登位第10～11年,佛教僧团正式分裂为三派,分别是:一、反对"五事异法",阿难师承、优波鞠多领导的摩偷罗僧团;二、不涉入"五事异法"僧争,优波离师承、树提陀娑领导的毗舍离僧团;三、信从阿育王、提倡"五事异法"的大天学团,信从阿育王、折衷"五事异法"的目犍连子帝须学团(分别说部)。

然而,在公元前三世纪,变造佛法的分别说部,极可能已经把分裂僧团的责任,推诿予毗舍离僧团,并编造、妄说造成僧团分裂的原因,是佛灭百年毗舍离僧团引起"十事非律僧争",僧团分裂为上座部、大众部。

如前说,因为树提陀娑不表态,毗舍离僧团受到大天学团的牵连,后世误以为毗舍离僧团皆是支持"五事异法"的大天学团,甚至受分别说系铜鍱部僧团诬指是大众部。

佛灭后约238年(149 B.C.E.),巽迦王朝(185～73 B.C.E.)的弗沙密多罗王(185～149 B.C.E.)殁后,因为毗舍离僧团与分别说部发生"古新律争"①,并藉此对抗自称是上座部的分别说部,遂自称是传承古律(《摩诃僧祇律》)的大众部。

3-1-4 佛教分裂的真正原因

佛教僧团发生分裂,并且分裂是随即分为三大派的原因,既不是分别说系铜鍱部《岛王统史》编造的"十事非律僧争",也不是毗舍离僧团记载的"古新律争",更不是铜鍱部转说编伪的"先非律争,后异法争"的两次分裂,而是肇因于阿育王藉"五事异法僧争"的事件,接

---

① 《舍利弗问经》,《大正藏(24)》p.900。《舍利弗问经》是大众部的传诵,另一相仿的《文殊师利问经》则是出自后世自称是"大乘"的教派所传。

续进行了"变造佛教"的做法,并引起正统佛教的对抗,遂使佛教正式分裂为三派。

"五事异法僧争"不是造成佛教分裂的真正原因,只是触发分裂的表面因素而已!

佛教分裂的真正原因,主要是政治因素的干涉:一方面是世俗王权掌控佛教僧团,二方面是王权及御用僧团运用异道说法混杂、变造佛教,三方面是正统僧团反抗王权支持的异说。

阿育王通过目犍连子帝须的充分配合,使王族掌控分别说部学团,并举行"变造佛教教法"的结集,使信仰耆那教为主的孔雀王朝,既可以掌握佛教的发展方向,又可调合传统印度思想、耆那教与佛教之间的差异、对立,降低政权与宗教之间的冲突,稳定王朝的统治权力与地位。

阿育王操作"变造佛教教法"的主要帮手,是目犍连子帝须及其领导的分别说部学团。他们采取的主要方法,是由目犍连子帝须及分别说部学团编集出《舍利弗阿毗昙论》,该论采用奥义书、七要素论、耆那教的思想[1],编纂、置换、改造释迦佛陀的教法。

《舍利弗阿毗昙论》篡改佛法的范围,主要包括:十二因缘法的内容与解义,十二因缘观、四圣谛、三十七道品的内容及定义,正觉、解脱的内容及修证道次第,圣者的证量与典范。

《舍利弗阿毗昙论》含摄大量奥义书思潮的各种异道思想,篡改佛教经法的范围过大,并且是系统性的变造,绝不是出自教法不够透彻的部分错误,应当是计划性全面改造的成果。

目犍连子帝须学团的结集,不仅编出《舍利弗阿毗昙论》,更藉《舍利弗阿毗昙论》作为教法根据,大幅修改"第二次经律结集"集成的四部经典传诵,并且推崇《舍利弗阿毗昙论》与新编经藏、律藏同列

---

[1] 《正法之光》第 49 期 p.7,中华原始佛教会出版。

为《分别说部三藏》。

论书出现于部派佛教,是国际佛教学者的共识,不容不解佛史的佛教学人否认。

如近代的日本学者水野弘元(C.E. 1901~2006),在其著作的《佛教的真髓》有直接简要的说明:

> 部派佛教与原始佛教相异之处,在于部派除继承原始佛教的"法"与"律"之外,又另外阐述"对法"(阿毗达磨),而具备经、律、论三藏。从这个意义来说,部派的特征可以说就在"对法"的论书,同时也可看出将部派佛教视为较低阶教法的原因,是针对阿毗达磨论书说的。①

此外,日本平川彰博士(C.E. 1915~2002),在其著作《印度佛教史》也是直接扼要地说明:

> 经、律二藏的原型在原始佛教时代就已成立,而论藏的确立则在部派佛教之后,所以论藏的内容随各部派而不同。②

在原始佛教会出版的《正法之光》,也有个人针对"论"的相关探究。见《部派结集与传诵的演变-5》:

> 在佛灭后百年"第二次结集"时,将《七事修多罗》《记说》《祇夜》等九部经,依据经说的长短分编为《相应阿含》(《相应部》)、《中阿含》(《中部》)、《长阿含》(《长部》)。当时又将从九部经法整理出来的"经法纲要(本母、摩呾理迦)",再按照法数予以"分类纂集",即扩增发展为《增一阿含》(《增支部》)的编集,成为第四部《阿含》。这部源自"经法纲要(本母、摩呾理迦)",再予以"分类纂集"而扩增发展的《增一阿含》,也被称为《阿毗

---

① 水野弘元《仏教の真髓》第十章"从原始佛教到部派佛教",日本春秋社,1986年版。
② 平川彰《インド 仏教史》上册第二章第二节"阿毗达磨文献",日本春秋社,1974~1979年版;释显如、李凤媚译,台湾法雨道场出版。

昙》。……阿毗达磨 abhidhamma 与阿毗毗奈耶 abhivinaya 的语辞，原本是针对传统的经法及律戒，加以赞叹为"无比法"、"无比律"的意思。特别是阿毗达磨 abhidhamma，也被用来称赞持诵经法纲要"持母者 mātikādhara"的别称（见汉译《增一阿含》①）。在后世的部派佛教时代，阿毗达磨 abhidhamma 被转变为宣扬部派主张、见解、信仰之"部义论述"的代名词，或被称为"对法"。因此，有信受部派传诵之"论述"者，往往误以为佛灭百年间的"持母者（持阿毗昙者）"，就是部派佛教"论述（阿毗昙、阿毗达磨）"的起源，进而错误地推论佛陀住世时应当就有了部派"论述（阿毗昙、阿毗达磨）"的原型。②

阿育王运用君王权威，目犍连子帝须及学团编撰出《舍利弗阿毗昙论》，双方合作变造佛教，并处理"五事异法僧争"。阿育王使僧团无法采用僧团羯磨处理僧争，更让佛教形成三种不同见解与立场，不得不分裂为三派。

随后，阿育王倾孔雀王朝之力，支持分别说部学团的传教团，前往印度全境及周边地区，传扬分别说部学团集出的三藏，也是糅杂奥义书、七要素论、耆那教、佛教的分别说部思想。传教目的是藉由孔雀王朝、耆那教、佛教的结合，更进一步地稳固孔雀王朝的权威、声势及影响。

阿育王时代的佛教僧团，先有提举"五事异法"的大天学团。接着，又有举行自派结集、创立"变型佛教"的分别说部学团，此部自称是"上座部"。日后，分别说部分支的锡兰铜鍱部，伪称僧团分裂是毗舍离僧团引起"十事非律僧争"而造成，并称毗舍离僧团是"大众部"。

---

① 《增一阿含》卷一，《大正藏(2)》p.552："阿含虽难诵，经义不可尽，戒律勿令失，此是如来宝。禁律亦难持，阿含亦复然，牢持阿毗昙，便降外道术。宣畅阿毗昙，其义亦难持，当诵三阿含，不失经句逗。契经阿毗昙，戒律流布世，天人得奉行，便生安隐处。"
② 《正法之光》第 27 期 pp.17～18，中华原始佛教会出版。

分别说部变造佛教以后，阿难系摩偷罗僧团为了维护佛法，再次举行维持"四部圣典"与"律"的"第三次经律结集"，高举反抗分别说部的旗帜，拒绝"论"的合法性，此派自称"多闻众"且严拒分裂僧团。

阿育王登位第19年(253 B.C.E.)，分别说部的部主目犍连子帝须殁世，分别说部逐渐分化为化地部、法藏部、饮光部等三派。阿育王时代的佛教，已分裂为摩偷罗僧团、毗舍离僧团、分别说部三派，共有五部僧团：

> 宾头沙罗之子，有大名声之刹帝利法阿育亦统治三十七年。于阿育王〔治世〕二十六年，名〔长老〕目犍连子辉耀其教，于寿灭而涅槃。①

> 时阿育王语比丘名一切友：我当施僧十万金及一千金银琉璃罂，于大众中当说我名供养五部僧。②

> 迦叶、阿难、（末田地、）舍那波斯、优波掘多，此五罗汉次第住持，至（优波）掘多之世，有阿育王者。王在波咤梨弗多城，因以往昔见佛遂为铁轮御世。……远会应真更集三藏，于是互执见闻，各引师说，依据不同遂成五部。③

《岛王统史》的记述，在"阿育王登位第16年，延请目犍连子帝须出面处理僧争"，实际是在阿育王登位第9年，晚说了7年。因此，《岛王统史》记述"阿育王治世26年，目犍连子帝须殁世"，时间也顺晚了7年。如此可知，目犍连子帝须殁世的时间，是在阿育王登位第19年(253 B.C.E.)。

分别说部部主的目犍连子帝须殁世后，摩偷罗僧团第三师的优波鞠多尚在世，当时的佛教是三大派、五部僧。

---

① 《岛王统史》第五章，《汉译南传大藏经(65)》p.37。
② 《阿育王经》卷三，《大正藏(50)》p.140。
③ 《高僧传》卷一一，《大正藏(49)》p.403。

目犍连子帝须领导"分别说者"编集的《舍利弗阿毗昙论》,既是"变型佛教"的思想根据,也是后世各派"论典(阿毗达磨)"的思想源头,更是造成佛教思想分歧、部派分裂难合的主因。

3-2　略述"五事异法僧争"

佛灭后116年(271 B.C.E.)发生"五事异法"的僧团争论,论争主角是源自外道、阿育王御用、藉附毗舍离僧团出家的大天,针对阿罗汉的证量,提出贬低阿罗汉的错误解释,造成阿难传承的摩偷罗僧团长老群起反对。

当支持大天的鸡园寺内政治性僧众、反对大天的摩偷罗长老的意见相持不下时,阿育王当然是偏袒御用的大天等政治僧众,压抑阿难传承的摩偷罗僧团长老。

阿育王的政治干预造成僧团的乱局,使佛教僧团无法采用"僧律羯磨"作为平息僧争的方法。

面对阿育王的政治干预,阿难系摩偷罗僧团采取远离的抗议,激起阿育王对阿难系摩偷罗僧团的迫害,使僧团与阿育王的矛盾持续扩大。

阿育王为了操控佛教、平息僧争,日后遂要求目犍连子帝须,出面处理"五事异法僧争"。

目犍连子帝须极可能是出身华氏城的婆罗门种姓[①],也是配合阿育王"建立国家僧团,变造佛教"的政治僧人。

[①] 《岛王统史》第五章,《汉译南传大藏经(65)》p.33～35:"第二结集时,长老等有如次之豫见:当来百十八年,应出现比丘沙门适于〔破斥该时僧伽之分裂〕。由梵界灭没,通晓一切真言之婆罗门种生于人〔界〕中。彼名帝须,通称为目犍连子。悉伽婆与栴陀跋阇,令此青年出家。""旃陀掘多之〔治世〕二年,时悉伽婆六十四岁,波君荼迦王之五十八年,目犍连子,于长老悉伽婆之处受具足戒。"

阿育王意图"掌控佛教",目犍连子帝须是高度配合者①,既接受阿育王的亲弟(帝须)、子(摩哂陀)、女(僧伽蜜多)、女婿在僧团出家,更让王族势力主导目犍连子帝须学团。"政教结合"的目的,无非是把孔雀王朝与目犍连子帝须学派的权威、利益结合在一起。

目犍连子帝须处理"五事异法僧争"的方式,不是采用正统的僧律羯磨,而是采取配合阿育王的政治手法:一方面引入阿育王的参与②,排除自派以外的僧团;二方面采取折衷大天学团、摩偷罗僧团等两方的见解,推出第三种主张,并且用九个月的时间举行自派结集③。

目犍连子帝须是阿育王推行"变造佛教思想"的执行人,领导分别说部学团集出《舍利弗阿毗昙论》,藉《舍利弗阿毗昙论》变造佛法。

直接地说,阿育王是掌控、变造、利用佛教的主导者,目犍连子帝须是积极配合阿育王的叛佛教者。

当政治力量不当介入,"五事异法僧争"促成三种不同主张的发展,并且无法用正统僧律羯磨加以平息,遂导致佛教僧团分裂为三

---

① 《善见律毗婆沙》卷二,《大正藏(24)》p.682:"即推目犍连子帝须为和尚,摩诃提婆为阿阇梨,授十戒,大德末阐提为阿阇梨,与具足戒。是时摩哂陀年满二十,即受具足戒,于戒坛中得三达智,具六神通漏尽罗汉。僧伽蜜多阿阇梨,名阿由波罗,和尚名昙摩波罗。是时僧伽蜜多年十八岁,度令出家,于戒坛中得六法。王登位以来,已经六年二子出家。于是摩哂陀,于师受经及毗尼藏,摩哂陀于三藏中,一切佛法皆悉总持,同学一千摩哂陀最大。"《善见律毗婆沙》卷二,《大正藏(24)》p.682:"尔时,目犍连子帝须,自念言:争法起已,不久当盛,我若住僧众,争法不灭。即以弟子付摩哂陀已,目犍连子帝须,入阿㝹河山中隐静独住。"
② 《大王统史》第五章,《汉译南传大藏经(65)》pp.186~187。《善见律毗婆沙》卷二,《大正藏(24)》p.684:"七日在园林中,帝须教王,是律是非律,是法是非法,是佛说是非佛说,七日竟。王敕:以步障作隔,所见同者集一隔中,不同见者各集异隔,处处隔中出一比丘。王自问言:'大德!佛法云何?'有比丘答言:'常,或言断,或言非想,或言非想、非非想,或言世间涅槃'。王闻诸比丘言已,(知)此非比丘,即是外道也! 王既知已,王即以白衣服与诸外道,驱令罢道。"
③ 《善见律毗婆沙》卷二,《大正藏(24)》p.684:"其余隔中六万比丘,王复更问:大德! 佛法云何? 答言:佛分别说也! 诸比丘如是说已,王更问大德帝须:佛分别说不? 答言:如是大王! 知佛法净已,王白诸大德,愿大德布萨说戒。……目犍连子帝须为上座,能破外道邪见徒众,众中选择知三藏得三达智者一千比丘。……第三集法藏九月日竟。"

大派。

佛教僧团分裂后,以论书为主导的"变型佛教"成为主流,糅杂异道教说的部派佛教时代开始,正统佛法的传承却逐渐隐没,佛教僧团是日益纷乱、分裂、对立,论书贬低正统阿罗汉是不究竟、不慈悲度众的声闻人。

自此以后,佛法、僧团是从内部发生根本性的破坏,佛陀的真实面貌也日渐模糊。

3-3 孔雀王朝的起源背景

孔雀(Maurya)王朝的开创者是旃陀罗笈多(Candragupta),人称为月护王,也是阿育王之祖父。旃陀罗笈多在位期间,约在公元前320～298年间。

旃陀罗笈多的早期生平,目前仍是一个谜。公元前340年,旃陀罗笈多出生在华氏城(Pāṭaliputra),"孔雀"(Maurya)的姓氏,可能是指出自饲养孔雀的家族,这也意味着旃陀罗笈多是出自地位低的种姓。

另有传说:旃陀罗笈多是难陀(Nanda)王朝王子的后代和女仆Mura的私生子,孔雀Maurya是Mura的音讹。少年时他被难陀王朝的国王放逐,在流浪途中,遇到也是被国王放逐的婆罗门谋臣考底利耶(Kautilya)。

希腊传记家Plutarch说:公元前约326年,旃陀罗笈多在Punjab晋见了领兵西征的亚历山大,并在亚历山大面前,责骂当时难陀王朝君王Dhana Nanda暴虐统治民众。

日后,旃陀罗笈多接受考底利耶的训练与引导。公元前约322年,两人一同领兵打败Dhana Nanda的军队,攻下难陀王朝的首都华氏城,建立孔雀王朝①。接着,继续扫除驻留在西北印的亚历山大军队。

早在摩竭陀国时代,耆那教即广受君民的仰敬,难陀王朝的时代,耆那教已普及各地。随后,旃陀罗笈多建立孔雀王朝,耆那教的影响力依然很大。

旃陀罗笈多晚年正式皈信了耆那教,并且成为耆那教圣者巴德拉巴夫(梵 Bhadrabāhu, ? ~298 B.C.E.)的亲传弟子。根据传说,巴德拉巴夫 Bhadrabāhu 是耆那教最后一位熟悉耆那教经典者②,是尼乾陀·若提子(Nirgrantha jñāta putra, 499~427 B.C.E.)嫡传弟子(Shrutakevalin),并遵从尼乾陀·若提子主张裸形的路线,后世耆那教天衣派(Digambara)尊其为开山祖。

巴德拉巴夫是旃陀罗笈多的导师,旃陀罗笈多在皇宫为巴德拉巴夫建立了神庙。后来,旃陀罗笈多传王位予子宾头娑罗(Bindusāra),陪同巴德拉巴夫前往南印卡尔巴普(Kalbapp)山修苦行,并一起绝食成道。

公元前 298 年,旃陀罗笈多依照耆那教的解脱者标准,自行"绝

---

① 由于旃陀罗笈多(Candragupta)出生为摩利亚族(Maurya),而 Maurya 梵文之意为"孔雀",所以建立的王朝即以"孔雀"为名。
② 巴德拉巴夫一世 Bhadrabāhu I (公元前? ~前 298) 印度耆那教领袖,哲学家。他是最后一位祖师 (Tirthankara) 大雄的亲传弟子 (Shrutakevalin),同时也是旃陀罗笈多的导师。天衣派(裸形外道)开山祖,信徒都不穿衣服。据说他著有三部耆那教经籍。据说他带领旃陀罗笈多,来到南印寻找耆那教传说中的圣王圣人的巴霍巴利王修行处,也就是斯拉瓦讷贝拉戈山 Shravana belagola,效仿前贤在此修行并在此同时入灭。Bhadrabahu Cave 便是两人入灭处,Chandragiri Hill 是修行处。前有巴霍巴利,加上旃陀罗笈多与巴德拉巴夫三位耆那教胜者,令此地成为耆那教圣地。现有的巴霍巴利王雕像是十世纪时 Chavundaraya 所建。(https://en.wikipedia.org/wiki/Chavundaraya)
关于旃陀罗笈多生平事迹的参考资料:
https://en.wikipedia.org/wiki/Chandragupta_Maurya
Mookerji, Radha Kumud (1988) [初版1966], Chandragupta Maurya and His Times, (4th ed.), p.41, Motilal Banarsidass, ISBN 81-208-0433-3

Cave temple at Shravana Belgola of Chandragiri Hill in Karnataka. The cave where the sage Bhadrabāhu is believed.（巴德拉巴夫苦修处）

食而亡"[1]于 Shravana Belagola 的洞穴[2]（传说该处位居现今南印度 Karnataka 省内）。

依照耆那教的信仰标准，旃陀罗笈多是生时为转轮王，出世则为胜者[3]（Jina）。

简单地说，在耆那教的传统信仰，旃陀罗笈多是开创孔雀王朝的君王，即是世上最有可能出家为胜者、佛陀的人。旃陀罗笈多明白这一情况，也选择晚年出家于耆那教。果然，在耆那教的安排下，完美

---

[1] 耆那教是奥义书思潮的分派，相信"业、业报"的宿业决定论，耆那教认为老、病而死，或是天灾、人祸而亡，都是"业报"的缘故，也是"业未尽"的象征。若是解脱者，是采取代表"业尽而亡"的做法，也即是"自行绝食而亡"的方式。

[2] 关于南印度 Karnataka 省 Shravana Belagola 的洞穴资料：
http://www.jainpedia.org/themes/places/jain-holy-places/sravana-belgola/contentpage/2.html
Cave temple at Shravana Belgola in Karnataka. The cave where the sage Bhadrabāhu is believed.

[3] 耆那(jina)，胜利者的意思，摧毁了"业"的限制，克服了生与死的轮回，得到完全的自由。

地成为耆那教的解脱者。在社会大众面前,耆那教获得一位俗世君王的弟子,更得到整个王朝的支持,而孔雀王朝则获得一位圣人君主,以及耆那教的整体信众的拥护。

孔雀王朝、耆那教皆出自"发展自我"的目的,采取"政教合作,互取所需"的做法,旃陀罗笈多成为耆那教的解脱者,是没有任何真实性可说。

3-4 旃陀罗笈多确立神圣王朝

为什么旃陀罗笈多既皈信耆那教,晚年又弃王位出家为耆那教沙门,甚至绝食而亡?

耆那教出自反婆罗门教的奥义书思潮,也是佛世时的六师外道之一,出现的时间比佛教早数百年。耆那教承续奥义书主张的梵我、无知、业,强调苦行、禅定解脱,是佛教的主要竞争者。

奥义书思潮下的沙门文化,断除"无知"的遍知者,号称是"佛陀","佛陀"的成就弟子称是"阿罗汉"。释迦佛陀针对自身及解脱弟子的称号,即是延用沙门文化的传统。佛世时的耆那教领导者,是耆那教二十四代主的尼乾陀·若提子,既称为遍知、全智的"佛陀",又自称是"耆那(Jina,胜者)"。

孔雀王朝的前身是难陀王朝,难陀王朝的领地,即是佛世时恒河以南的摩竭陀国。恒河以南的住民,主要是印度本土部族,反婆罗门教的耆那教在恒河以南颇为流行。佛世时的耆那教,广受摩竭陀国君民的敬信。因此,倾向头陀苦行的大迦叶,在摩竭陀国是深受爱戴,国王阿阇世也愿意支持大迦叶召开"第一次经律结集"。

耆那教有"在家为转轮王,出家则为佛陀"的说法,传说释迦佛陀初生时,有隐士对净饭王说:"若在家,悉达多当为转轮王;若出家,悉达多当为佛陀。"

"在家为转轮王,出家则为佛陀"是耆那教的说法,也是崇拜贵族的信仰①,不是佛教的思想。

否则,悉达多还未正觉,佛教尚未出现,一位学习异道的隐士是如何知道"佛教的佛"?

旃陀罗笈多建立的孔雀王朝,领地主要是恒河南岸古摩竭陀国地区,以印度本土氏族为主,盛行耆那教信仰。孔雀王朝支持反婆罗门教的耆那教,是既合印度本土氏族的立场,也合乎王国的统治需要。

旃陀罗笈多舍弃王位,出世为耆那教的苦行者的做法,真正的动机与目的是什么?

巴德拉巴夫 Bhadrabāhu I(?~298 B.C.E.)的脚印

---

① Bahubali(英语,一个强壮的手臂)受众多耆那教徒尊敬的人物,也是耆那教的第一蒂尔丹嘉拉 Adinath 的儿子,婆罗转轮圣王弟弟。据说他以静坐姿态(kayotsarga)冥想了一年,而在这段时间里,攀爬植物在他的腿周围生长。在沉思一年之后,据说 Bahubali 已经获得了全能的知识(Kevala Jnana)。解脱生死轮回,成道于冈仁波齐峰。被耆那教尊敬为解脱者(Siddha)。2015 印度最卖座的电影《帝国战神:巴霍巴利王》(Baahubali: The Beginning)便是叙述他的史诗电影。

若从个人的立场看,依据耆那教的说法,旃陀罗笈多不仅是"在家为转轮王"的世间君王,也是人间最有可能"出家为佛陀"的人。因此,旃陀罗笈多皈信耆那教,又依耆那教的圣者及沙门修行,极可能是刻意迎合耆那教之"在家为轮王,出家为佛陀"的信仰。

若从孔雀王朝的立场看,刻意回应耆那教信仰,经由"政教结合"的操弄手法,可以树立"圣人君王,神圣王朝"的帝国权威,让耆那信众坚定地拥护王朝,稳固孔雀王朝的统治基础。

因此,旃陀罗笈多最终是采取"自行绝食而亡"的做法,这应当是为了契合耆那教的"业尽解脱①",对外证明自己是解脱胜者,同时为孔雀王朝树立"圣人君王,神圣王朝"的权威,稳固王朝的统治基础。

旃陀罗笈多传位予子宾头娑罗(Bindusāra, 297~272 B.C.E.),既传下"圣人君王,神圣王朝"的权威,也确立了孔雀王朝支持耆那教的政治立场。

纪念孔雀王朝开国者的旃陀罗笈多神庙(Candragupta Basadi)

---

① 公元前十二世纪,奥义书思潮兴起,激起各种新学说的发展,耆那教是其中一支。奥义书强调苦行、禅定,解脱者是"业尽解脱",业尽必是厌离一切、断尽一切业报。因此,解脱者不能老死、病死、天灾人祸死,只能舍离一切需求的"饿死"。

开创孔雀王朝的旃陀罗笈多,利用宗教的神圣性,树立"圣人君王,神圣王朝"的权威,稳固统治基础的做法,在中国李氏唐朝也有相近的做法。

崛起于西域的李渊建立了唐朝(C.E. 618),当时汉民族对李氏家族的胡人血统①有疑虑。李唐为了安抚汉人的种族情感,遂推崇汉民族的道家圣人"老子李耳"②为祖先,避免汉族优越感危及唐帝国的稳定。

唐高祖以后,历代唐朝君王持续推崇老子为先祖,藉老子是"汉族圣人"的地位,推行"圣人血脉,神圣王朝"的政治宣传。如唐高宗在乾封元年(C.E. 666),追封李耳为太上玄元皇帝,既"尊汉",也是塑造唐帝国是"圣人血脉,神圣王朝"的政治手法。

唐朝历代皇室是不停对老子进行册封,唐玄宗在天宝二年(C.E.

---

① 唐高祖李渊出生于山西,有着汉人与胡人混合血统的权贵之家,其祖父李虎是西魏北周的八柱国之一,封唐国公。根据中国人大历史系孙家洲教授的说明,李世民一家祖籍应在今河北赵县,而李渊生于关陇,自称祖居关陇,陇西成纪人,是西凉昭武王李暠的后代。据陕西省历史博物馆历史学者张铭洽教授的研究,原山西太行山地区有五大望族姓氏——王、卢、崔、李、郑,其中李姓又是鲜卑族中的一大姓氏。
根据可考证的历史资料证明,唐太宗李世民的祖母、即唐高祖李渊的母亲,独孤氏,是隋文帝王后的姐妹,是鲜卑人,并非汉族。唐太宗李世民的母亲窦氏(即纥豆陵氏),也是鲜卑族,还有所娶的妻子长孙氏,都出于北方少数民族。又在突厥的葬俗中,有一种奇特的祭祀悼念马功劳的习俗,一般有三种仪式。主人死后,随从会骑着马绕着死者墓地转圈,然后把马杀掉,或者活埋到坟墓里。无论是突厥贵族,还是一般牧民,死后都要与马共葬,只是数量多少不同。在李世民的陵墓中,有六匹战马的石雕,世称"昭陵六骏",在中国所有的帝陵中,只有在李世民的昭陵有战马石刻。从唐太宗独特的墓葬形式中,是否显示了突厥人的墓葬习俗?李渊一方的血统还没有足够的历史证据进行论证。历史上对于李渊家族的血统,有以下几种说法:赐姓大野部,河南破落贵族李姓,老子李耳的后代等。

② 《史记·老子传》:"老子者,楚苦县厉乡曲仁里人也。姓李氏,名耳,字聃,周守藏室之史也。"道家始祖传说是老子,姓李名耳,字伯阳,又称老聃,为周朝史官,传说著有《道德经》,是春秋时代重要的哲学家与教育家。中国古籍对老子的记载不甚清楚,传说老子后西出函关,被函关令尹喜稽留,因而留下五千言的《道德经》,倒骑青牛出关西去,不知所终。函关又名函谷关,在今河南灵宝市东北方,最早为春秋时代秦国所建,在于谷底易守难攻,古来即为兵家必争之地,亦被道教视为重要的圣地。函关以西自古被视为化外之地,为汉民族以外民族的地域,一向被视为"胡人"的所在。李渊之母独孤氏非汉族,妻窦氏(即纥豆陵氏)是鲜卑族,李世民妻长孙氏,为北地少数民族,家族有非汉族血统,难免被汉民族视为"胡"。由于道家圣人老子李耳,传说西出函关去于"胡"地,又是姓李,自然被李渊家族追崇为祖,以释汉族的疑虑及排斥。

743),追封李耳庙号为大圣祖,谥号玄元皇帝①;天宝八年(C.E. 749)再册封李耳为圣祖大道玄元皇帝②;天宝十三年(C.E. 754)又为李耳上尊号称大圣祖高上大广道金阙玄元天皇大帝。道家老子的地位,在唐代陆续被追封为大圣祖、皇帝、天皇大帝,不仅确立老子李耳为唐朝皇室的先祖,更推崇李耳是统治天界的大帝。如此可知,唐朝王室为了巩固自家的统治地位,将老子李耳推崇至前所未有的地位。

印度孔雀王朝运用耆那教的信仰,塑造旃陀罗笈多具有耆那教解脱者的神圣地位,树立"圣人君王,神圣王朝"的权威,近似李氏唐朝推崇道家圣人"老子李耳"为先祖的做法。两者同是君王,同样是为了统治社会的目的,利用宗教信仰建立政治的权威。

3-5 阿育王的谋国之路

3-5-1 阿育王弑兄谋位

旃陀罗笈多传位予宾头娑罗王(Bindusāra B.C.E. 297~272),宾头娑罗王之后是阿育王(Aśoka)治世。但是阿育王因为皮肤不健康(可能有干癣 psoriasis 疾病)③,并不受父王的喜爱,王位是经由王室子孙残酷内争而获得。

宾头娑罗王晚年,派阿育王子驻守西印古阿盘提国,该国首府是优禅尼(Ujjayinī)④。阿育王子驻居阿盘提时,应当是为了自保及培

---

① 见《旧唐书》。后晋石敬瑭命张昭远编撰,书成时刘昫为相,故该书署名刘昫撰。全书共 200 卷,分为《本纪》20 卷,《志》30 卷,《列传》150 卷。
② 见《圣祖大道玄元皇帝加号册文》。
③ 晋译《阿育王传》卷一,《大正藏(50)》p.100:"(阿育王)遂便立作第一夫人,共相爱乐而生一子。母言:我忧患尽除,即为作字名阿恕伽(晋言无忧)……阿恕伽身体麤涩,父不爱念。"
④ 优禅尼为今西印度 Gwalior 州之 Ujjain(乌遮因)。在佛陀的时代,优禅尼为西方阿盘提国的都城,而阿盘提与当时的摩竭陀国、拘萨罗国、跋蹉国,并列为四大强国。尔后,被摩竭陀国之悉苏那迦王朝打败,最后并入了孔雀王朝。

养自身实力,采取一系列的政治做法:一方面是亲近反对支持王家之耆那教的佛教,刻意结好优禅尼地区的佛教僧团领袖;另一方面是采取"政商联姻"的做法,拉拢优禅尼地区的强豪家族势力。

当阿育王子镇驻阿盘提时,途经末瓦国(Malwa),娶了卑提写 Vedissa(今印度维迪斯哈 Vidisha)地区长者的女儿蒂薇(Devi)①,生了摩哂陀(Mahendra)与僧伽蜜多(Saṁghāmitra)。宾头娑罗王临终时,臣下政变改拥阿育王子为王,太子苏深摩②(Sushima 修摩那)不服兴兵,阿育王子即杀死众异母兄弟,只留下同父、同母的王弟——帝须(宿大哆 Vītaśoka)③:

> 频头娑罗之儿知为百一人,而其中之阿育〔王子〕……杀戮异母兄弟九十九人即全阎浮洲唯一之王位。胜者涅槃之后,此王即位前,为二百十八〔年〕如是当知。④

阿育王登王位后,陆续征服周围的邻邦,除了南印案达罗地区以外,印度其余地区大多成为孔雀王朝的领地。

阿育王是印度史上最早统一大部分印度地区的君王。在阿育王统一印度大部分地区以后,舍弃过往的征战手段,全力鼓吹"和平",规劝世人舍弃征战,鼓励用"法(Dhamma)"治世,促成各种宗教思想大为发展的盛世。因此,后世赞美鼓吹"和平"的阿育王,是为"法阿育"。

---

① 《岛王统史》第六章,《汉译南传大藏经(65)》pp.40~51。Vedissa 卑提写是现今印度博帕尔 Bhopāl 东北之 Vidisha。
② 晋译《阿育王传》卷一,《大正藏(50)》p.100:"阿恕伽兄名苏深摩……频头莎罗王……生疾病便敕诸臣唤苏深摩以为太子。……频头莎罗王疾病唯笃,余命无几,辅相庄严阿恕伽已,而白王言:'请当并立阿恕伽为王以理国事,苏深摩来当还废之。'……阿恕伽闻苏深摩来……置机关白象,象上画作阿恕伽像,周匝四边造大火坑粪草覆上。……于是苏深摩即往东门,直趣象上欲捉阿恕伽,不觉堕于火坑而自灭没。"
③ 晋译《阿育王传》卷二,《大正藏(50)》p.106:"阿恕伽王弟名宿大哆,信敬外道讥说佛法。"
④ 《大王统史》第五章,《汉译南传大藏经(65)》p.169。

3-5-2 阿育王的宗教策略与佛教裂变

3-5-2-1 总说

阿育王的祖父、父亲、兄长皆是支持耆那教,也得到某些耆那教派的效忠。阿育王篡位夺权地登上王位后,随即要面对支持王兄之耆那教势力的反抗。因此,阿育王的宗教态度,是一方面压制反对他的耆那教势力,二方面安抚愿意效忠的耆那教派,三方面亲近耆那教的主要对手——佛教,藉佛教势力平衡耆那教的声势,目的是保障王权。

阿育王时代,佛教僧团发生裂变。自此以后,佛教是教说分歧、学派林立,有关于佛陀、佛法、僧团的解说及信仰,不再是同义、同味、同信、同行,也不是遵循释迦佛陀教导的佛教。

史实真相的阿育王,是热心护持佛教的君王?或者,实是掌控僧团、变造佛教,促成佛教分裂的耆那教徒?

根据现今既有的史献及南北三藏,加以探究、爬梳、厘清、整治,促使阿育王时代之佛教的演变因缘及发展始末,尽最大程度的完整、清晰呈现,是探究"佛陀原说"及"部派佛教思想史"、"印度佛教思想史"的重要基础。

现在依据史献及南北三藏,详实考证阿育王时代诸多佛教事件始末及缘由。

3-5-2-2 阿育王时期的佛教事件与政策

3-5-2-2-1 太早皈佛教不利政局稳定

若审视阿育王登位初期的处境:一、孔雀王朝领地主要是恒河以南地区,佛世时是摩竭陀国领地,古来盛行耆那教;二、开国君主的旃陀罗笈多,既支持、出家于耆那教,更是耆那教的解脱者之一;三、阿育王是经历王室杀戮取得王位,要面对支持其王兄之耆那教势力的反抗。

根据国际史学界的研究,阿育王登位治世的时间,约在公元前271～前268年间。

此外,依据锡兰《岛王统史》(Dipavaṁsa)的说法,阿育王皈依佛教的时间,是在即位后第三年(269～267 B.C.E.):

> 阿育王统治最上之巴连弗,灌顶后三年,已信乐佛之教。①

但是,依据政教演变发展,审视阿育王对佛教的态度:在阿育王即位之初,面对权力未稳定的情况,他不大可能对抗王朝信持者那教的传统,随即归信反对者那教的佛教,过度地刺激者那教,引发政治、宗教的不稳定。

审视当时的政治形势,阿育王即位随即皈佛是不利政局的稳定。《岛王统史》的说法,是需要深加反思探究。

根据阿育王的《小摩崖法敕》的说法,阿育王皈佛之初,是有着一或二年多的懈怠期:

> 朕明白在释迦信者优婆塞之间二年有余,然尚无热心精勤。反之,朕近于僧伽而热心精勤之间有一年余。②

---

① 《岛王统史》第六章,《汉译南传大藏经(65)》p.41。
② 《小摩崖法敕》,《汉译南传大藏经(70)》附录之《阿育王刻文》pp.71～72 及参 p.74 之注3:"朕明白在释迦信者优婆塞之间二年有余,然尚无热心精勤。反之,朕近于僧伽而热心精勤之间有一年余【注3】。"注3:一年有余 sātileke chavachara(如普那多 Rūpnāth 之刻文,略称 R),savachale sādhika(沙哈斯罗无 Sahasrām 之刻文,略称 S)。因为在沙哈斯罗无刻文 savachale 的 va 字处,多有不明确,且见有他字,而成为种种之读法及说法,其中,saḍvachale 即读为六年,依此法敕之年代,遂为阿育王年代论说的根据。过去此论曾出现与前者(一年)之比较,得明其不正确,但现在此六年说不能承认(本书作者注:当对照刻于其它地方的《小摩崖法敕》来看,可知阿育王为优婆塞二年半有余,其间不精勤者有一年,亲近僧伽而转为精勤,则有一年余)。
《阿育王刻文》正文 p.79 及参 p.80 之注3:"朕为优婆塞之间二年半有余,然尚不热心精勤又一年间。反之,朕近于僧伽而热心精勤之间一年有余。"注3:一年间 ekaṁ savacharaṁ(普尔夫摩奇利 Brahmagira 之刻文,略称 Br),ekam savacha……(西兹达普罗 Siddapura 之刻文,略称 S),而奢提因迦罗迷西由瓦罗(Jaṭinga-Rāmeśvara,略称 J)之刻文,亦应如此。今因为破损不得读,此年数唯此有而为重要者。

另从阿育王的《十四章法敕》来看，在阿育王登位第八年(264 B.C. E.)，孔雀王朝征战迦陵迦国①(Kaliṁgā，中国古籍记为羯陵伽)。战后，阿育王深刻感到战争杀戮的惨烈，由喜好征战转变成"和平化民，以法治世"：

> 灌顶八年过后，而天爱喜见王征服迦陵伽国。……由此以后，今既领迦陵迦国，天爱热心法之遵奉，对于法之爱慕及行法之教敕，此即天爱对征服迦陵迦国之悔谢……不论如何，天爱克己不伤害一切之有情，希望公平而柔和。然，天爱思惟，依法之胜利，此才是最上之胜利。②

阿育王是出自仰敬耆那教的王族，为什么会在登位第三年皈佛？为什么皈佛后两年多不热心佛教？阿育王登位第八年血战征服迦陵迦

---

① 《十四章法敕》第十三章，《汉译南传大藏经(70)》附录之《阿育王刻文》p.31 注1："迦陵迦国 Kaliṁgā(G)、Kaligyā(K)、Kaligā(Sh, M)。孟加拉湾头西海岸一带的地方，相当于现今之奥利沙。"羯陵伽国(梵 Kaliṅga,藏 Kaliṅka)，又作迦陵迦、迦陵。南印度古国，位于连接奥利萨省与案达罗省东北部的孟加拉湾一带。见季羡林《大唐西域记校注》卷十"羯陵伽国"注。印度东部沿海的一个著名国家，其领域随国势盛衰而有所变迁。大抵北起马亨纳底河，南抵哥达瓦里河，背负东高止山，面临孟加拉湾。……早期佛典如《岛史》(Dipavaṃsa)、《大史》(Mahāvaṃsa)、《中部》(Majjhimanikāya)和《长部》(Dīghanikāya)也曾提到此国，称其国都为檀塔补罗(Dantapura)。……公元前四世纪末，塞流古一世派往孔雀王朝的使节麦加斯忒尼(Megasthenes)也提到此国，称其军队强大，有步兵六万，骑兵一千，象军七百。此外欧洲古典作家如托勒密、普林尼的著作中也都提到此国。当时羯陵伽是南印度最强大的国家。公元前261年该国对阿育王的征服，曾进行极其勇猛顽强的抵抗。……其他印度古籍如史诗《摩诃婆罗多》《广博本集》等也都有关于此国的记载。《政事论》中称该国以产象著称，佛经中也赞此国所产的细布。……首都曾几度迁徙。关于该国的故都以及玄奘巡礼时该国都城的问题，异说颇多。先是康宁哈姆比定哥达瓦里河下游东岸之 Rājamahendri (今名 Rajahmundry) 为玄奘巡礼时该国的首都，即佛典中的檀塔补罗(Dantapura，意为"牙城"。据说佛陀圆寂后不久，右犬牙即供奉于该城。因为据佛典记载，此城位于大河北岸，羯陵伽国内除哥达瓦里河外，别无更大河流，克里柯纳河虽辽阔，但不在此国境内。

② 《十四章法敕》第十三章，《汉译南传大藏经(70)》附录之《阿育王刻文》p.29："灌顶八年过后，而天爱喜见王征服迦陵伽国。由其地(捕虏)而移送之生类，有十五万之数，于其处被杀有十万数，或(伤、病)而死者有几倍(于此)。……由此以后，今既领迦陵迦国，天爱热心法之遵奉，对于法之爱慕及行法之教敕，此即天爱对征服迦陵迦国之悔谢……于彼杀戮苍生、或死亡或移送，天爱对此一切感苦恼，又思虑与悲痛故。……不论如何，天爱克己不伤害一切之有情，希望公平而柔和。然，天爱思惟，依法之胜利，此才是最上之胜利。"

国后,为什么极力推展"法"？这些问题值得深入探讨!

3-5-2-2-2 阿育王登位初期的佛教僧争

佛灭后约116年,阿育王登位治世,摩哂陀年14岁：

> 昔阿育王封蓳支国,初往至国次第而去,即到南山。山下有村,名卑提写,大富长者以女与阿育王为妇,到国而生一男儿,名摩哂陀。摩哂陀年已十四,后阿育王便登王位。①

阿育王登位当年,华氏城王家寺院鸡园寺发生大天(Mahā Deva 摩诃提婆)举"五事异法"事件,佛教三大僧团为此事件是纷争不止：

> 佛灭度后百一十六年,城名巴连弗,时阿育王王阎浮提,匡于天下。尔时,大僧别部异法,有三比丘(众)：一名能(龙之误写),二名因缘(玄奘译边鄙众),三名多闻,说有五处以教众生,所谓：从他饶益、无知、疑、由观察、言说得道。此是佛从始生二部,一谓摩诃僧祇,二谓他鞞罗(秦言上座部也)。②

《十八部论》指的三比丘众："龙众"是喻如龙象般的难调难伏,是指附会毗舍离僧团、提倡"五事异法"的大天学团；"因缘众"是玄奘另译的边鄙众,玄奘意指地处西印优禅尼地区的分别说系化地部僧团,但是当时的"因缘众"应当是优波离师承的毗舍离僧团较符合史实；"多闻众"是称誉"多闻第一"的阿难弟子众,也是赞喻"多闻佛法的佛弟子",主要指师承自阿难的摩偷罗③僧团。

3-5-2-2-3 三大僧团无法和合说戒

"五事异法"事件的纷争,造成阿难传承的摩偷罗僧团、优波离师

---

① 《善见律毗婆沙》卷二,《大正藏(49)》p.686。
② 世友《十八部论》,参《大正藏(49)》p.18。
③ 释迦牟尼时代,摩偷罗国为雅利安人建立的城市国家,为当时十六大国之一洛西那国的首都。在释迦牟尼去世后,逐渐成为西方佛教的重镇,优波鞠多出身于此。摩偷罗国(梵文：madhura、Madhurā),又作摩度罗、摩偷罗、秣菟罗,意译孔雀城、三雀城、美蜜城、密盖,印度古国,位于今朱木那河(Jumna)西南一带。首都摩偷罗城,又名秣菟罗城,位于今印度马图拉南方。

承的毗舍离僧团、附会毗舍离僧团的大天学团等三方僧团,因为意见相违而无法和合说戒:

> 大天于后集先所说,五恶见事,而作颂言:"余所诱无知、犹豫他令入、道因声故起、是名真佛教。"于后渐次鸡园寺中,上座苾刍多皆灭殁。十五日夜布洒他(布萨)时,次当大天升座说戒,彼便自诵所造伽他(五事偈)。尔时众中,有学、无学、多闻、持戒、修静虑者,闻彼所说无不惊诃:⋯⋯此于三藏曾所未闻,咸即对之翻彼颂曰:"余所诱无知,犹豫他令入,道因声故起,汝言非佛教。"于是竟夜斗争纷然,乃至终朝朋党转盛,城中士庶乃至大臣,相次来和皆不能息。①

> 阿育王知已,遣一大臣,来入阿育僧伽蓝。白众僧:教灭斗诤和合说戒。②

3-5-2-2-4 阿育王介入僧争

3-5-2-2-4-1 阿育王处理僧争的作为

当发生"五事异法僧争"事件时,阿育王支持附会毗舍离僧团的大天学团:

> 王闻自出诣僧伽蓝,于是两朋各执己诵,时王闻已亦自生疑。寻白大天:"孰非?谁是?我等今者当寄何朋?"大天白王:"戒经中说,若欲灭争,依多人语。"王遂令僧两朋别住,贤圣朋内,耆年虽多而僧数少;大天朋内,耆年虽少而众数多。王遂从多,依大天众,诃伏余众,事毕还宫。⋯⋯尔时,鸡园诤犹未息,后随异见遂分二部,一上座部,二大众部。③

---

① 《大毗婆沙论》卷九九,《大正藏(27)》p.511。
② 《善见律毗婆沙》卷二,《大正藏(24)》p.262。
③ 《大毗婆沙论》卷九九,《大正藏(27)》p.511。

大天提到："戒经中说,若欲灭争,依多人语。"指出佛教僧团用"投票"作为解决争端的方式。佛制"投票"作为解决僧团争端的方法,是只限日常生活的争端,绝对不是任何争端都可采用"投票"解决。若争端的焦点涉及佛法的核心教法、戒律根本,或是众所周知的事实,必须"依经依律"及"依事实"处理,绝不可以用投票式的"多数决"做为息争的手段。

阿育王为何支持"投票"？华氏城鸡园寺是王家寺院,该寺一定以亲近孔雀王朝势力的僧人居大多数,这些亲王的僧人应是以邻近华氏城的毗舍离僧人为主。采取"投票"的做法,支持阿育王意见是"稳居多数",支持"投票"即支持孔雀王朝。

3-5-2-2-4-2 阿育王与大天的关系

大天(摩诃提婆)原是外道,附会毗舍离僧团(后称大众部)出家,阿育王登位第 10 年以后,派遣大天前往案达罗的摩酰婆曼陀罗(今印度迈索尔 Mysuru)传教:

> 又(佛灭后第)二百年中,摩诃提婆外道出家,住支提山,于摩诃僧祇部中复建立三部。①
>
> (佛灭后)至第二百年中……有一外道,名曰大天,于大众部中出家。②
>
> 于是目犍连子帝须,集诸众僧,语诸长老:"汝等各持佛法,至边地中竖立。"……摩诃提婆,至摩酰婆末陀罗国。③
>
> 有大神通力大天赴摩酰沙国,以地狱苦之〔教说〕鼓舞使多数〔之人〕由缠得脱。④

《十八部论》是把案达罗地区的大天徒众(制多部),误说是阿育王时

---

① 《十八部论》,《大正藏(49)》p.18。
② 《部执异论》,《大正藏(49)》p.20。
③ 《善见律毗婆沙》卷二,《大正藏(24)》p.684。
④ 《岛王统史》第八章,《汉译南传大藏经(65)》p.56。

代附会毗舍离僧团出家的大天。公元二世纪说一切有部《大毗婆沙论》记载,大天曾做杀父、杀母、杀比丘僧等三恶事。但应是出自嫌恶大天心态的成份居多,不大可信:

> 昔末土罗国有一商主,少娉妻室生一男儿,颜容端正与字大天。未久之间,商主持宝远适他国,展转贸易经久不还……与母设计遂杀其父……彼后遇逢本国所供养阿罗汉苾刍,复恐事彰,遂设方计杀彼苾刍,既造第二无间业已。……方便复杀其母,彼造第三无间业已。……往诣一苾刍所,殷勤固请求度出家。时彼苾刍既见固请,不审检问遂度出家。①

阿育王弑兄登位初年,原是异道出家的大天,不仅受到阿育王护持,住在王家寺院的鸡园寺,并且公开提出"贬抑阿罗汉"的五项异说。试问:岂是平常?依据各方面记载,可以获知八项事实与推断:

一、华氏城鸡园寺应是建于阿育王登位前的王家寺院,既是尊重佛教的政治象征,也有约制佛教的政治地位。

二、鸡园寺是王家寺院,寺内的僧团长老不多,多数是青年僧。如是可见:鸡园寺不是崇信佛教为主的寺院,而是执行"监视佛教,牵制佛教"的政治性寺院。

三、鸡园寺的僧人应是以支持孔雀王朝的"宗教臣属"为主。

四、阿育王初登王位,亟需掌控鸡园寺的"宗教臣属",也需要一位充分执行阿育王意志的"宗教臣属"。

五、大天原是异道,极可能是支持宾头娑罗王或苏深摩的耆那教徒。当阿育王登位初,压制、杀戮反对他的耆那教派时,大天改为效忠阿育王,大天附佛出家可能是为了渗透、拉拢、控制佛教的政治需要。

六、阿育王登位初年,大天即在鸡园寺提出"贬抑阿罗汉"的异

---

① 《大毗婆沙论》卷九九,《大正藏(27)》pp.510~511。

说,公开贬抑佛教圣者,宣传有利耆那教、孔雀王朝的说法。

七、大天打击佛教的五项异说,极可能出自阿育王打击佛教的决定,目的是向支持他的耆那教势力表态,而大天只是执行阿育王意见的"宗教臣属"。

八、阿育王先要求鸡园寺的僧团和合说戒,即是要求僧众容忍大天的异法,随后又支持"投票必胜"的大天,显示"五事异法"已获得阿育王认可,不是大天的个人意见。

若如前推断,阿育王偏袒大天徒众的真正原因,极可能是出自政治性理由。大天极可能实际是耆那教徒,也是听命于孔雀王朝的"宗教臣属"。有关"贬低阿罗汉"的五事异法,原是阿育王为了淡化登位前亲近佛教的色彩,刻意向耆那教势力表态,并延续贬抑、控制佛教的王朝政策。

3-5-2-2-5 摩偷罗僧团长老远离

阿难系摩偷罗僧团长老,面对阿育王偏袒大天徒众的五种异说,随即共同拒绝阿育王的护持,远离王家寺院的鸡园寺:

> 时诸贤圣,知众乖违,便舍鸡园,欲往他处。①

3-5-2-2-6 对障僧者施行"覆钵"

鸡园寺是阿育王建设的王家寺院,是王家作为招待佛教僧人的处所。摩偷罗僧团长老远离鸡园寺,意思是不接受阿育王的供养。为什么?

若僧团有共识地不受某信士的供养,即是僧团实行僧律的"覆钵法":

> 尔时,佛语诸比丘:汝等皆覆钵,莫至是大名梨昌家。诸比丘、比丘尼、式叉摩尼、沙弥、沙弥尼,不得到大名梨昌家自手受

---

① 《大毗婆沙论》卷九九,《大正藏(27)》p.511。

食。更有如是人,亦应与作覆钵。……此大名梨昌诽谤比丘,是陀骠力士子清净梵行,无根波罗夷谤。①

覆钵,巴利语 Patta-Nikkujjana,覆钵法的实施,是针对"无事实根据诽谤、轻慢僧人"的信士,经僧团集体决议"不接受某位信士的布施供养",当然也不再为该信士说法,使信士无法植福田、修智慧。这是为了促使信士反省、忏悔、改正,带有远离性质的教诫法:

> 白衣家有五法,应与作覆钵:……骂谤比丘,为比丘作损减、作无利益、方便令无住处,斗乱比丘,于比丘前说佛法僧恶,以无根不净法谤比丘、若犯比丘尼,有如是五法者,僧应与作覆钵。……有如是一法,僧应与作覆钵。②

> 诸比丘!若尔,……令彼与僧伽不相往来。诸比丘!具足八分之优婆塞,当行覆钵,(谓:)图使诸比丘无所得,图使诸比丘不利,图使诸比丘无住处,图使诸比丘毁谤比丘,离间比丘与比丘,毁谤佛,毁谤法,毁谤僧。诸比丘!具足如是八分之优婆塞,许行覆钵。③

当僧团确定某信士不当伤害某僧人或僧团,经集体决议"不接受某信士的布施",僧团即对某信士施行"覆钵"。

摩偷罗僧团长老对"介入僧争,支持大天"的阿育王,依据僧律施行"覆钵法",是依经、依律的正确做法。但是,这要有面对俗世君王反扑的准备。

3-5-2-2-7 迫害摩偷罗僧团

在鸡园寺受阿育王供养的阿难系摩偷罗僧团长老,因为阿育王

---

① 《十诵律》卷三七,《大正藏(23)》p.271。《五分律》卷二六,《大正藏(22)》p.174。《根本说一切有部律杂事》卷四,《大正藏(24)》p.220。《摩诃僧只律》卷三一,《大正藏(22)》p.483。
② 《四分律》卷五三,《大正藏(22)》p.959。
③ 《巴利律》小品之《小事犍度》,《汉译南传大藏经(4)》p.169。

支持提倡"五事异法"的大天,遂决定远离鸡园寺,不受阿育王的供养,归返摩偷罗。

摩偷罗僧团长老远离鸡园寺的决议,使阿育王感到王威受挫,引发不满、忿怒,阿育王遂暗地对摩偷罗僧团诸长老进行迫害。阿育王假意提供船舶帮助长老乘船回摩偷罗(摩偷罗与华氏城有水路相通),实际是计划在半途破船沉河,迫使摩偷罗僧团长老们溺毙恒河(Ganga 殑伽河①):

> 时诸贤圣,知众乖违,便舍鸡园,欲往他处。诸臣闻已,遂速白王。王闻既瞋,便敕臣曰:"宜皆引至殑伽河边,载以破船,中流坠溺,即验斯辈是圣是凡。"臣奉王言,便将验试。
>
> 时诸贤圣,各起神通,犹如雁王,陵虚而往。复以神力摄取船中同舍鸡园未得通者,现诸神变作种种形相,次乘空西北而去。王闻见已深生愧悔,闷绝躃地,水洒乃苏,速即遣人寻其所趣,使还知在迦湿弥罗。复固请还,僧皆辞命。②

破船沉河的害僧事件后,残存未亡的阿难系摩偷罗僧团诸长老,随即避祸孔雀王朝以外的西北印迦湿弥罗国(罽宾,今克什米尔)。阿育王迫害摩偷罗僧团的作为,随即成为孔雀王朝与迦湿弥罗国的公开事件。

当迫僧事件曝露传开后,阿育王为了安抚避难迦湿弥罗国的僧团长老,命使臣延请长老们归返。但是,受到阿育王迫害、未亡的僧团长老,不愿再归返孔雀王朝。

3-5-2-2-8 摩偷罗僧团的佛教地位

3-5-2-2-8-1 住持佛陀法藏

佛陀入灭后,大迦叶号召"第一次经律结集"。当时,代表僧团担

---

① 恒河(梵文:गङ्गा,印地语:गंगा,乌尔都语:گنگا(Ganga)IPA:[ˈɡəŋɡaː] 聆听;泰米尔语:கங்கை,孟加拉国语:গঙ্গা Gôngā,玄奘译为殑伽河)是南亚的一条主要河流,流经印度北部及孟加拉国。
② 《大毗婆沙论》卷九九,《大正藏(27)》pp.511~512。

任"经藏结集会议"的主席,是被尊称为"多闻第一"的阿难陀。当"第一次经律结集"后,阿难即成为经法传承的代表,阿难的弟子众也发展为住持经法的经师僧团:

> 尊者(优波)鞠多……语提多迦言:……阿难以法付我和上商那和修,商那和修以法付我,我今以法付嘱于汝。①

> 上座弟子部,唯弘经藏,不弘律、论二藏故。……从迦叶已来,至优波笈多,专弘经藏,相传未异。②

3-5-2-2-8-2 经法传承的多闻众

摩偷罗僧团是阿育王迫僧事件的主角,摩偷罗僧团的第二、三代领导人分别是商那和修、优波鞠多,是师承自阿难(多闻第一)的经师嫡传,一直是传承佛陀经法为主,也自称是"多闻众":

> 佛灭度后百一十六年,城名巴连弗,时阿育王王阎浮提,匡于天下。尔时,大僧别部异法,有三比丘(众):一名能(龙之误写),二名因缘(玄奘译边鄙众),三名多闻,说有五处以教众生。③

"五事异法"的僧争初期,"龙众"是指附会毗舍离僧团出家之大天领导的学团,"因缘众"应当是指优波离师承的毗舍离僧团,"多闻众"是指阿难师承的摩偷罗僧团。

3-5-2-2-8-3 号召僧团净律,结集法藏

佛灭约110年(分别说系《五分律》称佛灭百年),优波离系毗舍离僧团实行"受取金钱"等十事,佛教发生"十事非律僧争"。当"十事律争"时,阿难系僧团的耶舍尊者、商那和修,共同促使佛教僧团举行净律羯磨,并且举行了"第二次经律结集":

---

① 《阿育王传》卷六,《大正藏(50)》p.126。
② 《三论玄义检幽集》卷六,《大正藏(70)》p.463。
③ 世友《十八部论》,参《大正藏(49)》p.18。

佛般涅槃后一百一十岁,毗耶离国十事出。是十事非法、非善,远离佛法,不入修妒路,不入毗尼,亦破法相。是十事,毗耶离国诸比丘,用是法、行是法。言:是法清净,如是受持。何等十事?一者盐净……十者金银宝物净。毗耶离诸比丘……次第乞钱,随多少皆著钵中。……耶舍陀是长老阿难弟子,耶舍陀闻毗耶离国十事出已。……语言:沙门释子不应乞金银宝物畜。……毗耶离比丘思惟言:耶舍陀于诸白衣前出我等罪……如是思惟已,集僧与耶舍陀作出羯磨,不得毗耶离住。①

佛泥洹后百岁,毗舍离诸跋耆比丘始起十非法:一、盐姜合共宿净、二、两指抄食食净……十、受畜金银钱净。……盛满钵水,集坐多人众处,持钵著前以为吉祥,要人求施。……时长老耶舍迦兰陀子,在彼猕猴水边重阁讲堂,语诸比丘言:汝莫作此求施,我亲从佛闻,若有非法求施、施非法求,二俱得罪。……于是诸比丘便以耶舍前教白衣,为骂白衣,与作下意羯磨。……耶舍即将至白衣所……便语之言:……佛言:……若人依我出家受具足戒,而以受畜金银珠宝及用贩卖为净者,当知是人必定不信我之法律。我虽常说须车求车、须人求人、随所须物皆听求之,而终不得受畜金银珠宝及用贩卖。……跋耆比丘便聚集,欲与作不见罪羯磨。②

七百集法藏者。佛般泥洹后,长老比丘在毗舍离沙堆僧伽蓝。尔时,诸比丘从檀越乞索……汝可布施僧财物。……至布萨时,盛著盆中,持拘钵量,分次第而与……耶舍答言:不净!诸比丘言:汝谤僧,言不净。此中应作举羯磨……时尊者陀娑婆罗在摩偷罗国,耶舍即往诣彼。……(陀娑婆罗)问言:汝何故被举?(耶

---

① 《十诵律》卷六〇,《大正藏(23)》p.450。
② 《五分律》卷三〇,《大正藏(22)》pp.192~193。

舍)答言:如是、如是事。彼言:汝无事被举,我共长老法食、味食。

耶舍闻是语已,作是言:诸长老!我等应更集比尼藏,勿令佛法颓毁。(陀娑婆罗)问言:欲何处结集?(耶舍)答言:还彼事起处!①

佛灭后110年的"十事律争",领导毗舍离僧团的陀娑婆罗是支持耶舍,反对接受金钱。阿难系僧团不仅主导僧团净律羯磨,更号召僧团进行"第二次经律结集",再次确定僧律,并集成四部圣典:

四部圣典的集出及内容,是由"第一次经典结集"至佛灭百年间,僧团当中的"持经者 suttadhara(或称"持法者 dhammadhara")"及"持母者 mātikādhara"②的持诵内容所编集而成。"持经者"是持诵《因缘相应》《食相应》《圣谛相应》《界相应?》《五阴(蕴)相应》《六处相应》《四念处等道品相应》等七事相应教(修多罗),还有佛灭百年间增新、附会为"佛说"、"佛弟子说"的《记说》,以及传说出自护法八众之歌咏、偈颂性质的《祇夜》。"持母者"是持诵"经法纲要(本母)","母"是指目得迦(巴 mātika)、摩呾理迦(梵 mātṛkā),又称为本母、智母、行母等,这是指从传统的经说传诵中,加以整理出诸经说的纲要及通义,成为经法要略的传诵。根据《根本说一切有部毗奈耶》"杂事"卷四十③、《阿育王传》卷四④、《阿育王

---

① 《摩诃僧祇律》卷三三,《大正藏(22)》p.493。
② 南传《中部》第四品《牧牛者大经 Mahagopalakasuttam》,《汉译南传大藏经(9)》p.298:"诸比丘!言此比彼等多闻而通阿含,持法、持律、持智母之比丘。"大正藏《中阿含》196 经,《大正藏(1)》p.755:"阿难!若多伴助者,持经、持律、持母者。"
③ 《根本说一切有部毗奈耶》"杂事"卷四十,《大正藏(24)》p.408:"摩窒里迦……谓四念处、四正勤、四神足、五根、五力、七菩提分、八圣道分、四无畏、四无碍解、四沙门果、四法句、无诤、愿智及边际定、空、无相、无愿、杂修诸定、正入现观及世俗智,苦摩他、毗钵舍那,法集、法蕴,如是总名摩窒里迦。"
④ 《阿育王传》卷四,《大正藏(50)》p.113:"尊者迦叶作是念:我今当自诵摩得勒伽藏!即告诸比丘:'摩得勒伽者,所谓四念处、四正勤、四如意足、五根、五力、七觉、八圣道分、四难行道、四易行道、无诤三昧、愿智三昧、增一之法、百八烦恼、世论记、结使记、业记、定慧等记。诸长老!此名摩得罗藏。'"

经》卷六①等记载的比对,发现对于"经法纲要(本母,巴 mātika 目得迦,梵 mātṛkā 摩呾理迦)"的"智母"、"本母"、"摩窒里迦"、"摩得勒伽"的内容,一致共说的是"四念处、四正勤、四神足、五根、五力、七菩提分、八圣道分"。这是在早期经说传诵当中,被称为《七事修多罗(包括《因缘》《食》《圣谛》《界》《五阴(蕴)》《六处》《道品》等七事相应教)》的《道品》部分。②

在佛灭后百年"第二次经典结集"时,"持经者"持诵的《七事修多罗》《记说》《祇夜》等九部经,被僧团依照经说的长短,分编为《相应阿含》《中阿含》《长阿含》;"持母者"持诵《七事修多罗》《记说》《祇夜》等九部经的"本母",则分类纂集为《增一阿含》。因此,在"第二次经典结集"时,共有四部圣典的集成。

3-5-2-2-8-4　主导"十事律争"的僧团羯磨

佛灭后约 110 年的"十事非律僧争"时,主导僧团净律羯磨是阿难系僧团。根据分别说系律藏的记载,当时推举八位僧团长老担纲"十事律争"的羯磨、决断,前四位上座长老都是阿难的弟子:

> 毗舍离有长老,字一切去,是阎浮提中最上座。③

> 尔时,论比尼法众,第一上座名一切去,百三十六腊;第二上座名离婆多,百二十腊;第三上座名三浮陀,第四上座名耶舍,皆百一十腊。合有七百阿罗汉,不多不少,是故名为七百集法。④

> 一切去上座为第一上座,三浮陀第二上座,离婆多第三上

---

① 《阿育王经》卷六,《大正藏(50)》p.152:"摩诃迦叶复思惟:我等自说智母。是时迦叶语诸比丘:云何说智母? 谓四念处、四正勤、四如意足、五根、五力、七觉、八正道,四辩、无净智、愿智,悉皆结集。法身制说寂静见等,是说智母,乃至大德迦叶已集结法藏"。
② 随佛《相应菩提道次第纲要》2-1"关于四部圣典的发展",中华原始佛教会,2015 年初版,pp.43~45。
③ 《四分律》卷五四,《大正藏(22)》p.970。
④ 《五分律》卷三〇,《大正藏(22)》p.194。

座,婆搜村(是地名,不是人名)是第四上座,阿难皆为其和尚。①

《四分律》提的第四上座婆搜村长老,不是人名,是指住在婆搜村的长老。根据各部派律藏比对,居住在婆搜村的长老是沙兰(又译沙罗、苏寐,巴 Soma):

> 时婆搜村有长老在道行,作如是念:我今此诤事,当观修多罗、毗尼,知谁法语?谁非法语?彼即观修多罗、毗尼,捡校法律。便知波梨国比丘是法语,波夷那比丘非法语。时有天(神)不现身而赞言:"善哉!男子,如汝所观,波梨比丘如法语,波夷那比丘非法语。"②

> 有一持律比丘名沙兰,窃独思惟:跋耆比丘为如法不?即依诸经律察其所为,为不如法。时空中神三反唱言:"如是!如是!跋耆比丘所行非法,如汝所见。"③

> 尔时,长老沙罗住毗耶离国,有名称大阿罗汉,是长老阿难弟子。……树林中有神天,合手向沙罗言:"如是如是,长老!是毗耶离比丘非法语,诸客比丘是法语。大德沙罗!汝欲作何等?"(长老沙罗)答:"当勤方便灭是不善法。"④

根据各部派律藏记载的交叉比对,佛灭后 110 年(或百年)为了"十事非律"举行的羯磨,僧团推举八大长老主持羯磨。八大长老分别是阿难亲传弟子六人:萨婆迦眉(一切去,巴 Sabbakāmi)、苏寐(巴 Soma,苏摩、苏曼那、沙罗、沙兰)、屈阇须毗多(梵 Kubjaśobhita)、离婆多(巴 Revata)、婆那参复多(三浮陀,巴 Sanasambhūta,有部传的商那和修 Sāṇavāsī)、耶须(耶舍,巴 Yasa,阿难弟子优多罗 Uttara 的再传)等六

---

① 《四分律》卷五四,《大正藏(22)》p.971。
② 《四分律》卷五四,《大正藏(22)》p.970。
③ 《五分律》卷三〇,《大正藏(22)》p.193。
④ 《十诵律》卷六〇,《大正藏(23)》p.452。

人,前三人出身东方跋耆族,后三人出身西方波利族;阿㝹留驮(巴 Anuruddha 阿那律陀)的亲传弟子:婆娑伽眉、修摩那(巴 Sumana),前者为东方跋耆族,后者是西方波利族,皆见过佛:

> 大德!我等辈今应出法及毗尼。……于毗舍离婆利迦园中,众已聚集,如迦叶初集法藏无异。一切佛法中垢洗除已,依藏更问、依阿含问、依枝叶问、依诸法聚问,一切法及毗尼藏尽出。……是时萨婆迦眉、苏寐、离婆多、屈阇须毗多、耶须婆那、参复多,此是大德阿难弟子。修摩(㝹)、婆娑伽眉,此二人是阿(㝹)留(驮)弟子,已曾见佛。①

> 时长老一切去,知僧事时,上座即作白:"大德僧听。若僧时到僧忍听,今僧论法毗尼,白如是。"时波夷那比丘语波梨比丘言:汝等今可出平当人。彼(波梨比丘)即言:上座一切去、离婆多、耶舍、苏曼那,是平当人。波梨比丘语波夷那比丘言:汝等亦应出平当人。彼(波夷那比丘)即言:长老三浮陀、婆搜村、长老沙留不阇、苏摩,是平当人。是中有阿夷头比丘(即阿嗜多,后为树提陀娑传人,第四代主),堪任劝化。②

平当人,是担任公正人的意思。依《十诵律》的记载,当年八大长老的出身族裔,是波利族、跋耆族各有四人,其中有六人是阿难的弟子,两人是阿㝹留驮弟子。分别说系律藏的记载,佛灭百年主持"十事非律"之羯磨会议的长老,主要的前四名上座长老,是一切去(萨婆迦眉)、离婆多、三浮陀(商那和修)、沙罗(或耶舍),彼等皆是阿难的弟子。

3-5-2-2-8-5 阿难系主导"第二次经律结集"

阿难系僧团主导"十事僧争"的羯磨会议,并接续举行"第二次结

---

① 《善见律毗婆沙》卷一,《大正藏(24)》p.678。
② 《四分律》卷五四,《大正藏(22)》p.971。

集"。当结集毗尼(律藏)时,是由戒腊最高的一切去(或称萨婆迦眉、萨婆伽罗婆梨婆罗)长老代表回答,离婆多长老代表提问,两位长老都是阿难的弟子:

> 上座一切去即复作白:大德僧听!若僧时到,僧忍听,僧今令离婆多问,我答法毗尼。①
>
> 于跋阇子比丘众中,长老离婆多问萨婆迦(眉),萨婆迦(眉)比丘答,律藏中断十非法,及消灭诤法。②

"第二次结集"的问法者,另在说一切有部《十诵律》是说三菩伽(即商那和修)长老提问,萨婆伽罗婆梨婆罗(即萨婆迦眉、一切去)长老代表回答:

> 长老三菩伽起合手,向上座萨婆伽罗波梨婆罗,如是言:大德上座!盐净实净不?答:不净!(问:)得何罪?答:得突吉罗罪。……(问:)大德上座!二指净实净不?答:不净!(问:)得何罪?答:波逸提罪。……大德上座!金银宝物净实净不?答:不净!不净!(问:)得何罪?答:得波逸提。(问:)佛何处结戒?答:毗耶离为跋难陀结戒,不得取金银宝物。长老三菩伽,僧中如法灭是毗耶离诸比丘十事罪,如法灭竟。③

当时的实际情况,耶舍礼请出面号召僧团净律羯磨的人,是阿难师承摩偷罗地区的商那和修,商那和修又另推举戒腊、声望皆较高的离婆多长老,出面号召僧团共议"十事律争",并负责羯磨会议的摄僧:

> 长老三菩伽如是思惟:我等以何长老为上座?当求是长老为上座,摄诸比丘。作是思惟已,我等当求长老梨婆多为诸比丘说实法。尔时,长老三菩伽集诸比丘,从白衣索四事供养,索已

---

① 《四分律》卷五四,《大正藏(22)》p.971。
② 《善见律毗婆沙》序品《跋阇子品第二集法藏》第一,《大正藏(24)》p.678。
③ 《十诵律》卷六一,《大正藏(23)》pp.455~456。

> 乘舡至萨寒若国,到长老梨婆多所。①

由此可见,当时代表问法者,离婆多与商那和修等两位大德,是离婆多长老的可能性应当较高。不论担任问法者的离婆多长老或商那和修长老,"第二次结集"负责问、答僧律的长老,全是经师传承的阿难系僧团长老。

经师传承的长老认真地维护僧团律戒,而擅行违律十事的僧团,反而是律师传承的优波离系毗舍离僧团。

僧团举行"经、律结集"的目的,是为了维护佛陀的法教,令住世不异,同时消除僧团内部的歧见,维持僧团的和合:

> 我等今者宜集法、律,以防诤讼,使梵行久立,多所饶益。②

此事却造成两部僧团的心结(刻意诬蔑耶舍)③,"五事异法僧争"时期,树提陀娑即不表态支持摩偷罗僧团。

3-5-2-2-8-6　商那和修与优波鞠多

佛灭后百年的时代,出自阿难师承的大德长老很多,如"第二次结集"时的一切去、离婆多、商那和修、耶舍等人。其中,商那和修是教化摩偷罗地区的长老,摩偷罗僧团领导人,是阿难的嫡传弟子,后再传优波鞠多。

摩偷罗僧团的商那和修、优波鞠多,不仅是经师传承的重要领袖,也是大兴教法的佛门大德:

> 尊者阿难语商那和修,佛以法付嘱尊者迦叶,迦叶以法付嘱于我。我今欲入涅槃,汝当拥护佛法。摩偷罗国有优留曼荼山,

---

① 《十诵律》卷六〇,《大正藏(23)》p.451。
② 《长阿含》卷八,《大正藏(1)》p.49。
③ 《摩诃僧祇律》卷三〇,《大正藏(22)》p.469:"汝本二已去……耶舍言:'瞋打妇人者,得波罗夷。'诸比丘言:'此非好断,汝欲决疑者,可往枝提山中,问持律尊者树提陀娑。'……前至持所具白上事。持律(尊者树提陀娑)言:'云何耶舍制五波罗夷法?瞋打妇人得偷兰遮。'"

当于彼立塔寺。……摩偷罗国有长者名鞠多,当生一子名优波鞠多,汝好度使出家,佛记此人,我百年后当大作佛事。①

在佛灭后百余年,摩偷罗僧团领导者商那和修,参与了"十事非律僧争"的净律羯磨与"第二次结集";其后,阿育王治世的时代,接续领导摩偷罗僧团的优波鞠多,又领导对抗"五事异法僧争"与"第三次结集"。因此,在佛灭后二百年间,源自阿难传承的摩偷罗僧团,逐渐地发展为阿难系僧团的代表,主导着正统佛教的发展,也是佛教的思想重镇。

3-5-2-2-8-7　经师出禅师

商那和修、优波鞠多不仅是经师传承,也是禅法的传承。商那和修晚年,是在北印迦湿弥罗国(罽宾)修禅,阿育王时代摩偷罗僧团的优波鞠多,也是有名的大禅师:

> 上座(阿难)弟子部,唯弘经藏,不弘律、论二藏故。……从迦叶已来,至优波笈多,专弘经藏,相传未异。②

> 摩偷罗国有优波鞠多,佛记教授坐禅最为第一。尊者商那和修度优波鞠多……尊者商那和修付嘱法已,至彼罽宾入于禅定……商那阿罗汉,心善得解脱,心得自在慧。③

根据大众部的《分别功德论》,经师传承的阿难弟子众,也是奉行、推展禅法的主流:

> 阿难便般涅槃时,诸比丘各习坐禅。④

"经师出禅师"的真正原因,是释迦佛陀的禅法,全部传诵在经法,经师正知禅法的真义,是必然的事实:

---

① 《阿育王传》卷四,《大正藏(49)》p.115。
② 《三论玄义检幽集》卷六,《大正藏(70)》p.463。
③ 《阿育王传》卷五,《大正藏(50)》p.120。
④ 《分别功德论》卷二,《大正藏(25)》p.34。

为诸天世人随时说法,集为增一,是劝化人所习;为利根众生说诸深义,名中阿含,是学问者所习;说种种禅法,名杂阿含(原名是相应阿含),是坐禅人所习;破诸外道,是长阿含。①

3-5-2-2-8-8 优波鞠多受阿育王尊崇

阿育王初登王位时,广做安抚佛教的工作,当时是相当礼遇摩偷罗僧团的优波鞠多长老:

> (阿恕迦王)即遣使,白尊者优婆掘多:"我今欲往觐问尊者!"尊者闻已,自思惟言:若使王来国土临小困苦者众,我当自往。(优婆掘多)尊者即便并合诸船……诸阿罗汉共乘并舫,来向花氏城。有人告王:"尊者掘多为利益王故躬自来至,以大饶益为大船师。"王闻欢喜,自脱缨络价直百千两金,赏此语者。约敕左右击鼓号令:欲得大富生于天者,欲求解脱见如来者,当共供养优婆掘多。……王即下象,一脚登船,一脚在地。扶接尊者优婆掘多,王身卑伏五体投地。……尊者于是,即以右手摩王顶上。……大王当知:佛以正法付嘱于汝,亦付嘱我,我等当共坚固护持。王复说偈言:佛所付嘱我已作……②

优波鞠多长老受到阿育王的尊崇,优波鞠多也热心劝勉阿育王护持佛教,也引阿育王参礼释迦佛陀示化各处的圣地:

> (阿恕迦)王白尊者言:"佛所游方行住之处悉欲起塔。所以者何?为将来众生生信敬故。"尊者(优婆掘多)赞言:"善哉!善哉!大王!我今当往尽示王处。"……尊者掘多即集四兵便共发引至林牟尼园,尊者举手指示王言:"此佛生处,此中起塔,最为初塔。佛之上眼始生之日……唱言:此是我之最后生也,末后

---

① 《萨婆多毗尼毗婆沙》卷一,《大正藏(29)》pp.503~504。
② 《阿育王传》卷一,《大正藏(50)》pp.102~103。

胞胎。"①

3-5-2-2-8-9　开教迦湿弥罗的末田提

佛灭后百年,传说是阿难弟子的末田提(末田地 Madhyāntika、末阐提 Majjhantika)将佛教传入罽宾②(Kophen,唐朝称迦湿弥罗国,今日的克什米尔),是迦湿弥罗国佛教的开教者。相传末田提长老教导罽宾民众种植郁金种(姜黄③)营生,促使罽宾人感念佛恩而仰归佛法,顺利开教于罽宾:

> 尊者阿难欲入涅槃,实时大地六种震动。时雪山中五百仙人……彼仙人中有一导首,将五百仙人翼从而来至阿难所,敬礼其足合掌而言:听我出家。……尊者阿难化彼河水变成金地,乃至五百仙人出家皆得罗汉。是诸仙人在恒河中受戒故,即名为摩田提。……尊者阿难语言:汝等当于罽宾国中竖立佛法。佛记:我涅槃后当有摩田提比丘,当持佛法在罽宾国。……尊者(摩田提)将无量人来入此国,自安村落城邑。摩田提将人飞向香山中,欲取郁金种来至罽宾住之。④

末田提是阿难入灭前的弟子,是出自《阿育王传》的记载。《阿育王传》是出自(根本)说一切有部的著作,(根本)说一切有部是指"分出犊子部以后的说一切有部"。

佛灭后约 250 年,摩偷罗僧团分裂为雪山部及说一切有部。不久,说一切有部又再分裂为南方的犊子部,以及北方的说一切有部。

---

① 《阿育王传》卷一,《大正藏(50)》p.103。
② 罽宾,古代西域国名。古希腊人称喀布尔河为 Kophen,罽宾为其音译。西汉至晋初时西域国名,即犍陀罗。约现今旁遮普地区。南北朝时西域国名,玄奘《大唐西域记》作"迦湿弥罗"。即今之克什米尔。
③ 姜黄花(学名:Curcuma longa)又称黄姜,是姜科姜黄属植物,又有称作 turmeric 或 kunyit。姜黄花的根茎可磨成深黄色粉末,是咖喱香料的主要成份之一。因此,姜黄在印度及邻近地区,是重要的经济作物。
④ 《阿育王传》卷四,《大正藏(50)》p.116。

北方的说一切有部,为了向犊子部争夺说一切有部正统,遂自称是(根本)说一切有部,此部主要的化区在罽宾。由于摩偷罗在犊子部的化区,犊子部之一的正量部以摩偷罗僧团的正统自居。因此,(根本)说一切有部运用神话推崇开教罽宾的末田提是"阿难直传",并在传诵的《达摩多罗禅经》①,编造末田地传法予摩偷罗第二师的商那和修,这是编造的伪史,不可信。

末田地不一定是"阿难直传",但可能出自阿难师承。由于商那和修号召"十事非律羯磨"及"第二次结集"的贡献,自阿育王时代起,阿难师承的正宗已是摩偷罗僧团。

3-5-2-2-8-10 受害长老避难迦湿弥罗的原因

由于迦湿弥罗国(又称罽宾)的开教大师末田提(又称末田地 Madhyāntika、末阐提 Majjhantika),可能是出自阿难系师承,所以受到阿育王迫害的阿难系摩偷罗僧团长老,避祸逃往迦湿弥罗国。显然,逃难至迦湿弥罗国的摩偷罗僧团长老,求助同是阿难传承的末阐提长老,并受末阐提长老的保护,是非常合情合理的做法。

3-5-2-2-9 减轻迫僧事件对王权的伤害

3-5-2-2-9-1 安抚长老而建寺

当阿育王延请避祸迦湿弥罗(罽宾)的诸长老回归故乡时,众长老拒绝返回孔雀王朝。阿育王为了安抚、弥补受害的摩偷罗僧团诸长老,遂请人在迦湿弥罗国建寺(浮鸠寺)供养:

> 王遂总舍迦湿弥罗国,造僧伽蓝安置贤圣众,随先所变作种种形,即以摽题僧伽蓝号。②

王妃既有势力,即令取破船,载诸罗汉,送恒河中。罗汉神

---

① 《达摩多罗禅经》卷上,《大正藏(15)》p.301:"如来泥曰未久。阿难传其共行弟子末田地。末田地传舍那婆斯。"
② 《大毗婆沙论》卷九九,《大正藏(27)》p.512。

通飞空而去,往罽宾国,或作浮鸠,……彼国仍起寺名浮鸠寺。……阿输柯王问众人云:诸阿罗汉,今并何在?有人答云:在罽宾国。即遣往迎尽还供养。①

《大毗婆沙论》记载的害僧者是阿育王,《三论玄义检幽集》另说是王妃,而实际的害僧者还是阿育王。

3-5-2-2-9-2　即位后第三年皈佛

阿育王登位前,亲近优禅尼地区的佛教,是暂时采用的政治手段,目的应是借着反耆那教的佛教力量作为自保的助力。当取得王位后,阿育王依然要遵循孔雀王朝的传统,回归支持耆那教的治国路线。

阿育王登位初年,发生"五事异法僧争"及"沉船害僧"事件后,孔雀王朝的威信广受质疑。此时,阿育王应当是为了减轻来自佛教、社会的压力,遂采取"政治式皈佛"的方法,作为安抚佛教、社会的手段。

依据锡兰《岛王统史》(Dīpavaṃsa)的说法,阿育王即位后第三年皈佛,时约佛灭后118年(269 B.C.E.):

> 阿育王统治最上之巴连弗,灌顶后三年,已信乐佛之教。②

《岛王统史》记载阿育王在"灌顶后三年,已信乐佛之教"的说法,是可以接受。可以信受的理由,是根据汉译《大毗婆沙论》《三论玄义检幽集》的记载,阿育王登位初年发生"大天五事",接续又有迫僧、僧团长老避王难于迦湿弥罗、王请长老回归被拒、王为长老建伽蓝于迦湿弥罗等事。审视诸多事件发展所需的时间,三年是相当合情合理的事。

最终,在阿育王为受难未亡而避居迦湿弥罗的摩偷罗僧团长老

---

① 《三论玄义检幽集》卷五,《大正藏(70)》p.456。
② 《岛王统史》第六章,《汉译南传大藏经(65)》p.41。

建伽蓝后,即阿育王登位第三年皈佛,作为诸多事件的结尾,也是相当契合事况及情理。

3-5-2-2-9-3 皈佛实不信佛

根据《岛王统史》及《小摩崖法敕》的推断,阿育王在登位的第三年"皈佛",皈佛后两年多并不热心佛教:

> 朕明白在释迦信者优婆塞之间二年有余,然尚无热心精勤。反之,朕近于僧伽而热心精勤之间有一年余。①

阿育王即位后第三年皈佛,应当只是为了安抚佛教,平息社会质疑的手法而已!这是表面的"皈佛",实际是不信佛。若阿育王不是真心皈信佛教,只是处理王权威信的"政治手段","皈佛"以后有两年多是"心不在佛教",即是可以理解的情况了。

表面上,阿育王"皈佛"后,两年多是心不在佛教。但是,不当地处理"五事异法僧争",以及"沉船害僧",造成佛教与王朝间的不合,减损王朝的威信,促成阿育王"皈佛后"积极进行"掌控僧团及佛教"的佛教政策。

3-5-2-2-10 阿育王的佛教政策

3-5-2-2-10-1 王族掌控佛教僧团

藉耆那教信仰建立治国权威的孔雀王朝,面临"五事异法"引起的僧争、迫僧事件,却因为不当处理僧争事件,造成阿育王的声望、孔雀王朝的权威大受打击,也破坏了阿育王与优波鞠多长老、摩偷罗僧团之间的良好关系。

在阿育王的治国理念,关于佛教、僧团的定位及角色,受到"五事异法"诸事件的影响,应当发生不同过往的巨大转变。

---

① 阿育王《小摩崖法敕》,《汉译南传大藏经(70)》附录之《阿育王刻文》,台湾元亨寺出版,pp.71~72 及 p.74 之注 3,p.79 及 p.80 之注 3。

"五事异法"引发的诸多事端后,佛教已经成为阿育王、孔雀王朝亟需稳定及掌握的宗教,特别是佛教僧团。

若要树立王朝权威,稳定孔雀王朝的统治基础,"掌控僧团及佛教"是孔雀王朝的重要政治目标。

3-5-2-2-10-2　御用目犍连子帝须学团

阿育王登位初期,佛教僧团尚未分裂,僧团分为阿难系传承的摩偷罗僧团,优波离传承的毗舍离僧团,共有两大师承。

"五事异法"引起的僧争、迫僧事件后,阿育王与摩偷罗僧团之间已经彼此不合,而毗舍离僧团前后引发"十事非律"及"五事异法"的争端,在佛教界已丧失良好的形象、地位。

在发生僧争及迫僧事件后,阿育王想要"掌控佛教僧团",摩偷罗僧团势必难以合作,毗舍离僧团的名声及形象不佳,难搭配王朝的威信。此时,适合的合作对象,又愿意配合的僧团,只有阿育王登位前亲近的优禅尼地区的僧团。此外,阿育王御用的僧团,主要是由出身华氏城之目犍连子帝须领导的分别说者学团。

3-5-2-2-10-3　逼促王弟帝须入僧

佛灭后119年(268 B.C.E.),阿育王登位第四年,佛教僧争尚未平息,阿育王即进行"王族掌控僧团及佛教"的计划。

阿育王(Aśoka)的王弟帝须(宿大哆 Vītaśoka),原是信仰耆那教的苦行者,后来受阿育王的逼迫,遂出家于目犍连子帝须学团,依止目犍连子帝须的弟子摩诃昙无德(Mahā Dhammarkkhita)为师:

> 阿恕伽王弟名宿大哆,信敬外道,讥说佛法。作是言:"出家沙门无有得解脱者!"时阿恕伽王语宿大哆言:"何以知之?"答言:"诸沙门等,不修苦行,好著乐事故!"①

---

① 《阿育王传》卷二,《大正藏(50)》p.106。

> 尔时,阿育王登位,立弟为太子。……王忿而语:太子帝须!我今以王位别汝,七日作王讫已,我当杀汝。……七日已满,王唤帝须问:何意羸瘦?……帝须答言:死法逼迫,心不甘乐!王闻语已,语帝须言:汝已知命七日当死……比丘出息、入息恒惧无常,心有何染著?……太子帝须……见一比丘坐,名昙无德。……而作愿言:我何时得如彼比丘……今日我当出家。①
>
> 阿育王登位四年,太子出家。②

日后,摩诃昙无德(《大王统史》说是摩诃昙无勒弃多③,《善见律毗婆沙》作昙无德)受阿育王遣派,开教于摩诃咤(Mahāraṭṭha,在现在印度的孟买一带)。

3-5-2-2-10-4 王族进入目犍连子帝须僧团

阿育王先逼王弟帝须出家,再让王族阿嗜等多人随同出家:

> 阿育王登位四年,太子(指副王帝须)出家。复有王外甥阿嗜婆罗门,是僧伽蜜多知已,有一男儿阿嗜,闻太子出家,心中惊喜往至王所,(阿嗜)即白王言:我今欲随太子出家。愿王听许!王答:善哉!即与太子俱日出家。如是于佛法中,多有刹利出家。④

阿育王的做法,是模仿佛世时净饭王要求释迦族刹帝利青年进入佛教僧团,目的是加强王族对佛教的参与、控制,有助"政教一体"的稳定统治。

---

① 《善见律毗婆沙》卷二,《大正藏(24)》p.682。
② 《善见律毗婆沙》卷二,《大正藏(24)》p.683。
③ 《大王统史》第五章,《汉译南传大藏经(65)》p.180:"彼(副王于)摩诃昙无勒弃多长老之处出家。"
阿育王时代派遣传教师四方宣扬佛法时,主要是以分别说部的宣教师为主。因此,分别说部最先分化出昙无德(即昙无屈多迦)的法藏部(此部传诵《四分律》)、迦叶波(即迦叶维)的饮光部(此部传诵《解脱律》),分别说部分化后的优禅尼地区,即转成化地部(此部传诵《五分律》)。
④ 《善见律毗婆沙》卷二,《大正藏(24)》p.683。

3-5-2-2-10-5　王家子女出家于目犍连子帝须僧团

阿育王登位第六年,借助登位前即已亲近王家的目犍连子帝须,安排王子摩哂陀(Mahendra)、王女僧伽蜜多(Saṁghāmitra)出家于目犍连子帝须的僧团:

> 王复问言:云何得入法分? 帝须答言:……令子出家得入佛法。……王观看左右,见摩哂陀……王复筹量立为太子好? 令出家好? 即语摩哂陀:汝乐出家不? 摩哂陀见叔帝须出家,后答:心愿出家。……尔时,王女名僧伽蜜多,立近兄边,其婿先已与帝须俱出家。王问僧伽蜜多:汝乐出家不? 答言:实乐……大德! 我此二子众僧为度,令我得入佛法。……王登位以来,已经六年,二子出家。①

> 阿育王说:"我为教法之相继者。"……目犍连子帝须伶俐之答法阿育王:"资具之施与者是教外者,舍由己身所生后继者之子、女出家者,实教法之相续者。"……法阿育王闻此之语,呼子摩哂陀童子及女僧伽蜜多两人,说:"朕(中译语)是教法之相续者。"闻父之言,二人等承诺此。②

前面章节提到,阿育王登王位前,奉父命出镇阿盘提,当时为了拉拢地方势力,娶了卑提写 Vedissa 地区长者的女儿蒂薇 Devi,生了摩哂陀与僧伽蜜多。但是,阿育王登位后,因为蒂薇出身于商人阶级,无法正式成为刹帝利阶级的王后,阿育王遂另立第二位王后:

> 依天爱之诏而到处之诸大官当告如下:第二之皇后,于此处行何之布施……应思一切是此皇后之所为。如此,此〔皇子〕提

---

① 《善见律毗婆沙》卷一、二,《大正藏(24)》pp.681~682。
② 《岛王统史》第七章,《汉译南传大藏经(65)》pp.51~52。

瓦罗（Tivala）之母称迦如瓦奇（Kāluvāki），〔愿为〕第二皇后。①

新后迦如瓦奇是正式的王后，提瓦罗王子即是具有继承王位权力的地位。反之，摩哂陀、僧伽蜜多受到母系（蒂薇）的种姓身份影响，在王室的地位不高。特别是摩哂陀，实际是不具备继承王位的身份，或许这是阿育王要求摩哂陀、僧伽蜜多离开王室生活，并政治性出家的另一因素。

佛灭后 119～121 年(268～266 B.C.E.)，阿育王登位第 4～6 年，已着手进行"掌控僧团及佛教"的政策。阿育王"政治性皈佛"后，确实无心信佛，不是无心佛教事务。

3-5-2-2-10-6　拉拢支持王朝僧人，排挤经、律正宗

阿育王藉王子摩哂陀出家、受戒，先延请亲近王家的目犍连子帝须担任摩哂陀的剃度依止师，再让大天担任授十戒的戒师，并刻意拉拢迦湿弥罗开教大师的末阐提（Madhyāntika 又译末田地，或 Majjhantika 译称末田提），由末阐提出面担任摩哂陀王子的比丘具足戒授戒师：

> 众僧已受，即推目犍连子帝须为和尚；摩呵提婆为阿阇梨，授十戒；大德末阐提为阿阇梨，与具足戒。是时，摩哂陀年满二十，即受具足戒，于戒坛中得三达智，具六神通漏尽罗汉。僧伽蜜多阿阇梨，名阿由波罗，和尚名昙摩波罗。是时，僧伽蜜多年十八岁，度令出家，于戒坛中即与六法。王登位以来，已经六年，二子出家。②

阿育王时代，阿难系第三师是摩偷罗僧团的优波鞠多，优波离系第三师是树提陀娑，皆未参与孔雀王朝王族出家、受戒等事宜：

---

① 阿育王《石柱法敕》之《皇后法敕》，《汉译南传大藏经(70)》附录之《阿育王刻文》p.62、p.63 之注 3。
② 《善见律毗婆沙》卷二，《大正藏(24)》p.682。

> 佛有无量智慧,为饶益诸众生故授优波离,优波离授陀娑婆罗,陀娑婆罗授树提陀娑,树提陀娑如是,乃至授尊者道力,道力授我及余人。①

此外,当佛灭后约270年(117 B.C.E.)后,已分化出南方犊子部的根本说一切有部,因为流传于罽宾(迦湿弥罗)地区,所以在自派传诵的《阿育王传》《达摩多罗禅经》,用神话推崇迦湿弥罗开教大师的末田地是"阿难直传",伪造末田地传法予摩偷罗僧团第二师商那和修。

分别说系锡兰铜鍱部流传的《善见律毗婆沙》及《岛王统史》,宣传目犍连子帝须是出自优波离师承第五师:

> 世尊涅槃后……优波离为初,诸律师次第持,乃至第三大众诸大德持。令次第说师名字:优波离、大象拘、苏那拘、悉伽符、目犍连子帝须。五人得胜烦恼……皆从优波离出。②

但是,目犍连子帝须是优波离师承第五师的说法,唯有分别说系锡兰铜鍱部有此一说,印度分别说系三派的化地部、法藏部、饮光部皆无此说。其余,部派佛教各派也无有目犍连子帝须出自优波离师承的记载。可见,目犍连子帝须可能不是优波离师承的代表。

《善见律毗婆沙》提到:摩哂陀受戒时随即证漏尽,僧伽蜜多在戒坛已得六法,这些传说都是出自"崇拜贵族"的谬赞,实际不可信!

此外,《善见律毗婆沙》记载,摩哂陀的比丘具足戒师是末阐提,南传《岛王统史》的记载,另说是目犍连子帝须:

> 驮索迦于长老优波离之处受具足戒……长老苏那拘于驮索迦之处受具足戒……悉伽婆于长老苏那拘之处受具足戒……目犍连子,于长老悉伽婆之处受具足戒……摩哂陀于目犍连子之

---

① 《摩诃僧祇律》卷三二,《大正藏(22)》pp.492~493。
② 《善见律毗婆沙》卷一,《大正藏(24)》p.677。

处受具足戒。①

在《岛王统史》另有"末阐提授摩哂陀具足戒"的说法：

> 目犍连子〔长老〕六十〔岁之时〕，摩哂陀于目犍连子之处出家，摩诃提婆令彼出家，末阐提授与具足戒。②

摩哂陀的具足戒师是末阐提，还是目犍连子帝须？

末阐提是佛灭百年时开化罽宾的大德，目犍连子帝须可能是华氏城的御用僧人③。在戒腊、辈份上，末阐提皆在目犍连子帝须之上。依据佛教僧团传戒的律法，末阐提远比目犍连子帝须是更具有资格授予摩哂陀具足戒。

此外，在南传的记载，阿育王、摩哂陀都是佛灭后二百余年的人。试问：明显是佛灭后百余年的目犍连子帝须，是如何转到"佛灭后二百余年的阿育王时代"？

南传《岛王统史》的记载，目犍连子帝须的出现，在佛灭百年"第二次结集"的众长老，已预言"再过百十八年后，梵界的目犍连子帝须会下生人间"，解释了目犍连子帝须为何可以出现在"相差百余年的不同时空"，利用神话巧妙化解锡兰的史传讹误：

> 第二结集时，长老等有如次之豫见：当来百十八年，应出现比丘沙门，适于〔破斥该时僧伽之分裂〕。由梵界灭没，通晓一切真言之婆罗门种生于人〔界〕中，彼名帝须，通称为目犍连子。悉伽婆与栴陀跋阇，令此青年出家。因此，帝须出家，究〔学〕圣典，破斥异说，树立教〔法〕。其时于巴连弗名阿育王，如法之国增长

---

① 《岛王统史》第五章，《汉译南传大藏经(65)》p.35。
② 《岛王统史》第七章，《汉译南传大藏经(65)》p.52。
③ 《大王统史》第五章，《汉译南传大藏经(65)》pp.176～179："名为波咤梨之都有称为悉伽婆之有智慧大臣之子……由此彼悉伽婆和童子……于须那迦长老之前出家受大戒……知帝须之托胎……彼悉伽和长老已通于其家。"

者导师当统治王国。①

在摩哂陀及僧伽蜜多的出家、受戒事务上,阿育王充分运用政治手法,拉拢佛教各派。阿育王重用华氏城的目犍连子帝须,纳受毗舍离僧团的大天,礼遇罽宾的末阐提,却刻意排斥阿难师承正宗的摩偷罗僧团第三师优波鞠多,忽视优波离师承正宗的毗舍离僧团第三师树提陀娑。

在摩哂陀出家受戒的人事安排上,显示出阿育王拉拢受王家御用的僧人,刻意排斥佛教的经师、律师正宗。

3-5-2-2-10-7　王子领导目犍连子帝须的学团

阿育王待王族进入目犍连子帝须领导的学团,即逐步掌握学团的管理权,建立坚定拥护孔雀王朝的佛教僧团:

> 于是摩哂陀,于师受经及毗尼藏。摩哂陀于三藏中,一切佛法皆悉总持,同学一千摩哂陀最大。②

孔雀王朝掌控目犍连子帝须领导的学团,目的是藉目犍连子帝须的学团建立御用僧团,再逐步操控全体佛教。

3-5-2-2-10-8　王族掌控目犍连子帝须的学团

阿育王登位第六年,摩哂陀等王族进入目犍连子帝须的学团,先初步了解管理学团事务。

佛灭后约122年(265 B.C.E.),阿育王登位第七年,"五事异法僧争"造成佛教僧团无法和合说戒已有七年。目犍连子帝须准备处理阿育王交付的"处理僧争事务",随即把学团管理全权交付予摩哂陀,自身则静住在邻近摩偷罗的阿烋河山。

如何确定:阿育王登位第七年,目犍连子帝须交出学团管理权,

---

① 《岛王统史》第五章,《汉译南传大藏经(65)》pp.33~34。
② 《善见律毗婆沙》卷二,《大正藏(24)》p.682。

静住在阿烋河山,并准备处理五事异法僧争?

《善见律毗婆沙》提到,阿育王登位第九年,发生"异道附佛,异法化民"的情况,引起僧团的争端,目犍连子帝须避事于阿烋河山。争端延续七年,使僧团无法和合说戒。阿育王登位第 16 年,阿育王介入僧事,造成"使臣杀僧"的事件,而有阿育王延请目犍连子帝须出面处理僧争:

> 尔时,阿育王登位九年。……王于四城门边起作药藏,付药满藏……尔时,佛法兴隆。诸外道等衰殄失供养利……托入佛法而作沙门,犹自执本法教化人民……悉不得法来入寺住,至布萨日来入僧中,诸善比丘不与其同。尔时,目犍连子帝须自念言:争法起已,不久当盛,我若住僧众,争法不灭。即以弟子付摩哂陀已,目犍连子帝须,入阿烋河山中隐静独住。①

> 诸外道比丘,欲以己典杂乱佛法,遂成垢浊。外道犹行己法,或事火者,或五热炙身,或大寒入水,或破坏佛法者。是故,诸善比丘,不与同布萨自恣及诸僧事,如是展转乃至七年不得说戒。②

> 展转乃至七年不得说戒。阿育王知已,遣一大臣,来入阿育僧伽蓝,白众僧:"教灭斗诤和合说戒。"大臣受王敕已入寺,以王命白众僧,都无应对者。……使臣……白上座言:"王有敕令,众僧和合说戒!何不顺从?"上座答言:"诸善比丘,不与外道比丘共布萨,非不顺从!"于是使臣,从上座次第斩杀。③

《善见律毗婆沙》是五世纪锡兰觉音论师的作品,《阿育王传》是公元前约一世纪传,《十八部论》出自公元前一世纪的世友论师,《大毗婆

---
① 《善见律毗婆沙》卷二,《大正藏(24)》p.682。
② 《善见律毗婆沙》卷二,《大正藏(24)》p.682。
③ 《善见律毗婆沙》卷二,《大正藏(24)》p.682。

沙论》出自公元二、三世纪。《善见律毗婆沙》是当中最晚出现的说法，完全不合其他更早的记录。

"异道附佛，异法化民"是"五事异法"的转说，发生的时间是阿育王登位初年，不是第九年。"异法"引起僧团无法和合说戒，历时七年之久，此时应在阿育王登位第七年，不是"9＋7"的第十六年。因为僧团无法和合说戒，造成阿育王介入僧事，引发"迫杀僧人"的事件，是阿育王登位初年的"沉船害僧"，不是登位第十六年的"使臣杀僧"。

《善见律毗婆沙》提到阿育王登位第六年，目犍连子帝须传戒摩哂陀后，自已预想"争法起已，不久当盛"，故将僧团交予摩哂陀，自行避居于阿烋河山。这是已经发生僧争之后，才有可能的想法、做法，不可能真的预知，《善见律毗婆沙》记为"预知"，应是为"阿育王登位第九年发生僧争"的编伪预作伏笔而已！

如此可证，《善见律毗婆沙》说的"异道附佛"是大天学众的技巧性转说，"异道附佛，异法化民"及"迫害僧人"皆是"五事异法"事件的技巧性转说，僧争确实不在阿育王登位第九年发生。

此外，《善见律毗婆沙》提到僧争的原因，是阿育王登位第九年起虔诚供僧，造成外道失去供养，外道为了生活采取"托入佛法而作沙门，犹自执本法教化人民"，遂引起真、伪僧人之间的争端。如前已说，"异道附佛，异法化民"是"大天举五事异法"的转说，是阿育王登位初年的事。但是，支持耆那教的阿育王，虔诚供僧的作为，应是阿育王令目犍连子帝须建立国家僧团，藉国家僧团推动"和平政策"以后的事。

阿育王推动"和平政策"的时间，是登位第八年征服迦陵伽国之后：

> 灌顶八年过后……由此以后，今既领迦陵迦国，天爱热心法之遵奉，对于法之爱慕及行法之教敕，此即天爱对征服迦陵迦国

之悔谢……不论如何,天爱克己不伤害一切之有情,希望公平而柔和。然,天爱思惟,依法之胜利,此才是最上之胜利。①

阿育王征服迦陵伽国后,除了南印的案达罗国,军势强盛难以征服,西北迦湿弥罗国离印遥远以外,全印皆为孔雀王朝统治。

阿育王推行和平政策,是为了安稳王朝的内外形势,并让人民休生养息、培养国力,并且推行和平政策的时间,是愈快愈佳,不宜延迟进行。因此,阿育王推行和平政策,极可能是在阿育王登位第九年。

《善见律毗婆沙》提到阿育王登位第九年发生僧争,是不可信的说法。又说僧争过七年,在阿育王登位第十六年,阿育王再礼请目犍连子帝须出面处理僧争、举行结集,也同样是不可信。较为可能的事,是阿育王登位第九年,阿育王令目犍连子帝须出山,并处理僧争、主持结集,建立国家僧团,藉国家僧团推动"和平政策"。

此外,《善见律毗婆沙》提到:僧争发生后,七年无法和合说戒,又说:阿育王登位第六年,目犍连子帝须传戒摩哂陀后,自已预想"争法起已,不久当盛",并将僧团交予摩哂陀,自行避居于阿烋河山。依此推断,目犍连子帝须避僧争静居阿烋河山,只可能是在摩哂陀出家、僧争七年之后,阿育王推动"和平政策"以前。

因此,目犍连子帝须为了远离僧争而静住阿烋河山,不可能是阿育王登位第九年以后,应当是在阿育王登位第六~九年间,最可能的时间是阿育王登位第七年。

由此可知,目犍连子帝须避居阿烋河山的时间点,应当是阿育王登位第七年。静居阿烋河山时期,可能是登位第七~九年,佛灭后122~124年(265~263 B.C.E.)。

阿烋河山(巴 Ahogaṅgā,梵 Ahogaṅgā),又名阿呼恒河山,阿难系摩偷罗僧团领导商那和修曾住此山。

---

① 《十四章法敕》之第十三章,《汉译南传大藏经(70)》附录之《阿育王刻文》p.29。

目犍连子帝须净住在"邻近摩偷罗的阿烋河山",应当有三个目的:一、邻近观察摩偷罗僧团的动静;二、阿烋河山旁有水道交通,方便往来华氏城,易与阿育王通信;三、方便配合阿育王规划"掌控佛教"的方法。

3-5-2-2-10-9　阿育王统一中印度

阿育王即位第八年,征战迦陵伽国,该场征战历经惨烈的杀戮,阿育王取得最后的胜利:

> 灌顶八年过后,而天爱喜见王征服迦陵伽国。①

此时,孔雀王朝的国境,涵括恒河两岸,除了南印案达罗地区、西北印迦湿弥罗国以外,阿育王已经统一印度。

3-5-2-2-10-10　推广和平,消除反抗

当阿育王登位第八年,已经征服迦陵迦国,取得广大地区的统治权力后,维护王国权威、地位及稳定,已是最重要的工作。此时,阿育王为了稳定孔雀王朝,积极推广"和平"的思想,支持各种宗教信仰,努力安抚四方民众,劝勉远离征战杀戮,并受大众称赞为"法阿育"。

自古以来,在统一邦土前,君王总是不停地征战,当统一四方后,随即转为强调稳定、和平,避免兵凶征战。这是出自稳定王朝的统治心态,很难说是君王的爱民之念。

由此观察阿育王推广"和平"的目的,应当不是"热爱和平",是藉"和平"消除反抗孔雀王朝的思想、行为。

3-5-2-2-10-11　迎请目犍连子帝须独断僧争

目犍连子帝须静居阿烋河山期间,应是为了配合阿育王的政策,专心策划王族、目犍连子帝须僧团联手进行"掌控佛教"的工作。

---

① 《十四章法敕》之第十三章,《汉译南传大藏经(70)》附录之《阿育王刻文》p.29。

前面章节已述证，目犍连子帝须为僧争静居阿烋河山的时间点，只可能是在摩哂陀出家、僧争造成七年无法和合布萨以后，阿育王推动"以法化民"的和平政策以前。因此，最可能的时间，是佛灭后约122年(265 B.C.E.)，阿育王登位第7年。

此外，阿育王延请目犍连子帝须出面处理僧争的时间，可能是在阿育王征服迦陵迦国以后，推动"和平政策"时，再出面协助、配合阿育王的政策，最可能的时间是阿育王登位第九年(263 B.C.E.)。

然而，锡兰铜鍱部《善见律毗婆沙》的记载，阿育王延请目犍连子帝须出面处理僧争的时间，是在阿育王登位第十六年：

> 铜鍱部者说：迦王尊信佛教，外道穷于衣食，多滥迹佛门，以外道义入佛法中。佛教因此起诤，摩竭陀大寺鸡园内，不能和合说戒者凡七年。王遣使劝和，不听，使者怒杀僧众。……王大惑曰：谁断我疑？诸比丘推目犍连子帝须，于是遣使迎之于阿烋河山。王从之咨受佛教，知其为分别说者，即依之沙汰僧侣，贼住比丘多逐归本宗。①

> 尔时，阿育王登位九年。……诸外道等衰殄失供养利……托入佛法而作沙门，犹自执本法教化人民……至布萨日来入僧中，诸善比丘不与其同。尔时，目犍连子帝须自念言：争法起已，不久当盛，我若住僧众，争法不灭。即以弟子付摩哂陀已，目犍连子帝须，入阿烋河山中隐静独住。……诸善比丘，不与同布萨自恣及诸僧事，如是展转乃至七年不得说戒。……阿育王知已，遣一大臣，来入阿育僧伽蓝，白众僧："教灭斗诤和合说戒。"……上座答言："诸善比丘，不与外道比丘共布萨。非不顺从！"于是使臣，从上座次第斩杀。②

---

① 印顺《印度之佛教》，《大正藏(24)》p.90。
② 《善见律毗婆沙》卷二，《大正藏(24)》p.682。

(阿育)王往寺中白诸众僧:"我前遣一臣教令和合说戒,不使杀诸比丘,此臣专辄枉杀众僧。不审此事谁获罪耶?"……王闻如是言已,心生狐疑,问诸比丘:"有能断我狐疑者不?若能断我狐疑心者,我当更竖立佛法。"诸比丘答言:"有目犍连子帝须,能断狐疑、竖立佛法!"于是即遣法师四人……复遣大臣四人……往迎大德目犍连子帝须,须得而归。是时二部众,往至阿烋河山中,迎取目犍连子帝须。①

可见,《善见律毗婆沙》的记载有误,误说阿育王登位第十六(9+7)年,阿育王用"厘清杀僧罪过归属"及"息断僧争"的名义,延请目犍连子帝须于阿烋河山。

经由史献比较考证,目犍连子帝须为僧争避居阿烋河山的时间,应当是阿育王登位第七年(265 B.C.E.)。阿育王延请目犍连子帝须出面处理僧争的时间,最可能是在阿育王登位第九年(263 B.C.E.)。目犍连子帝须静居阿烋河山,应当是阿育王登位第七~九年(265~263 B.C.E.)。

锡兰铜鍱部《善见律毗婆沙》的讹编说法有:1.阿育王登位初年"五事异法僧争",转说是登位第九年"异道附佛"引起教法争端;2."五事异法僧争"造成僧团已过七年无法和合说戒,此时是阿育王登位第七年,却改说是阿育王登位第十六(9+7)年;3.阿育王登位第七年,目犍连子帝须为处理僧争静居阿烋河山,又改说是登位第九年;4.阿育王登位初年"沉船害僧",改说是登位第十六年"使臣斩杀僧人";5.阿育王登位第九年,延请目犍连子帝须出面处理僧争,改说是登位十六年。

3-5-2-2-10-12　目犍连子帝须领导自派结集

佛灭后约124年(263 B.C.E.),阿育王登位第9年,阿育王请目

---

① 《善见律毗婆沙》卷二,《大正藏(24)》p.683。

犍连子帝须处理僧争,目的是"掌控佛教"。

目犍连子帝须主张"佛分别说",阿育王、目犍连子帝须合作,藉信受"分别说"的目犍连子帝须学团举行"息除五事异法僧争"的羯磨会议。目犍连子帝须领导的僧团(分别说者),运用九个月的时间,编集出"律、经、论"的三藏传诵:

> 王敕:以步障作隔,所见同者集一隔中。不同见者各集异隔,处隔中,出一比丘。王自问言:"大德!佛法云何?"有比丘答:"言常,或言断,或言非想,或言非想非非想,或言世间涅槃。"王闻诸比丘言已,(知)此非比丘,即是外道也!王既知已,王即以白衣服与诸外道,驱令罢道。其余隔中六万比丘,王复更问:大德!佛法云何?答言:佛分别说也!诸比丘如是说已!……知佛法净已!王白诸大德:"愿大德布萨说戒!"①

> 王遣人防卫众僧,王还入城。王去之后,众僧即集众六万比丘,于集众中,目犍连子帝须为上座,能破外道邪见徒众。众中选择知三藏得三达智者一千比丘,如昔第一大德迦叶集众,亦如第二须那拘集众,出毗尼藏无异。一切佛法中清净无垢,第三集法藏九月日竟……一千比丘说,名为第三集也。②

阿育王以君王之尊,亲自主持僧人的选拔、组织,这是极不寻常的做法。可见动机、目的都不单纯!由阿育王主导"分别说者"的选拔,它应当是"王族、附佛出家的耆那教徒、政治工作者"作为主轴的"国家集团"。此一受阿育王御用,目犍连子帝须领导的国家集团,后世称其为"分别说部"。"分别说部"是挂着僧团的旗帜,实际是阿育王掌控、变造佛教的集团。

目犍连子帝须学团的自派编集,后世称为"分别说部结集",并且

---

① 《善见律毗婆沙》卷二,《大正藏(24)》p.684。
② 《善见律毗婆沙》卷二,《大正藏(24)》p.684。

自称是"第三次结集"。分别说部结集的重点,是编造出符合孔雀王朝利益的说法,取代原有的佛教传诵;结集的目的,是让孔雀王朝可以掌控佛教的发展。

分别说部结集的时间,应是在佛灭后约 124～125 年(263～262 B.C.E.),阿育王登位第九～十年。理由是佛教僧团举行结集的时间,应当是参照"第一次经律结集"的做法,选择在"雨安居"期间进行结集,"雨安居"是月历的 6 月 15 日至 9 月 15 日。

分别说部结集的时间历时九个月,即是从阿育王登位第九年的 6 月 15 日,至登位第十年的 3 月 15 日。分别说部结集不可能是阿育王登位第十六年!

3-5-2-2-10-13　目犍连子帝须是何许人物

据近代印顺法师的研究,认为目犍连子帝须有可能是汉译《大悲经》所记,同与北方上座之优波鞠多并列的名德——毗提奢(帝须),再融合南方分别说部传说之"目犍连优波提舍"而成的人物。印顺法师认为锡兰铜鍱部传说,目犍连子帝须是梵天帝须的转生,应有此暗示之意:

> 世尊涅槃已一百岁时,毗舍离跋阇子比丘,毗舍离中十非法起。……从此以后百岁,又十八年中。波(咤)利弗国阿育王已生世。……外道梵志贪供养故,入佛法中而作沙门。……于是诸大德往至梵天,梵天人名帝须。诸大德至语帝须……若汝生世间,以十力法汝当整持。诸大德作是言已,大梵帝须……与诸大德立誓于梵天应作已罢,从梵天下。[①]

> 于第二次之结集彼长老(目犍连子长老)等瞭望未来,于此王(阿育王)之时,佛之教已识有邪魔之事。彼等瞭望于全世界

---

① 《善见律毗婆沙》卷二,《大正藏(24)》pp.677～678。

(何)可除去此邪魔,识帝须梵天之生存不长,彼等往此大慧之处,于人间出生中可除此邪魔事……为兴教,大慧者帝须梵天托胎于目犍连婆罗门之家。①

分别说者所宗的"目犍罗优波提舍",被传说为目犍连弗(子)帝须,是很有可能的。不过,我以为当时的确有一位叫帝须的大德。……如《大悲经》②……"毗提奢"比丘,在《大悲经》中,与优波鞠多等并列,是一位了不起的大德。南传作帝须的,如阿育王弟帝须,北传作"毗多输柯",或义译为"尽忧"。所以这位"毗提奢"(毗提输),可能就是南传的帝须。这位毗提奢与传说的"目犍连优波提舍"相混合,而演化为目犍连子帝须。传说目犍连子帝须,是梵天帝须的转生,也许暗示这一意义吧!③

其萨婆多部,复生弥沙塞部。目犍罗优波提舍,起昙无屈多迦部(法藏部 Dharmaguptaka 的音译)、苏婆利师部。他俾罗部(上座部音译),复生迦叶维部(饮光部 Kāśyapīya 的音译)、修多兰婆提那部(经量部 Sautrāntikavādin 的音译)。④

大众部的《舍利弗问经》提到"目犍罗优婆提舍,起昙无屈多迦部",昙无屈多迦部是 Dharmaguptaka 的音译,实际是法藏部。阿育王时代分别说部三分为化地部、法藏部、饮光部,而领导分别说部学团正是目犍连子帝须。因此,《舍利弗问经》的"目犍罗优婆提舍",正是目犍连子帝须。

公元四、五世纪传自锡兰的《善见律毗婆沙》及《岛王统史》,误说佛灭后 218 年有阿育王登位治世。如前面章节引证,阿育王登位的

---

① 《大王统史》第五章,《汉译南传大藏经(65)》pp.142~143。
② 《大悲经》卷二,《大正藏(12)》p.954:"摩偷罗城优楼蔓荼山,有僧伽蓝,名那驰迦。于彼当有比丘,名毗提奢,有大神通,具大威力,正智得道,多闻无畏。持修多罗,持毗尼,持摩多罗迦。于诸梵行,示教利喜,说法不倦。"
③ 印顺《初期大乘佛教之起源与开展》第七章,台湾正闻出版社,1993年版,pp.406~407。
④ 《舍利弗问经》,《大正藏(24)》p.900。

年代是佛灭后116年,不可能是佛灭后两百余年。阿育王与目犍连子帝须是同一时代,《岛王统史》及《善见律毗婆沙》为了合理化目犍连子帝须的错误年代,特别编撰出分别说部学团的五代师承:优波离、驮写拘、须那拘、悉伽符、目犍连子帝须,宣称目犍连子帝须是优波离的第五代传人:

> 三集众谁为律师?于阎浮利地,我当次第说名字:第一优波离、第二驮写拘、第三须那拘、第四悉伽婆、第五目犍连子帝须,此五法师于阎浮利地,以律藏次第相付不令断绝,乃至第三集律藏。从第三之后,目犍连子帝须临涅槃,付弟子摩哂陀。摩哂陀是阿育王儿也,持律藏至师子国。①

然而,阿育王、目犍连子帝须、毗舍离僧团第三师树提陀娑,以及摩偷罗僧团第三师优波鞠多,这四人的年代皆是佛灭后百余年。目犍连子帝须是优波离师承第五师的说法,应是配合阿育王出自佛灭218年的伪史,而自行编造的伪师承。

优波离至目犍连子帝须共有五师传续的说法,只见于公元五世纪锡兰的《善见律毗婆沙》及《岛王统史》②,唯有锡兰分别说系铜鍱部抱持这一说法。其余,印度分别说系之化地部的《五分律》、法藏部的《四分律》、饮光部的《解脱戒经》,皆无有目犍连子帝须出自优波离师承的说法,也无有驮写拘、须那拘、悉伽婆等师的记载。

毗舍离僧团的五师传承是:优波离、陀娑婆罗、树提陀娑、耆哆、根护:

> 瞿昙在世仪法炽盛,今日泥洹法用颓毁。诸长老!未制者莫制,已制者我等当随顺学。……根护从谁闻?从尊者耆哆闻;耆哆从谁闻?从尊者树提陀娑闻;树提陀娑从谁闻?从尊者陀

---

① 《善见律毗婆沙》卷二,《大正藏(24)》p.684。
② 《岛王统史》第五章,《汉译南传大藏经(65)》pp.30～32。

娑婆罗闻；陀娑婆罗从谁闻？从尊者优波离闻；优波离从谁闻？从佛闻；佛从谁闻？无师自悟，更不从他闻。①

因此，优波离传承的正宗，应当只有毗舍离僧团，既无关大天学团的制多部，也不包括目犍连子帝须的学团，更无关于分别说系的化地部、法藏部、饮光部、铜鍱部。

　　此外，"十事非律僧争"造成佛教分裂，目前只见于分别说系铜鍱部的传诵，很可能在印度的分别说部时代即有此说。号召"十事非律"僧团羯磨的摩偷罗僧团，在传诵的《十诵律》，以及毗舍离僧团的《摩诃僧祇律》，皆无"十事非律"造成佛教分裂的说法。如此可见"十事非律造成佛教分裂"是为了丑化优波离师承正宗的毗舍离僧团。

　　锡兰铜鍱部提的"五师传承"，应是出自公元五世纪的编伪。第二师的驮写拘未知是否是陀娑婆罗的异称？第三、四师的须那拘、悉伽婆，是为了合理化阿育王出于佛灭后218年而增编！推崇目犍连子帝须为优波离师承的正宗，并传法予摩哂陀，既反抗毗舍离僧团用"古新律争"贬抑分别说部，也将铜鍱部塑造成优波离师承的正统地位。

　　因此，目犍连子帝须既不是优波离师承的第五师，也不是第四、三、二师。目犍连子帝须应是出身于华氏城的婆罗门种姓②，也是配合阿育王"建立国家僧团，变造佛教"的政治僧人。

　　目犍连子帝须领导结集的学团，主要是支持阿育王、目犍连子帝须的分别说者——御用僧人。虽然，分别说者自称是上座部，实际是分别说部。

---

① 《摩诃僧祇律》卷三二，《大正藏(22)》pp.492～493。
② 《岛王统史》第五章，《汉译南传大藏经(65)》pp.33～35："第二结集时……豫见：'当来百十八年……通晓一切真言之婆罗门种生于人〔界〕中。彼名帝须，通称为目犍连子。悉伽婆与栴陀跋阇，令此青年出家。'"

3-5-3 南传铜鍱部的混淆记载

3-5-3-1 总说锡兰佛教

佛灭后 124～125 年,约公元前 263～公元前 262 年,阿育王登位第九～十年的佛教,目犍连子帝须学团(分别说者)接受阿育王的支持、御用,结集出"分别说部三藏",相当程度地变造原有的佛法教说,并可能是采用摩哂陀出生地优禅尼地区通行的巴利语传诵①。

阿育王时代,分别说部举行自派结集时,目前南传佛教之《巴利三藏》的重要部分,已有用当时创新的婆罗米文或驴唇体字母的写本,这是巴利语有文字的最早传说②。

摩哂陀传教团将"分别说部三藏"传入锡兰后,发展至公元前约

---

① 参《中华佛教百科全书》第三册,中华佛教百科文献基金会,1994 年版,巴利语,p.1289:
据《大史》载,摩哂陀长老率领了伊提耶(Iṭṭhiya)、郁帝夜(Uttiya)、参婆楼(Sambala)和婆陀色拉(Bhaddasala)等四位长老和僧伽蜜多的儿子苏摩那(Sumana)沙弥及盘杜迦居士(Bhaṇḍuka)等一行七人,还带去了这次所结集的三藏经典到锡兰去。如果这个传说性的记载是可靠的话,则摩哂陀既把三藏经典带去,很可能是已经用文字记录下来了的典籍,不仅是全凭口传心受的办法在锡兰传教的了。书写经典的文字,除了阿育王时代通行的婆罗米或驴唇体字母以外,不可能是用其它文字来写定的。锡兰所发现公元前二世纪古僧伽罗字母的山洞石刻,从字母形体的十分接近阿育王时代驴唇体字母这点来看,也可以算是一个有力的旁证。因此,把巴利语三藏的写定时代,算为公元前三世纪中叶以后,似乎没有多大问题。

② 参《中华佛教百科全书》第三册,巴利语,p.1290:
在公元前三世纪时的阿育王时代第三次结集时,上座部的巴利三藏重要部分,已有了用婆罗米或驴唇体字母的写本,这是巴利语开始有文字的最早历史传说。佛教传入锡兰以后,在公元前一世纪末的第四次结集中,巴利三藏又经过详细的勘校,并改用了僧伽罗字母书写保存。自是以后,以自己的文字字母采用巴利语音系排写经典的办法,成为上座部佛教所用文字的不成文制度。所以后来在缅甸、泰国、柬埔寨、老挝等国和我国云南省傣族地区的音译巴利经典的书写,就都是采用这个办法。
参《中华佛教百科全书》第三册,巴利三藏,p.628:
今流传于锡兰、缅甸、泰国、柬埔寨等地区的巴利语三藏,其数量较汉译及藏译藏经少,系上座部一部一派所传。内容不包含大乘佛典及三藏外典籍。根据锡兰的传承,公元前一世纪左右,曾在锡兰编集圣典。但现在的巴利语圣典系觉音及其后继者所集成。此等圣典自锡兰传入缅甸等地,除口传之外,另有以锡兰、缅甸、柬埔寨等各国文字记载的写本。

26年①，锡兰大寺派举行的第一次结集（自称是"第四次结集"），以勒弃多长老（Rakkhita Thero）为上座，大寺派长老约有五百人会集，在玛达雷（Matale）的灰寺（Alu-vihāra）诵出三藏及注疏，确立了锡兰铜鍱部。

铜鍱部三藏的写定，是将传自印度的"分别说部三藏"再经过详细勘校，并改用僧伽罗字母刻写在铜片和贝叶上。

直到公元五世纪，印度觉音（巴 Buddhaghoṣa）到锡兰。觉音论师将僧伽罗文的锡兰三藏改用巴利语复位，并撰述律、经、论三藏的注疏及纲要书，完成铜鍱部巴利三藏的写定②。

现今南传巴利三藏的完成时间，多是公元五世纪觉音论师以后的时代。

锡兰的僧伽罗文与巴利语之间，两者有何区别？据现代学界的研究：

《世界佛学名著译丛（22）》摘录③："巴利语是印欧语系，印度语族，柏拉克里特语的一个方言。它和吠陀语、梵语有着最近的亲属关

---

① 参《中华佛教百科全书》第三册，巴利语，pp.1289～1290；
锡兰巴利三藏的写定工作，是在无畏婆咤伽摩尼王（公元前43～公元前17年）执政时期的第四次结集时才完成。这次结集的举行约在公元前26年，以勒弃多长老（Rakkhita Thero）为上座，会集了大寺派长老五百人，在玛达雷（Matale）的灰寺（Alu-vihāra）诵出了上座部三藏及注疏，并决定把经典用僧伽罗字母音写在贝叶上保存（还有一个传说是，这次诵出的三藏是刻写在薄金片上，藏于灰寺里的石室内）。这一说法和上面的传说是互相矛盾的，因为摩哂陀既然已把三藏带到了锡兰，为什么在第四次结集时，还提到"诵出"三藏及注疏呢？既曰"诵出"，当然这时还不可能有已经写定的三藏和注疏，而且还决定了把它写在贝叶上加以保存，可见在以前就前近两百年左右的时间内，是并无写定的佛经存在的。以上的两种不同而又矛盾的说法，粗看似乎令人怀疑在第三次结集以前有过佛典的编定。但是，我们从历史发展来推断，可以作如下的分析：即第三次结集以前编定的经典，虽已具雏形，也许并未包括全部三藏，而只是其中的重要部分，摩哂陀带到锡兰去的可能就是这一部分的定本，其余部分仍是通过口传心受的办法来加以流布。其次，这些经籍由于是用阿育王时代通行的字母所写，对于锡兰僧众，当然会带来一些不便，因此而有这一次结集的召集，并将三藏加以诵出会订，用本国自己的文字音译办法写下来保存，对宣传教义将更会起着巨大的推动作用。
② 参《中华佛教百科全书》第三册，巴利语佛典，p.1299。
③ 摘录自《世界佛学名著译丛（22）》，见《中华佛教百科全书》第三册，中华佛教百科文献基金会，1994年版，巴利语，pp.1289～1290。

系,是现代印度的许多方言和锡兰语的远亲。……僧伽罗语是属于柏拉克里特语的语言,它和巴利语之间有着相当近的亲属关系,而且代表这种语言的文字形体。在中古时,基本上接近于阿育王时代的字母形体,其后历经演变而形成了现代的僧伽罗字母。但是它在语音系统上和巴利及梵语有着十分显著的区别。"

巴利语的发展,有着许多发展变迁的阶段,大约区分为四个阶段。见水野弘元博士《巴利文法》[①]:

(1) 圣典偈颂(韵文)的巴利语,到公元前三世纪为止。

(2) 圣典散文中的巴利语,到公元前一百年为止。

(3) 圣典注释书类的巴利语,以五、六世纪为中心,其前后数百年间。……第三阶段的巴利语,使用于圣典的注释书、教理纲要书、史书类等。

(4) 后世诸文献的巴利语,从十世纪到现在。

除了巴利语典籍的时代不一以外,因为锡兰铜鍱部史献传出的时代较迟,有关"五事异法僧争"及后续诸多事件,铜鍱部的记载内容与时间,存在着乱串、混淆的情况。

3-5-3-2 锡兰部派记载的错误

3-5-3-2-1 印度史献记载早于锡兰史献

目前佛教界有关阿育王的记载,公元前一世纪印度说一切有部的《阿育王传》,是最早的史献。公元前约二世纪传出的大众部《舍利弗问经》,也记载少许孔雀王朝事迹。

此外,锡兰觉音论师的《善见律毗婆沙》,是出自公元五世纪,也是较晚传出的作品。

---

① 水野弘元著、许洋主译《巴利文法》第一、二章,华宇出版社,1986年版。参《中华佛教百科全书》第三册,中华佛教百科文献基金,1994年版,巴利语,p.1292。

3-5-3-2-2　印度部派史献早于锡兰传说

目前佛教界有关印度部派分裂的记载,公元前一世纪印度世友论师写的《十八部论》,是最早的史献。公元前约二世纪传出的大众部《舍利弗问经》,另有"古新律争"造成佛教分裂的说法。

此外,锡兰的《岛王统史》,是出自公元五世纪以后的说法,既出自印度以外,也是较晚传出的作品。

3-5-3-2-3　锡兰史献的紊乱

《善见律毗婆沙》及《岛王统史》的记载,多有不合更早的印度史献,混淆、编造、串接处确实不少。其中,主要的错误,是误认阿育王的时代,又误传部派分裂的原因与年代,并错认分别说部学团结集的论典,讹造目犍子帝须是律师传承第五师。略举如后。

3-5-3-2-3-1　阿育王年代的讹误

南传铜鍱部记载,孔雀王朝阿育王登位的年代,从佛灭116余年误说是佛灭后218年,造成"大天五事异法"的年代,也晚说102年：

> 正觉者般涅槃后二百十八年喜见灌顶。①

3-5-3-2-3-2　五事异法缘由转说

五世纪南传铜鍱部的觉音论师著《善见律毗婆沙》,误将阿育王登位初年发生的"五事异法僧争",转说是阿育王登位第9年"外道为争利养,附佛伪作僧人、传异法,遂引起僧争"：

> 尔时,阿育王登位九年。……王于四城门边起作药藏,付药满藏中……尔时,佛法兴隆。诸外道等衰殄失供养利……托入佛法而作沙门,犹自执本法教化人民……悉不得法来入寺住。②

---

① 《岛王统史》第六章,《汉译南传大藏经(65)》p.39。
② 《善见律毗婆沙》卷二,《大正藏(24)》p.682。

3-5-3-2-3-3　错置无法和合说戒的时代

阿育王登位初年的"五事异法争端",造成僧团无法和合布萨、说戒。阿育王登位第7年,摩哂陀出家第2年,"五事异法僧争"造成僧团无法和合布萨已有7年。

公元五世纪,觉音论师的说法,编造为阿育王登位第9年有"异道附佛",阿育王登位第9～16年的7年间,佛教僧团无法和合说戒:

> 尔时,阿育王登位九年。……诸外道等衰殄失供养利……托入佛法而作沙门,犹自执本法教化人民。……诸外道比丘,欲以己典杂乱佛法……诸善比丘,不与同布萨自恣及诸僧事,如是展转乃至七年不得说戒。①

3-5-3-2-3-4　目犍连子帝须隐居时间的讹误

阿育王登位第7年,摩哂陀出家第2年,"五事异法僧争"造成僧团无法和合说戒已有7年,目犍连子帝须隐居阿烋河山,并将僧团管理权交予摩哂陀。

但是,觉音论师的《善见律毗婆沙》,另编造出阿育王登位第9年,有"外道为利养附佛"造成"异法争端",促使目犍连子帝须避居阿烋河山,并将僧团管理权交予摩哂陀:

> 尔时,阿育王登位九年。……诸外道等衰殄失供养利……托入佛法而作沙门,犹自执本法教化人民……尔时,目犍连子帝须自念言:争法起已,不久当盛……即以弟子付摩哂陀已,目犍连子帝须,入阿烋河山中隐静独住。②

目犍连子帝须将僧团管理权交予摩哂陀,并为了配合阿育王处理"五事异法僧争",策谋"掌控佛教"的方法,避居阿烋河山。阿育王登位

---

① 《善见律毗婆沙》卷二,《大正藏(24)》p.682。
② 《善见律毗婆沙》卷二,《大正藏(24)》p.682。

第 8～9 年，阿育王推行"和平"，并请目犍连子帝须出面，利用主张"分别说者"的御用僧团举行结集、变造佛教。

如是诸事等，南传铜鍱部转说是阿育王登位第 9 年，有异道附佛引起僧争，目犍连子帝须避居阿㝹河山，僧团经 7 年不能和合说戒后，阿育王登位第 16 年，阿育王请目犍连子帝须出面处理僧争，并举行结集。

3-5-3-2-3-5 迫害僧人事件的转说

佛灭后 116 年(271 B.C.E.)阿育王登位初年，华氏城王家寺院鸡园寺发生"五事异法僧争"，造成佛教僧团无法和合说戒。

当时阿育王支持大天徒众，逼迫摩偷罗僧团长老妥协，长老们不从而远离鸡园寺，不接受阿育王供养，遂引起阿育王忿怨，进而主导"沉船害僧"的迫害事件。

但是，觉音论师写律藏注解书《善见律毗婆沙》，是将阿育王登位初年主导的"沉船害僧"，另外转说是阿育王登位第 16 年的"使臣杀僧"：

> 尔时，阿育王登位九年……诸外道比丘，欲以己典杂乱佛法……展转乃至七年不得说戒。……阿育王知已，遣一大臣，来入阿育僧伽蓝……上座答言："诸善比丘不与外道比丘共布萨，非不顺从。"于是臣从上座次第斩杀。①

《善见律毗婆沙》不仅将阿育王登位初年的"五事异法僧争"及"沉船害僧"，转说是阿育王登位第 9 年有"异道附佛"的教法争端，又转说"沉船害僧"是阿育王登位第 16 年的"使臣斩杀僧人"。

3-5-3-2-3-6 处理五事异法僧争时间的错置

阿育王登位第 7 年(265 B.C.E.)，目犍连子帝须隐居阿㝹河山，

---

① 《善见律毗婆沙》卷二，《大正藏(24)》p.682。

目的是为阿育王掌控佛教、处理僧争预作准备。

阿育王登位约第8年(264 B.C.E.)征服迦陵伽国,征战迦陵伽国后,推行"和平政策":

> 灌顶八年过后,而天爱喜见王征服迦陵伽国。……由此以后,今既领迦陵迦国,天爱热心法之遵奉……不论如何,天爱克己不伤害一切之有情,希望公平而柔和。然,天爱思惟,依法之胜利,此才是最上之胜利。①

阿育王登位约第9年(263 B.C.E.),孔雀王朝御用的目犍连子帝须接受阿育王延请,积极配合阿育王的佛教政策,出面处理"五事异法僧争"。阿育王藉由目犍连子帝须及王族掌握的分别说部学团,既进行变造佛教,也利用佛教推展"和平"。阿育王的目的是实现"掌控佛教",稳定孔雀王朝的统治基础。

但是,觉音论师《善见律毗婆沙》的错误说法,是阿育王登位第9年有"异道乱法",僧团经历7年僧争而无法和合说戒,导致"使臣杀僧"。又说,阿育王登位第16年,延请目犍连子帝须出面厘清疑惑、处理僧争:

> 尔时,阿育王登位九年……诸外道比丘,欲以己典杂乱佛法……展转乃至七年不得说戒。……阿育王知已,遣一大臣,来入阿育僧伽蓝……臣从上座次第斩杀。②

> (阿育)王往寺中白诸众僧:"我前遣一臣教令和合说戒,不使杀诸比丘,此臣专辄枉杀众僧。不审此事谁获罪耶?……诸比丘答言:'有目犍连子帝须,能断狐疑竖立佛法。'"……往至阿忧河山中,迎取目犍连子帝须。③

---
① 《十四章法敕》第十三章,《汉译南传大藏经(70)》附录之《阿育王刻文》p.29。
② 《善见律毗婆沙》卷二,《大正藏(24)》p.682。
③ 《善见律毗婆沙》卷二,《大正藏(24)》p.683。

3-5-3-2-3-7　美化阿育王、目犍连子帝须

南传铜鍱部《善见律毗婆沙》提到：阿育王登位第9年有"外道为利养附佛，异说引发僧争"，阿育王登位第9~16年间僧团无法和合说戒，阿育王登位第16年发生"使臣杀僧"及延请目犍连子帝须处理僧争，这些说法全是误传及转说，是不可信的传说历史。

除此以外，《善见律毗婆沙》又将阿育王、目犍连子帝须合作，擅行王族掌控僧团及佛教的作为，加以美化为阿育王护持佛教、排除异道。此外，延请目犍连子帝须出面，厘清使臣杀僧罪归属的疑惑，实际是针对阿育王主导"沉船害僧"的过失，进行"除罪化"。除此以外，讹编目犍连子帝须是优波离传承的第五师：

> 优波离为初，诸律师次第持，乃至第三大众诸大德持。今次第说师名字：优波离、大象拘、苏那拘、悉伽符、目犍连子帝须，五人得胜烦恼，次第阎浮利地中持律亦不断。①

最重要的事，是《善见律毗婆沙》刻意将阿育王、目犍连子帝须共谋"王族掌控僧团，变造佛教"的作为，推崇是阿育王支持目犍连子帝须出面"竖立佛法，断诸狐疑"，并领导僧团结集教法，同时消除"异说附佛"的僧争。《善见律毗婆沙》将这些不当作为予以转说的作用，应当是为了美化阿育王及目犍连子帝须。

3-5-4　阿育王变造佛教的政策

3-5-4-1　藉佛教减轻耆那教的反阿育王势力

孔雀王朝的开国君王旃陀罗笈多，在宗教界是耆那教的出家圣者。由于佛教与耆那教的思想，既不相同，又是长期的主要竞争对手。因此，孔雀王朝的佛教政策，必需降低佛教与耆那教的对立，避

---

① 《善见律毗婆沙》卷一，《大正藏(24)》p.677。

免动摇"圣人君王,神圣王朝"的王朝威信。此外,谋权夺位的阿育王,亟需藉助佛教减轻耆那教内原是支持王兄、反阿育王的宗教势力。

3-5-4-2 藉佛教推展和平的方法

阿育王藉助佛教推广"和平"的方法,主要有两方面:一、是"掌控佛教",让王族、目犍连子帝须学团联手共同"掌控佛教",建立"坚定支持孔雀王朝"的御用僧团;二、是"变造佛教",藉佛教僧团让佛教融摄奥义书、耆那教的思想,促使佛教变造为"耆那教、佛教融合"的"变型佛教",既减轻耆那教的竞争压力,也有利信敬耆那教之孔雀王朝的权威。

3-5-4-3 阿育王推行和平的时间

阿育王登位初年有"五事异法僧争"及迫害僧伽事件,登位第3年采取"政治性皈佛",登位第4～6年安排王族进入目犍连子帝须僧学团,登位第7年摩哂陀掌控目犍连子帝须学团,登位第8年征战迦陵伽国,登位第8～9年(264～263 B.C.E.)推行"和平政策"[①],登位第9～10年(263～262 B.C.E.)利用目犍连子帝须学团(分别说部)进行变造佛教、掌控佛教,也利用佛教推行和平。

阿育王登位第7年目犍连子帝须静居阿烋河山,登位第9年目犍连子帝须出面协助阿育王(《善见律毗婆沙》误说是第9年及第16年)。

3-5-4-4 操控目犍连子帝须学团的结集

阿育王藉由摩哂陀等王族掌控目犍连子帝须学团,再运用俗世君王权势排除"分别说者"以外的佛教僧人,确立纯粹支持、认同"分别说"的僧团,作为孔雀王朝掌控佛教的御用僧团:

---

① 《十四章法敕》第十三章,《汉译南传大藏经(70)》附录之《阿育王刻文》p.29。

> 如是大德帝须,方便令王知已。七日在园林中,帝须教王,是律,是非律;是法,是非法;佛说,是非佛说。七日竟!①
>
> 王敕,以步障作隔,所见同者集一隔中,不同见者各集异隔。处处隔中出一比丘,王自问言:"大德!佛法云何?"有比丘答:"言常,或言断,或言非想,或言非想非非想,或言世间涅槃。"王闻诸比丘言已,此非比丘,即是外道也!王既知已,王即以白衣服与诸外道,驱令罢道。其余隔中六万比丘,王复更问:大德!佛法云何?答言:佛分别说也。②

接着,在阿育王支持、操控下,已受王朝掌控、御用的目犍连子帝须学团,再由目犍连子帝须领导"分别说者"举行自派的羯磨会议:

> 其余隔中六万比丘,王复更问:大德!佛法云何?答言:佛分别说也。诸比丘如是说已,王更问大德帝须:佛分别说不?答言:如是大王。知佛法净已。王白诸大德:"愿大德布萨说戒。"王遣人防卫众僧,王还入城。③

阿育王、目犍连子帝须合作,依"分别说者"的目犍连子帝须学团主导"息除僧争"的羯磨会议,真正的目的是编集出符合孔雀王朝利益的佛教说法,掌控佛教的发展。

3-5-4-5 分别说部举行自派结集

因为目犍连子帝须主张"佛分别说",并且阿育王依据"佛分别说"为标准,选择出信受"佛分别说"的僧众作为"御用僧团",再请目犍连子帝须领导认同"佛分别说"的僧团举行结集。基于这个因素,目犍连子帝须、分别说僧团的结集,后世称为"分别说部结集",同时分别说僧团也是孔雀王朝御用的王家僧团。

---

① 《善见律毗婆沙》卷二,《大正藏(24)》p.684。
② 《善见律毗婆沙》卷二,《大正藏(24)》p.684。
③ 《善见律毗婆沙》卷二,《大正藏(24)》p.684。

目犍连子帝须领导的分别说僧团,历时九个月的时间,编集出"律、经、论"的三藏传诵。分别说部学团的自派编集,自称是"第三次结集":

> 王遣人防卫众僧,王还入城。王去之后,众僧即集众六万比丘,于集众中,目犍连子帝须为上座,能破外道邪见徒众。众中选择知三藏得三达智者一千比丘,如昔第一大德迦叶集众,亦如第二须那拘集众,出毗尼藏无异。一切佛法中清净无垢,第三集法藏九月日竟。大地六种震动,所以一千比丘说,名为第三集也。①
>
> 法师问曰:"三集众谁为律师?"于阎浮利地,我当次第说名字:第一优波离,第二驮写拘,第三须那拘,第四悉伽婆,第五目犍连子帝须。此五法师于阎浮利地,以律藏次第相付不令断绝,乃至第三集律藏。……摩哂陀是阿育王儿也,持律藏至师子国。②

3-5-4-6 分别说部结集的时间

目犍连子帝须领导分别说僧团进行"分别说部结集"的时间,是阿育王登位第9年,极可能是开始于当年僧团的雨安居,即6月15日;分别说部结集历时九个月,约完成于阿育王登位第10年的3月15日。佛灭后124～125年(263～262 B.C.E.),阿育王登位第9～10年,这最可能是分别说部第一次编集出"经、律、论"三藏的时间。③

---

① 《善见律毗婆沙》卷二,《大正藏(24)》p.684。
② 《善见律毗婆沙》卷二,《大正藏(24)》p.684。
③ 见《中华佛教百科全书》第三册,中华佛教百科文献基金会,1994年版,巴利语,p.1289:据《大史》载,摩哂陀长老率领了伊提耶(Iṭṭhiya)、郁帝夜(Uttiya)、参婆楼(Sambala)和婆陀色拉(Bhaddasala)等四位长老和僧伽蜜多的儿子苏摩那(Sumana)沙弥及盘杜迦居士(Bhaṇḍuka)等一行七人,还带去了这次所结集的三藏经典到锡兰去。如果这个传说性的记载是可靠的话,则摩哂陀既把三藏经典带去,很可能是已经用文字记录下来了的典籍,不仅是全凭口传心受的办法在锡兰传教了。书写经典的文字,除了阿育王时代通行的婆罗米或驴唇体字母以外,不可能是用其它文字来写定的。锡兰所发现公元前二世纪古僧伽罗字母的山洞石刻,从字母形体的十分接近阿育王时代驴唇体字母这一点来看,也可以算是一个有力的旁证。因此,把巴利语三藏的写定时代,算为公元前三世纪中叶以后,似乎没有多大问题。

但是,觉音论师的《善见律毗婆沙》,又误传分别说部自派结集的时间,是在阿育王登位第16～17年,由目犍连子帝须在华氏城举行第三次佛教结集。

3-5-4-7 《舍利弗阿毗昙论》的传出

《舍利弗阿毗昙论》是流传于佛教的第一部论,也是阿育王、目犍连子帝须合谋"变造佛教"的重点依据。

《舍利弗阿毗昙论》的传出,主要内容应当是出自目犍连子帝须的编造。目犍连子帝须编纂《舍利弗阿毗昙论》的时间,可能是阿育王登位第7～9年静住阿烋河山期间。当阿育王登位第9～10年,分别说部学团举行自派结集时,先由目犍连子帝须提出,再经集体讨论、修整、传诵,又为了取信于世,附会是出自舍利弗的传授后,广传于世。

《舍利弗阿毗昙论》是糅杂异道教义的论书,也是伪佛法,但却附会是出自佛世时圣弟子舍利弗的传授。

纵观《舍利弗阿毗昙论》的成立,由编纂到传出的时间,应当是在佛灭后122～125年(265～262 B.C.E.),阿育王登位第7～10年,共历时约四年。

3-5-4-8 《舍利弗阿毗昙论》为本的分别说部三藏

分别说部的结集,主要是编撰出糅杂奥义书、耆那教思想的《舍利弗阿毗昙论》,并依《舍利弗阿毗昙论》为本,针对佛灭后约110年(或百年)"第二次经律结集"的四部经典(《相应部》《中部》《长部》《增支部》),予以变造、增新、修改,进而编集出分别说部传诵的《分别说部三藏》,这是阿育王认可的教法,也是目前南传铜鍱部传诵之《巴利三藏》的原型。

若比对说一切有部《相应阿含》、铜鍱部《相应部》的异同,探究两部经与《舍利弗阿毗昙论》的关联,发现皆大量融摄《舍利弗阿毗昙论》的论义。此外,说一切有部传诵的《中阿含》、法藏部《长阿含》、大众部《增一阿含》及铜鍱部《中部》《长部》《增支部》,皆糅杂诸多论义。《舍利弗阿毗昙论》变造了后世各派的传诵。

目前,铜鍱部认为分别说部结集时,已集出第五部经典——《小部》(或称《杂部》)。但是,分别说部在第一次自派结集随即编出新经典,应当不大可能。分别说系第五部经典的编纂,较可能是出自分别说部分化以后。

阿育王登位第19年(253 B.C.E.),分别说部的部主目犍连子帝须殁世:

> 宾头沙罗之子,有大名声之刹帝利法阿育亦统治三十七年。于阿育王〔治世〕二十六年,名〔长老〕目犍连子辉耀其教,于寿灭而涅槃。①

《岛王统史》记述"阿育王登位第16年,延请目犍连子帝须处理僧争",实际是阿育王登位第9年,晚说了7年。因此,《岛王统史》记述"阿育王治世26年,目犍连子帝须殁世",时间也顺晚了7年。如此可知,目犍连子帝须殁世的时间,是在阿育王登位第19年(253 B.C.E.)。

目犍连子帝须殁后,分别说部逐渐分化为化地部、法藏部、饮光部等三派。依正量部传诵的《异部精释》②推断,分别说部分化的时间,可能在阿育王登位第22年(250 B.C.E.)。因此,阿育王时代的佛教,有摩偷罗僧团、毗舍离僧团、分别说部三派,共有五部僧团:

> 至(优波)掘多之世,有阿育王者。……远会应真更集三藏,

---

① 《岛王统史》第五章,《汉译南传大藏经(65)》p.37。
② 参《印度佛教史》寺本婉雅日译本附注87~89, pp.376~377:
《异部精释》:"世尊无余涅槃后,百三十七年……佛教分裂为二,名上座与大众。"
《异部精释》承自摩偷罗僧团的记录,但晚了21年,这不会是根本分裂的时间。

于是互执见闻、各引师说，依据不同遂成五部。①

后世有"五部沙门，竞集法句"的说法，是指五部僧团各依自派见解，编集自部的经诵：

> 凡十二部经，总括其要，别为数部。四部阿含，佛去世后阿难所传，卷无大小皆称闻如是处，佛所在究畅其说。是后五部沙门，各自钞众经中，四句、六句之偈，比次其义条别为品，于十二部经靡不斟酌，无所适名，故曰法句。诸经为法言，法句者由法言也。②

然而，阿育王时代的五部僧团，其中的阿难系摩偷罗僧团是无有第五部经典的传诵。根据分化自摩偷罗僧团的说一切有部传诵的律典，即可以确知此事：

> 诸阿罗汉同为结集。……此即名为相应阿笈摩……此即名为长阿笈摩……此即名为中阿笈摩……此即名为增一阿笈摩。……唯有尔许阿笈摩经，更无余者。③

据大众部《舍利弗问经》的记载，佛灭约238年(149 B.C.E.)，弗沙蜜多罗王殁后，自称上座的分别说部增修了自派的律，大众部称其为"新律"④。分别说系的新律，应当是分别说系印度三大派的化地部、法藏部、饮光部各自再编集的律，即《五分律》《四分律》《解脱戒经》。

3-5-4-9 集出《论事》的讹传

分别说部学团的自派编集，主要是编集出糅杂奥义书、耆那教思想的《舍利弗阿毗昙论》，并依《舍利弗阿毗昙论》修改"第二次经律结

---

① 慧皎《高僧传》卷一一，《大正藏(49)》p.403。
② 支谦《法句经序》(C.E. 230)，《大正藏(4)》p.566。
③ 《根本说一切有部毗奈耶杂事》卷三九，《大正藏(24)》p.407。
④ 《舍利弗问经》，《大正藏(24)》p.900。

集"集出的四部圣典。

但是,目前南传铜鍱部《岛王统史》的说法,是佛灭后二百余年,阿育王支持分别说部学团举行净律、排除外道的结集,结集出《论事》:

> 经〔佛灭后〕第二百三十六年上座部再生大分裂,信佛之教〔法〕刹帝利大王法阿育统治于巴连弗城。……为绝灭外道等,六万多数之佛陀声闻、胜者之子等来集。于此之集会长老之目犍连子与师等于大龙象,地上无有如彼者。王问长老:对圣者中若干被杀所行?……长老宣说〔属〕论事之阿毗昙论书。……〔为确立〕永久之教〔法〕,导师选千阿罗汉,执最胜者行法之结集。此第三结集令法王建立于阿育园精舍,九个月而毕。①

《岛王统史》提到:阿育王支持目犍连子帝须号召的结集,参与者有"佛陀声闻、胜者之子","佛陀声闻"是指佛教僧人,而"胜者之子"则有待讨论了。

胜者 Jina,是耆那教(梵 Jaina)对"全知者"的尊称。耆那教的传说是有二十四位祖师,创始人是勒舍婆(Rabhadeva)。但是,传说实不可考,史实可信的部分,唯有被尊为二十三祖的巴湿伐那陀(Pārśvanātha)、二十四祖的筏驮摩那(Vardhamāna)。

释迦佛陀与筏驮摩那是同一时代,筏驮摩那又称尼乾陀·若提子(Nirgrantha jñāta putra)、大雄(Mahāvīra)、胜者(Jina):

> 传说的古代仙人,也就是印度旧有的沙门。古佛、古胜者、古仙人,是印度一般所公认的,所以耆那教 Jaina 立二十三胜者,佛教有七佛(南传二十四佛,与耆那教更相近);十大仙人、五百仙人,也为佛教所传说。②

---

① 《岛王统史》第七章,《汉译南传大藏经(65)》p.54。
② 印顺《初期大乘佛教之起源与开展》第九章,正闻出版社,1993年版,pp.406~407。

《岛王统史》提的"胜者之子",应是指耆那教徒,或是对当时参与结集之佛教僧人的另一称呼。由此可知,目犍连子帝须领导的分别说部结集,参与者不仅有"胜者之子"的耆那教出家者,也有号称是"佛陀声闻"之附佛出家的耆那教徒、御用僧人。否则,正统僧伽怎会与耆那教徒共同结集教法? 由阿育王建立的分别说部,佛教、耆那教是混淆不清①,分别说部结集的经诵必定是不可信。

审视铜鍱部传诵的《论事》,内容是依据分别说部的自派见解,论破印度其它各部派的主张及信仰,是属"立自义,破他宗"的作品。《论事》论破的部派,包含了出自佛灭后百余年至佛灭后四百年内的各部派,有迦叶遗部(即饮光部)、化地部、鸡胤部、说一切有部、犊子部、正量部、贤胄部、案达罗部、北道部、东山住部、西山住部、王山部、义成部、大空宗(方广部):

> 正量部、犊子部、说一切有部及大众部有者许认阿罗汉之退转。……为破此邪见,问:"阿罗汉由阿罗汉果退转耶?"是自论师。②

> 今有一分有论,认为有一分之过去是迦叶遗部。为破彼等之邪执,而问:"过去是有耶?"是自论师。答:"一分是有"即他论师。③

> 宣言为阿罗汉者而见漏精,认为"魔众天近于阿罗汉而与〔不净〕"。是现在之东山住部、西山住部。④

> 彼执"诸比丘! 一切是燃、一切之行是苦"等……邪执,现在之鸡胤部。⑤

---

① 《相应部》之《蕴相应》76经、《六处相应》103、108经;《中部》123经:参《汉译南传大藏经》(15)p.124~p.125,(16)p.108, p.117,(12)p.109。
② 《论事》大品第二章,《汉译南传大藏经(61)》p.171。
③ 《论事》大品第二章,《汉译南传大藏经(61)》pp.165~166。
④ 《论事》第二品第一章,《汉译南传大藏经(61)》p.182。
⑤ 《论事》第二品第八章,《汉译南传大藏经(61)》p.228。

> 此处,见彼贵族子耶舍等住于家住之姿相得阿罗汉,而有"家住阿罗汉"之邪执,乃北道派。①
>
> 言"依一种而摄色是无意义"者,如王山部、义成部之邪执。②
>
> 此处,言"正语、正业、正命是色"者,乃化地部、正量部、大众部之邪执。③
>
> 此处,依胜义而唯道果为僧伽……乃名为现在大空宗,方广部之邪执。④

《论事》破斥的迦叶遗部(即饮光部)、化地部,是阿育王时代分化自分别说部学团的三派之二;案达罗部(又称支提山部、制多山部)源自大天教派,后世视为大众部分支;鸡胤部是阿育王殁后,分化自毗舍离僧团(后称大众部);说一切有部是佛灭后约 250 年,分化自摩偷罗僧团(多闻众);犊子部是佛灭后约 250~270 年,分化自说一切有部;正量部、贤胄部(又称贤乘部)是分化自犊子部。东山住部、西山住部、王山部、义成部、北道派,皆分化自案达罗派。大空宗是方广派,公元前一世纪起自南印,是大乘《般若经》的前驱:

> 佛灭度后百一十六年,城名巴连弗,时阿育王,王阎浮提匡于天下。尔时,大僧别部异法。⑤
>
> 又(佛灭后第)二百年中,摩诃提婆外道出家,住支提山,于摩诃僧祇部中复建立三部,一名支提加、二名佛婆罗、三名郁多罗施罗。⑥
>
> 后即于此第二百年,大众部中流出三部:一、一说部;二、说出世部;三、鸡胤部。……第二百年满时,有一出家外道……居

---

① 《论事》第四品第一章,《汉译南传大藏经(61)》p.288。
② 《论事》第七品第一章,《汉译南传大藏经(62)》p.22。
③ 《论事》第十品第二章,《汉译南传大藏经(62)》p.129。
④ 《论事》第十七品第六章,《汉译南传大藏经(62)》p.288。
⑤ 《十八部论》,《大正藏(49)》p.18。
⑥ 《十八部论》,《大正藏(49)》p.18。

制多山,与彼部僧重详五事,因兹乖诤分为三部:一、制多山部;二、西山住部;三、北山住部。①

其上座部(指摩偷罗僧团)经尔所时一味和合,三百年初有少乖诤,分为两部:一、说一切有部,亦名说因部;二、即本上座部,转名雪山部。后即于此第三百年,从说一切有部流出一部,名犊子部。次后于此第三百年,从犊子部流出四部:一、法上部;二、贤胄部;三、正量部;四、密林山部。②

在佛教的开展中,有方广部 Vetulyaka,就是"方广道人"。③

分别说系,南化于大众系……南方重直观,明一体常空,其极出方广道人。④

分别说系的思想,影响了发展于南印地区的大众部,南印的大众部主要是源自大天学团的部派,形成后世称的"方广道人"。

分别说部分出的饮光部(迦叶遗部),是由末示摩开化于雪山地区。佛灭后约250年,阿难系摩偷罗僧团分裂为重经的雪山部、重论的说一切有部。雪山部发展于雪山地区,遂与分别说系饮光部发生糅杂。后世,误会饮光部、雪山部是同一部派,进而误以为饮光部出自说一切有部,或是误认说一切有部、雪山部都是分别说系的分派。

此外,《论事》是分别说系的集成,其中评破了分别说系印度三派的化地部、饮光部,却不评破法藏部。可见,《论事》有可能是源自法藏部的编撰,原因可能是法藏部向化地部、饮光部争夺分别说系正统。

如前引据,《论事》的编纂、完成,最早约起自佛灭后137年,阿育王登位第22年(250 B.C.E.),分别说部分化为三派以后(据清辨依正

---

① 玄奘译《异部宗轮论》,《大正藏(49)》p.15。
② 玄奘译《异部宗轮论》,《大正藏(49)》p.15。
③ 印顺《原始佛教圣典之集成》第八章,正闻出版社,1994年版,p.584。
④ 印顺《印度之佛教》第九章,正闻出版社,1990年版,p.166。

量部传说著作的《异部精释》推断①),完成于公元前约一世纪末叶。因此,阿育王时代的分别说部结集,绝不可能集出《论事》,比较可能是完成于锡兰铜鍱部的结集(26 B.C.E.)。

阿育王时,分别说部学团经宣法四方的发展,已分化为化地部、法藏部、饮光部。化地部、法藏部、饮光部三派共传的论,即是《舍利弗阿毗昙论》:

> 现存之《舍利弗毗昙》……可知本论不但为法藏部所宗,化地、饮光等分别说系,无不仰此论为宗本也。今存之《舍利弗毗昙》,多言五道,无我,与犊子系不尽合,与分别说系近。二系并用《舍利弗毗昙》,而现存者,乃大陆分别说系之所诵也。②

由此可以确知,《舍利弗阿毗昙论》的传出,是在化地部、法藏部、饮光部尚未分化之前,也即是分别说部的时代。这确切的时间,即是阿育王时代目犍连子帝须为首之分别说僧团的结集。阿育王时代,分别说部学团结集的论,是《舍利弗阿毗昙论》,绝不是《论事》。

锡兰佛教不传《舍利弗阿毗昙论》,只传《论事》,《岛王统史》有关《论事》出处的记载,是很明显的错误,其目的有可能是为了表彰自身是分别说部的正宗。

3-5-4-10 阿育王的真正目的

阿育王表面是支持佛教,实际是利用、操控佛教,配合阿育王的主要执行人是目犍连子帝须,以及原是外道却附会于毗舍离僧团出家的大天。

阿育王先安排王族"掌控目犍连子帝须领导的学团",其次藉目犍连子帝须、分别说僧团进行"变造佛教"的结集,最后再由王族操控

---

① 参《印度佛教史》寺本婉雅日译本,附注 87~89,pp.376~377:
《异部精释》:"世尊无余涅槃后,百三十七年……佛教分裂为二,名上座与大众。"
② 印顺《印度之佛教》,正闻出版社,1990 年版,p.127。

的分别说部学团推展"变型佛教",达到由孔雀王朝操控佛教的目的。

"掌控僧团"及"变造佛教"的目的,应是藉由减少佛教、耆那教的差异、冲突,一方面维护孔雀王朝的神圣权威(旃陀罗笈多是耆那教圣者),二方面稳固王朝的统治基础。

3-5-4-11 清净的正统僧团

3-5-4-11-1 五事僧争记录晚出的反证

佛灭后约116年(271 B.C.E.),阿育王登位;佛灭后约202年(185 B.C.E.),信敬婆罗门教的弗沙蜜多罗Puṣyamitra消灭孔雀王朝①,杀尽鸡园寺僧人,强力地压制佛教,建立巽迦王朝(185～73 B.C.E.)。

佛灭后约250年(137 B.C.E.),摩偷罗僧团分裂为重论的说一切有部、重经的雪山部。

目前有关阿育王、"五事异法僧争"的最古记录,是出自公元前一世纪的《阿育王传》《十八部论》。

《阿育王传》出自说一切有部,《阿育王传》的主轴,在强调阿育王与优波鞠多的合作及护法,既无有阿育王害僧的记载,又提到弗沙蜜多罗灭佛法与三恶王扰乱。可见《阿育王传》是出于巽迦王朝灭后,约公元前50年的作品②,作者可能不知或不愿提及"阿育王迫僧及变造、分裂佛教",偏重于赞美仁王护教,贬低迫害佛教的恶王。

"五事异法僧争"的最古记录是《十八部论》,《十八部论》的作者是说一切有部的世友论师,该论阐述佛灭后116～350年(271～37 B.C.E.)间,印度佛教分派始末及各部派教义。

由《阿育王传》《十八部论》得知,自阿育王登位起,至孔雀王朝灭亡止,长达87年的期间,印度佛教不见有关"五事异法僧争"的记载。

---

① 根据近代研究《往世书》Purāṇa的结果。
② 印顺《佛教史地考论》之《〈阿育王传〉编纂时地考》,正闻出版社,1999年版,pp.115～118。

由弗沙蜜多罗创立的巽迦王朝治世期间,佛教也无有"弗沙蜜多罗灭佛"及"五事异法僧争"的记载。

当知,在迫害佛教之专制王朝尚治世的时期,俗世君王迫害佛教的事迹,僧团是无法公开传说于世。由"五事异法僧争"传出的时间,可以间接推知:阿育王迫僧及变造、分裂正统佛教,应当是确实的事。否则,造成佛教分裂的原因,除了已知是出自铜鍱部伪史的"十事非律僧争"以外,试问:什么事件导致阿育王时代发生的佛教分裂?

3-5-4-11-2 清净的经师、律师传承

虽然毗舍离僧团曾经擅行"十事非律",但未分裂僧团。虽然举"五事异法"的大天(Mahā Deva,摩诃提婆),附会毗舍离僧团,但大天是外道出家,并且是受阿育王御用的"宗教臣属",极可能是伪装成僧人的政治工作者。

审视摩哂陀出家因缘,授摩哂陀十戒的是大天,而不是毗舍离僧团第三师的树提陀娑。可见,树提陀娑并不支持大天,也不是受阿育王御用的人!

虽然毗舍离僧团有许多青年僧人支持大天,但应是支持阿育王的"宗教臣属",也不能代表毗舍离僧团。

《十八部论》提到龙众、因缘众、多闻众等三比丘众,皆为五事异法起争端。当时的"龙众"应当是受命于阿育王、附会毗舍离僧团的大天学团,不全是毗舍离僧团。

阿育王登王位前,镇守阿盘提时,既为了自保,也为了拉拢各方势力,早已与优禅尼地区的僧团交往密切。当大天无法胜任阿育王的佛教政策需要,阿育王即转为起用出身华氏城的目犍连子帝须,目犍连子帝须也是受阿育王信任、御用的宗教臣属。

阿育王的亲族出家于目犍连子帝须的学团,摩哂陀出家的依止

师是目犍连子帝须,大天授十戒、末田地授比丘戒。阿难师承的第三师优波鞠多,优波离师承的第三师树提陀娑,二者皆未参与摩哂陀的出家事宜。

末田地是罽宾(迦湿弥罗)的开教大师,又因受阿育王压迫的摩偷罗僧团长老避居罽宾,阿育王对待末田地,应当是出自怀柔的目的而已。后世发展于罽宾地区的说一切有部,应是为了与领有摩偷罗地区的犊子部争地位,刻意推崇开教罽宾的末田地是"阿难直传,并且传法于商那和修",这是出于推崇自派心理的神话及虚伪传承。

阿育王支持的僧人是目犍连子帝须、大天,两人皆是受命于阿育王的"宗教臣属",二人皆未得到正统的经师僧团、律师僧团的认可。

在阿育王支持的分别说部结集与推广"变型佛教"的政策上,不论是经师正宗的摩偷罗僧团,或是律师正宗的毗舍离僧团,两系佛教僧团皆未曾参与。

阿育王的佛教政策是运用"宗教臣属",在佛教的正统经师、律师传承以外,另扶植依附于孔雀王朝的分别说部学团。分别说部是"依论为师"的政治性僧团,不仅"变造佛法,操控佛教",并且压迫依经、依律的正统僧团。

因此,在阿育王的时代,经师正宗的摩偷罗僧团、律师正宗的毗舍离僧团,皆未支持阿育王的政策。经师正宗的优波鞠多、律师正宗树提陀娑,两位大德努力维护了佛教的尊严与清净。

正统佛教僧团不附和阿育王的操弄,后世佛弟子可以为此感到莫大的欣慰!

3-5-5 佛法及《舍利弗阿毗昙论》的主要差异

3-5-5-1 总说差异

《舍利弗阿毗昙论》的主要作用有三方面:一、糅杂奥义书、耆那教的异说于佛教,作为"变造佛教"的根据;二、确立分别说部学团的部义,建立"变型佛教",维护孔雀王朝的神圣权威;三、平衡摩偷罗僧团与大天学团的论争。

探研、比对部派传诵的《七事修多罗》、三藏、史献,确认《七事修多罗》是出自"第一次经律结集"的集成①经诵。现在依部派传诵之《七事修多罗》当中的古老共说为准,确定分别说部《舍利弗阿毗昙论》是系统性的变造佛教,变造主要分为六类、二十项影响重大的异说教法。

分别说部《舍利弗阿毗昙论》的论义,提出六大类、二十项异说。六大类异论:1.识缘名色;2.无常苦观;3.七处三观;4."触缘受、受缘爱";5.十结四果;6.四种圣贤。《舍利弗阿毗昙论》是以六大类异论作为变造佛教的纲领,而后再系统性的编造出二十项异说,极大幅度改造佛教经说原有的十二因缘法、因缘观、四圣谛、三十七道品、解脱论、修证道次第、一乘圣者,彻底地变造释迦佛陀的教法。

分别说部以《舍利弗阿毗昙论》为本,变造"第二次经律结集"集成的四部圣典——《相应部》《中部》《长部》《增支部》,集成了依《舍利弗阿毗昙论》为思想主轴的经、律、论,也即是"分别说部三藏"。

3-5-5-2 分别《舍利弗阿毗昙论》六类、二十项异说

3-5-5-2-1 相关"识缘名色"论义的编造

(1) 变造"缘生"为"识生"的唯心论

《舍利弗阿毗昙论》融摄奥义书的"识生②",提出"识缘名色(四阴)③"的论义,又编出"识=意=心④"的论意,将经说是色根的意根,

---

① 印顺《杂阿含经论会编》,正闻出版社,1994年版,p.b11~p.b34。
② 《他氏奥义书》,《中华佛教百科全书》(七),p.3901。
③ 《舍利弗阿毗昙论》卷一二,《大正藏(28)》p.608。
④ 《舍利弗阿毗昙论》卷三,《大正藏(28)》p.545。

变造为非色的识心,更提出"心性清净①"的说法,呼应奥义书的"梵＝识＝清净"。

(2) 变造五阴为八界

《舍利弗阿毗昙论》融摄奥义书的"六大"②、顺世论的"四大"、七要素论的"七大"③,提出众多的"界论",针对"缘生五阴"变造五阴为"地、水、火、风、空、苦、乐、识④"八界。

(3) 变造"缘生"的定义,另提出"俱生、共生"

《舍利弗阿毗昙论》的"识缘名色"论意,古老经说的"名色缘识",两者糅杂出"识缘名色,名色缘识"的"俱生"。"俱生"原是顺世论、七要素论的见解,经说的"缘生"转变为"识生"、"俱生、共生、和合生"⑤与"业生"的混合说。

后世,起自公元后四世纪的大乘唯识思想,延续《舍利弗阿毗昙论》的"因俱生法"与"识生",在六识之外,另创立了"阿赖耶识"作为生主。

(4) 变造因缘法的经说传诵,另创出因俱生法

《舍利弗阿毗昙论》糅杂奥义书、耆那教的认识论、轮回论、解脱论等异说,依"识分位"及"俱生"的论义,变造十二因缘法的经义,提出"因俱生法"⑥:无明缘行,行缘识;识缘名色,名色缘六处,六处缘触,触缘受,受缘爱,爱缘取,取缘有;有缘生,生缘老病死忧悲恼苦诸大苦聚生,略说五蕴苦聚生;无明灭则行灭,行灭则识灭;识灭则名色灭,名色灭则六处灭,六处灭则触灭,触灭则受灭,受灭则爱灭,爱灭

---

① 《舍利弗阿毗昙论》卷二十七,《大正藏(28)》p.697。
② 《他氏奥义书》,《中华佛教百科全书》(七)p.3901。
③ 《大般涅槃经》卷一九,《大正藏(12)》p.474。
④ 《舍利弗阿毗昙论》卷七,《大正藏(28)》p.575。
⑤ 《舍利弗阿毗昙论》卷三,《大正藏(28)》p.543;《舍利弗阿毗昙论》卷一二,《大正藏(28)》p.612。
⑥ 《舍利弗阿毗昙论》卷一二,《大正藏(28)》p.606;《舍利弗阿毗昙论》卷一二,《大正藏(28)》p.612。

则取灭,取灭则有灭;有灭则生灭,生灭则老病死忧悲恼苦诸大苦聚灭,略说五蕴苦聚灭。

(5) 变造"苦"的缘起

经说的"苦",是"六触处不正观因缘"为缘,而有无明、妄见、贪爱,导致苦的系缚。《舍利弗阿毗昙论》主张无明(想阴)、妄见(想阴)、造作(行阴)、生死(名色)及苦(受阴),皆是"识生"。《舍利弗阿毗昙论》提出"意生受、想、行"及"识＝意＝心",即是"识生受"。

(6) 变造十二因缘的分位

古老《七事修多罗》的十二因缘法,是"六处分位"的因缘法。《舍利弗阿毗昙论》变造经说的十二因缘法,提出"识分位"①的"因俱生法",取代正统的十二因缘法。

(7) 变造三阶、十二因缘法

古老《七事修多罗》的十二因缘法,是"六处分位"的三阶修证,生贪结续五阴的惑贪缘起说。《舍利弗阿毗昙论》提出"识分位"的"因俱生法",既糅杂奥义书的"识生、业论",也融摄顺世论的"四大"及七要素论的"聚生",转变为"识分位"的三世轮回,业报相续生死的识生业报说。

3-5-5-2-2 相关"无常苦观"论义的编造

(8) 变造十二因缘观,提出无常苦观,改造道品

十二因缘观有:观四念处生、灭法②,观四食生、灭法,观五阴系缚及苦的生、灭法,观十二因缘的生、灭法,正念向正定断苦成就之神足。《舍利弗阿毗昙论》变造"四念处"为"观身、受、心、法是无常、苦、空、非我"③,并且改、增了观五阴、六触入、有身、世间的生、灭法。

---

① 《舍利弗阿毗昙论》卷一二,《大正藏(28)》pp.607～608。
② 见大正藏《相应阿含》609经、南传《相应部》"念相应"42经(SN 47.42)。
③ 《舍利弗阿毗昙论》卷九,《大正藏(28)》p.593。

(9) 变造离贪的定义

《舍利弗阿毗昙论》改造经说之"厌、不厌俱舍[1]"的离贪真义,另提出"厌离[2]"的生活态度,使佛教趋向避世、消极。

3-5-5-2-3 相关"七处三观"[3]论义的编造

(10) 变造四圣谛的苦圣谛

原始经说的苦圣谛原是"五阴有苦",《舍利弗阿毗昙论》变造为"五阴、六处是苦"[4]的伪苦谛。

(11) 变造四圣谛的苦生圣谛

经说原是"缘无明、妄求之贪爱而有苦"的苦生圣谛,变造为"五阴、六处生即苦生"的伪苦集谛。

(12) 变造四圣谛的苦灭圣谛

原是"灭痴、妄见、贪瞋,令苦灭除"的苦灭圣谛,变为"五阴、六处灭即苦灭"的伪苦灭谛。

(13) 变造四圣谛的苦灭道迹圣谛

经说原为"厌、不厌俱离,是离贪正道"的苦灭道迹圣谛,糅杂耆那教的厌世思想,变造为"厌离五阴是离贪"的伪苦灭道谛。

(14) 变造佛教的三十七道品

古老《七事修多罗》的经说,三十七道品的四念处、四正勤、四如意足、五根、五力、七解脱分、八正道,皆是依"因缘观为核心"的"正念"为首。但是,《舍利弗阿毗昙论》修改原有的三十七道品。例如:八正道改以"正见"为首,五根、五力改以"信根、信力"为先,四神足改以"欲"为前,皆是违反四圣谛三转、十二行的道次第。

---

[1] 大正藏《相应阿含》282经;南传《中部》(152)'根修习经'。
[2] 《舍利弗阿毗昙论》卷一七,《大正藏(28)》p.639。
[3] 《舍利弗阿毗昙论》卷一〇,《大正藏(28)》pp.597~598。
[4] 《舍利弗阿毗昙论》卷二二,《大正藏(28)》p.667。见《相应部》之《蕴相应》10经、《六处相应》21、22经、《圣谛相应》13、14经(SN 56.13~14)。

(15) 变造解脱、涅槃的定义

古老《七事修多罗》的经说,原是离贪、断结、灭苦得解脱,五阴灭则涅槃。《舍利弗阿毗昙论》融摄耆那教的思想,转变经说为五阴是苦、厌离五阴是离贪,五阴灭即是灭苦、解脱,如此造成解脱、涅槃混淆不分。

3-5-5-2-4 相关"触缘受、受缘爱"论义的编造

(16) 变造"五阴因缘"及"受阴"的定义

经说原是"六处缘六触,六触缘六受、六想、六行"之六组的五阴因缘观。《舍利弗阿毗昙论》另外提出"触缘受"的论义,破坏了五阴的因缘观。

此外,又提出"受阴相应识阴"的论义,在经说的"眼受、耳受……意受"等六受以外,另创出忧受、苦受、喜受、乐受、不苦不乐受、舍受①等诸异法异说。

(17) 提出"受缘爱"的异论

如是,《舍利弗阿毗昙论》提出五阴、六处即是苦②,厌苦即厌离五阴、六处;又有"受缘爱"的论义,形成要"断爱即要断受,断受即是断苦、解脱"③的说法,教说近同于耆那教,远离了佛教原有的教法。

(18) 变造佛教的解脱论

《舍利弗阿毗昙论》的论义,变造古老经诵之三十七道品的内容及次第,也篡改"正念"的内容,不仅由"观因缘的生、灭法"转变为"观无常、苦、空、无我",更将奥义书、耆那教的"出入息念"④杂入"正念"⑤的

---

① 《舍利弗阿毗昙论》卷三,《大正藏(28)》p.543;《舍利弗阿毗昙论》卷三,《大正藏(28)》p.543。
② 《舍利弗阿毗昙论》卷一六,《大正藏(28)》p.637。
③ 《舍利弗阿毗昙论》卷一〇,《大正藏(28)》p.597。
④ 《中华佛教百科全书(八)》,中华佛教百科文献基金会,1994年版,pp.4664~4665。
⑤ 《舍利弗阿毗昙论》卷二八,《大正藏(28)》p.705;南传中部(10经)《大念处经》、长部(22经)《大念处经》;相应阿含(810经)、中阿含(98经)《念处经》,《大正藏(1、2)》。

内容,以此变造佛教的"正定"为耆那教的"禅定"①。

经说原来是"痴、贪、瞋灭"的正定解脱,《舍利弗阿毗昙论》改造五阴的定义,糅杂耆那教之"禅定解脱",提出"八解脱论"②、"想受灭尽定"③可达正觉、解脱、体验涅槃,而"色界四禅"④可安住于解脱等异说。

3-5-5-2-5　相关"十结、四果"论义的编造

(19) 变造修证道次第

原始经说的修证道次第是"四圣谛三转、十二行",分别是:先断无明,次断爱缚、苦灭、解脱,后知不再有生。《舍利弗阿毗昙论》提出"十结"⑤论义,融摄耆那教的"三界轮回",主张贪有"欲界贪、色界贪、无色界贪",又融摄"断苦乐、断分别念想(无知)、梵我一如"的禅定解脱论,主张"最后断掉、慢、无明"。如此,发展为"正觉、解脱、涅槃"是混淆不分、顿无次第的异说。

3-5-5-2-6　相关"四种圣贤"论义的编造

(20) 变造佛教的圣者典范

古老《七事修多罗》提出的圣贤,只有佛陀、阿罗汉,佛陀、阿罗汉的异同,是自觉、闻法有别,而修证同是"四圣谛三转、十二行"的一乘道。《舍利弗阿毗昙论》的圣贤,是依"十结"的修断次第建立四种沙门果⑥,而"沙门"正是耆那教出家者的称谓,并再提出声闻人、缘觉人、菩萨人、正觉人"⑦等四种圣者典范。《舍利弗阿毗昙论》提出过度

---

① 《舍利弗阿毗昙论》卷一四,《大正藏(28)》p.624;南传相应部《道相应》8 经(SN 45.8)。
② 《舍利弗阿毗昙论》卷一一,《大正藏(28)》p.604。
③ 《舍利弗阿毗昙论》卷九,《大正藏(28)》p.593;《舍利弗阿毗昙论》卷二四,《大正藏(28)》p.663。
④ 《舍利弗阿毗昙论》卷一四,《大正藏(28)》p.624;南传长部《大般涅槃经》第六诵品。
⑤ 《舍利弗阿毗昙论》卷二四,《大正藏(28)》p.663;《舍利弗阿毗昙论》卷二六,《大正藏(28)》p.690。
⑥ 《舍利弗阿毗昙论》卷四,《大正藏(28)》pp.553~554。
⑦ 《舍利弗阿毗昙论》卷八,《大正藏(28)》p.584。

理想、不实际的圣者典范,扭曲阿罗汉的证量及贡献,造成后世的大、小乘争端。

有关《舍利弗阿毗昙论》变造佛法的详细说明见下册。

3-5-5-3 人间佛教特质及功能的丧失

佛教提出"身心正觉,现实人生解脱"的教说,这是人间的佛陀、人间的佛法、人间的僧团,更是人间的佛教。《舍利弗阿毗昙论》变造出神化佛陀、厌世佛法、避世僧团,以及脱节现实的"变型佛教"。

《舍利弗阿毗昙论》提出六类、二十项异说,是否定现实,肯定纯精神性生命、虚幻理想境界的论义,既鼓吹过度理想化的圣贤典范,追求完美而不实际的人生表现,也贬抑现实阿罗汉的证量与表现。不当论义的负面影响,是使人虔诚、善良、端正,但面对现实生活却是失能、退缩、沮丧,怀抱过度完美的理想,却无法实现于现实人生。这终究只是追寻空洞的理想,陷于脱节现实的虚幻人生。

《舍利弗阿毗昙论》不仅使佛教偏向唯心、神化、理想化,也让人民的生活态度趋于消极、避世、脱节现实,终究是不务实际而困扼于现实生活,造成佛教与信佛的个人、家庭、社会、国家、民族朝向弱化。

两千多年来,虔信"变型佛教"的个人、社会、地区、民族、国家,共同一致的经验,是信仰虔诚、品德善良、行为端正,却是思想固闭、乡愿,理想高远,作为不务实际,自陷于日趋弱化、边缘化的处境。如过去的封建中国、东亚,现今印度、锡兰及东南亚一些国家,长期处在落后、贫穷的处境,即是宗教文化发生严重问题而不自知。

善良却不务实际的偏差宗教思想及信仰,绝不只是宗教问题而已! 必须从社会、国家的安全层次加以思考。尽力扫除《舍利弗阿毗昙论》糅杂在佛教内部的偏差思想,恢复佛教的真实教法及大用,尽力使信佛的民族可以富民强国、日益昌盛,并且引领世界、利世利民。

3-5-6　佛说一乘道、道次第与生活态度

"五事异法"的僧争焦点,是阿罗汉的证量。毗舍离大天举"五事"①,认定阿罗汉是"有漏、不究竟"。摩偷罗僧团是依据古老的经法,认定阿罗汉是"无漏、究竟",佛与阿罗汉的证量是"一乘",唯一不同是"无师自觉"与"闻法正觉"的差异。见:

《相应阿含》75经:有五受阴。何等为五?谓色受阴,受、想、行、识阴。比丘!于色厌离,于色不厌离,于色厌、不厌俱离,离欲、解脱,乃至灭、不起、涅槃。如是受……;想……;行……;于识厌离,于识不厌离,于识厌、不厌俱离,离欲、解脱,乃至灭、不起、涅槃,是名佛陀。(此段经文已修正)

比丘!亦于色厌离,于色不厌离,于色厌、不厌俱离,离欲、解脱,乃至灭、不起、涅槃。如是受……;想……;行……;于识厌离,于识不厌离,于识厌、不厌俱离,离欲、解脱,乃至灭、不起、涅槃,是名阿罗汉。(已修正)

比丘!佛陀、阿罗汉,有何差别?

比丘白佛:"佛陀为法根,为法眼,为法依,唯愿世尊为诸比丘广说此义!诸比丘闻已,当受奉行。"

佛告比丘:"佛陀,未曾闻法能自觉法,通达无上菩提,苦灭、解脱;于未来世开觉声闻而为说法,谓四念处、四正勤、四如意足、五根、五力、七觉、八正道。比丘!是名如来、应供、等正觉,未得而得,未利而利,知道、分别道、说道、通道,复能成就诸声闻,教授教诫。如是说正顺欣乐善法,是名佛陀、阿罗汉差别。"

---

① 《十八部论》,《大正藏》(49)p.19:"从他饶益、无知、疑,由观察、言说得道。"《大毗婆沙论》卷九九,《大正藏》(27)p.511:"余所诱无知,犹豫他令入,道因声故起,是名真佛教。"《部执异论》,《大正藏》(49)p.20:"余人染污衣,无明、疑、他度,圣道言所显,是诸佛正教。"

目前的说一切有部《相应阿含》75经,经文有"于色厌,受、想、行、识厌,离欲、灭、不起、解脱"的传诵,这是糅杂《舍利弗阿毗昙论》之"五阴是苦,厌离五阴"的论义经诵,不同于经说的"贪爱有苦,厌、不厌俱离"。

本篇前面引述的《相应阿含》75经内容,是根据《相应阿含》《相应部》的共说为准,依"当于六处,厌、不厌俱离"的教法,是针对目前该经之"于五阴生厌离",做出相应佛法的妥善修正:

《相应阿含》282经:"缘眼、色,生眼识,见可意色,欲修如来厌离,正念、正智。眼、色缘,生眼识,不可意,欲修如来不厌离,正念、正智。……可意、不可意,欲修如来厌离、不厌离,正念、正智。……,不可意、可意,欲修如来不厌离、厌离,正念、正智。……可意、不可意、可不可意,欲修如来厌、不厌俱离,舍心住,正念、正智。如是阿难!若有于此五句……善修习,是则于眼、色无上修根。耳……,鼻……,舌……,身……,意、法,亦如是说。阿难!是名贤圣法律无上修根。"

《相应阿含》1170经:"云何律仪?多闻圣弟子,若眼见色,于可念色不起欲想,不可念色不起恚想,次第不起众多觉想相续住……。耳、鼻、舌、身、意,亦复如是。是名律仪。"

《相应部》35.206经:"如何为摄护耶?……于此有比丘,以眼见色,心不倾于可爱之色,心不背于不可爱之色,令正念现前,思虑无量而住;……解脱……无余灭尽。以耳闻声……以鼻嗅香……以舌尝味……以身触触……以意识法……。又彼如实知……解脱……无余灭尽。……无论任何人,其身增修,复修正念,彼眼亦不为可意之色所引去,不背离于不可意之色;彼耳……鼻……舌……身……意,不为可意之法所引去,不背于不可意之法。诸比丘!摄护即如是。"

《舍利弗阿毗昙论》融摄异道思想，悖离因缘观，提出"直观无常、苦、空、无我"的错误观法，违反五阴是缘生的认识论：

《相应阿含》296 经："云何为因缘法？谓此有故彼有,谓缘无明行,缘行识,乃至(缘生有老死),如是如是纯大苦聚集。云何缘生法？谓无明、行……。若佛出世,若未出世,此法常住,法住、法界,彼如来自所觉知,成等正觉,为人演说,开示、显发,谓缘无明有行,乃至缘生有老死。"

《相应部》12.20 经："诸比丘！缘生而有老死……缘有而有生……缘取而有有……缘爱而有取……缘受而有爱……缘触而有受……缘六处而有触……缘名色而有六处……缘识而有名色……缘行而有识……缘无明而有行。如来出世、或不出世,此事之决定、法定性、法已确立,即此缘起。如来证知此,已证知而予以教示宣布,详说、开显、分别以明示。诸比丘！何为缘生之法耶？诸比丘！老死是缘生……生是缘生……无明是缘生……诸比丘！此等谓之缘生法。"

《相应阿含》609 经："我今当说四念处集,四念处没。谛听,善思。何等为四念处集,四念处没？食集则身集,食灭则身没。如是随集法观身住,随灭法观身住,随集、灭法观身住,则无所依住,于诸世间永无所取。如是触集则受集,触灭则受没。如是随集法观受住……。名色集则心集,名色灭则心没。随集法观心住……。忆念集则法集,忆念灭则法没。随集法观法住……。是名四念处集,四念处没。"

《相应部》47.42 经："诸比丘！我说四念处之集起与灭坏,且谛听。诸比丘！以何为身之集起耶？依食集起,而身集起；依食灭坏,而身灭坏。……依触集起,而受集起；依触灭坏,而受灭坏。……依名色集起,而心集起；依名色灭坏,而心灭坏。……

依作意集起,而法集起;依作意灭坏,而法灭坏。"

《舍利弗阿毗昙论》卷九①:"云何内身观、内身智?一切内四大色身摄法,一处内四大色身摄法,观无常、苦、空、无我……;云何内受观、内受智?一切内受、一处内受,观无常、苦、空、无我……;云何内心观、内心智?一切内心、一处内心,观无常、苦、空、无我……;云何内法观、内法智?除四大色身摄法受心,余一切内法、一处内法,观无常、苦、空、无我……。"

《舍利弗阿毗昙论》的错误观点,妄见世间即是苦、不乐,并提出"背舍、厌离世间"的论义,鼓吹厌离缘生法的厌世态度,使佛教陷入消极、颓废、脱节现实的困境:

> 如比丘,心知分别一切世间不乐想,于世间种种想,心不生津漏,于本有异,背舍、厌离、正住。比丘如实正知,我已修一切世间不乐想,我有增益异名色,我得修果报。此比丘有正智,一切世间不乐想,亲近多修学,多修学已,得大果报,得大功德,得至甘露。②

如是可见,《舍利弗阿毗昙论》提出无常、苦观,鼓吹一切世间不乐想、厌离,皆是悖离经法的不当论义。

此外,目前《相应阿含》75 经有"离欲、灭、不起、解脱"的经句,也是糅杂《舍利弗阿毗昙论》的论义。"解脱"排置在"灭、不起"的后面,是错置"离欲得解脱"与"五阴灭、不起的涅槃"的次第,更是两者混淆不分的论义经诵。

前面引据的《相应阿含》75 经,经文是已修正为"离欲、解脱,乃至灭、不起、涅槃",正确显示"厌、不厌俱离"是"离欲",离欲则解脱,当解脱后的五阴灭、不起,是谓"涅槃"。

---

① 《舍利弗阿毗昙论》卷九,《大正藏(28)》p.593。
② 《舍利弗阿毗昙论》卷一七,《大正藏(28)》p.639。

此外，目前流传的《相应阿含》75经，有糅杂《舍利弗阿毗昙论》的"十结"论义，误认"无明最后断"。因此，有部的论义经诵，原是阿罗汉的用语，部分使用"阿罗汉慧解脱"取代。前引述《相应阿含》75经的经文，也已去除"阿罗汉慧解脱"的论义，再次还原为"阿罗汉"。

3-5-7　阿罗汉无漏、不究竟的论义

《相应阿含》75经的传诵，可以看到佛陀与阿罗汉的证量异同。在见法上，佛陀是无师自觉，阿罗汉是受佛启化、闻法正觉；在解脱上，佛陀及阿罗汉都是无漏、解脱，同等无分。

分别说部传诵的论义、论义经诵，也主张阿罗汉无漏：

> 若人一切烦恼断，是名阿罗汉人，一切烦恼尽（是）阿罗汉果。①

> 诸比丘！此比丘名为漏尽阿罗汉，梵行已立，所作已办，舍弃重担，达得己利，以尽有结，正知解脱。②

阿罗汉是无漏，这是说一切有部《相应阿含》、铜鍱部《相应部》的共同意见。然而，阿罗汉是否究竟？

《相应阿含》75经的传诵，认定阿罗汉的证量是究竟。然而，分别说部编纂的《舍利弗阿毗昙论》是持不同的看法。《舍利弗阿毗昙论》提出声闻人、缘觉人、菩萨人、正觉人等，分为四种圣贤典范。

《舍利弗阿毗昙论》先承认阿罗汉是"无漏"，再提出声闻人、缘觉人、菩萨人、正觉人，建立"四种圣贤典范"的论义，予以定位阿罗汉证量是"不究竟"：

---

① 《舍利弗阿毗昙论》卷八，《大正藏(28)》p.586。
② 《相应部》之《蕴相应》110经，参《汉译南传大藏经(15)》p.228。

声闻人、菩萨人、缘觉人、正觉人。①

云何声闻人？若人从他闻、受他教、请他说、听他法,非自思、非自觉、非自观,上正决定,得须陀洹果、斯陀含果、阿那含果、阿罗汉果,是名声闻人。

云何菩萨人？若人三十二相成就,不从他闻、不受他教、不请他说、不听他法,自思、自觉、自观,于一切法知见无碍,当得自力自在、豪尊胜贵自在,当得知见无上正觉,当成就如来十力、四无所畏,成就大慈转于法轮,是名菩萨人。

云何缘觉人？若人三十二相不成就,亦不从他闻、不受他教、不请他说、不听他法,自思、自觉、自观,上正决定,得须陀洹果、斯陀含果、阿那含果、阿罗汉果,于一切法心无碍知见,心得自在、心得由力自在、心豪尊胜贵自在,非知见无上最胜正觉,非成就如来十力、四无所畏、大慈转于法轮,是名缘觉人。

云何正觉人？若人三十二相成就,不从他闻、不受他教、不请他说、不听他法,自思、自觉、自观,于一切法知见无碍,得自力自在、豪尊胜贵自在,知见无上最胜正觉,成就如来十力、四无所畏成就,大慈成就自在转于法轮,是名正觉人。②

《舍利弗阿毗昙论》融摄奥义书、耆那教的教说,认同修禅定、达至"梵我一如"的全智、全知,提出"无明最后断"的"十结"论义,因而将无师自觉、离贪、解脱的佛陀称为"正觉人":

何谓烦恼结法？十结,是名烦恼结法。③

云何十结？见结、疑结、戒道结、欲染结、瞋恚结;色染结、无色染结、无明结、慢结、掉结。④

---

① 《舍利弗阿毗昙论》卷八,《大正藏(28)》p.584。
② 《舍利弗阿毗昙论》卷八,《大正藏(28)》p.585。
③ 《舍利弗阿毗昙论》卷二四,《大正藏(28)》p.663。
④ 《舍利弗阿毗昙论》卷二六,《大正藏(28)》p.690。

"十结"的欲染、色染结、无色染结、瞋恚是表达"三界生死烦恼",是融摄奥义书、耆那教的教说;"十结"最后的掉、慢、无明,也是融摄奥义书、耆那教的解脱观,即去除分别念想(断掉结),达至梵我一如的全知全智(断慢结、断无明结)。

《舍利弗阿毗昙论》依据"十结"的论义,分别声闻人为四种沙门果:

> 四沙门果:须陀洹果、斯陀含果、阿那含果、阿罗汉果。……云何须陀洹果?若见断三烦恼,断身见、疑、戒道。是名须陀洹果。……云何斯陀含果?若见断三烦恼断,身见、疑、戒道,烦恼思惟断,欲爱、瞋恚烦恼分断,是名斯陀含果。……云何阿那含果?若五下分烦恼断,身见、疑、戒道、欲爱、瞋恚,是名阿那含果。……云何阿罗汉果?若思惟断,色界、无色界、烦恼断无余,是名阿罗汉果。①

沙门(巴 samaṇa),巴利语 sama 是宁静、平等的意思,巴利语 jana 是人的意思,sama + jana = samaṇa,音译为沙门,原义是"平静、平等的人"。印度婆罗门教提倡雅利安人至上的"种姓制度",压迫印度土著,最后印度有思想的原住民起而反抗,提出"众生皆具梵性,众生平等"及"远离分别念想、梵性独存解脱"的奥义书思想,并促成耆那教的产生。因此,信受梵性本具、众生平等、禅定解脱、梵我一如的耆那教出家者,即称为"沙门"。

《舍利弗阿毗昙论》依"十结"建立"四沙门果",是非常明显的"异道乱佛"。十结、四沙门果、四种圣贤的论义,皆是针对阿罗汉证量的设计,作用是重新定位阿罗汉是"无漏、不究竟",目的是平衡"五事异法"引起的摩偷罗僧团、大天学团之间的对立。

---

① 《舍利弗阿毗昙论》卷四,《大正藏(28)》pp.553~554。

3-5-8 变造阿罗汉的证量——折衷五事的僧争

《舍利弗阿毗昙论》针对正统佛法进行系统性的改造,糅杂大量的奥义书、耆那教主张的思想及实践方法,确实是"变造佛教"的异道论书。

《舍利弗阿毗昙论》改造佛法,针对阿罗汉证量提出"无漏、不究竟"的定义,是采取折衷大天学团、摩偷罗僧团的主张,既符合阿育王亟思平衡僧争的政治性需要,并且达成变造佛教使佛教近同耆那教的目的。

阿育王、目犍连子帝须、分别说部学团结集出的《舍利弗阿毗昙论》,是阿育王藉大天举"五事异法"毁辱佛教之后,再针对佛教进行更大、更全面性的打击。

3-5-9 佛教僧团分裂为三大部系

3-5-9-1 阿育王造成佛教僧团的分裂

阿育王登位第7年,目犍连子帝须配合阿育王的政策,使王族掌握目犍连子帝须僧团。阿育王登位第9年,目犍连子帝须领导"分别说者"的僧团举行自派结集。分别说部学团的结集历时九个月,应当是依循僧团举行结集的传统,自阿育王登位第9年的僧团雨安居(6月15日)开始,至登位第10年的3月15日完成。

分别说部学团主要结集出变造佛教的《舍利弗阿毗昙论》,并依《舍利弗阿毗昙论》作为思想根据,针对"第二次经律结集"集成的《相应阿含》《中阿含》《长阿含》《增一阿含》,予以重新编纂、糅杂、增新。自此以后,目犍连子帝须僧团集出自派独有的经、律、论,形成了"分别说部三藏"。

分别说部学团(目犍连子帝须为首的僧团)传诵的教说、信仰,主要是依《舍利弗阿毗昙论》为主导的"论"与"论义经诵"、"律",不再依循佛教原有的经诵思想。

如此,佛灭后125年(262 B.C.E.),阿育王登位第10年,目犍连子帝须僧团举行结集后,在解说"阿罗汉证量"的立场上,佛教分为不同的三派立场。一、优波鞠多领导的摩偷罗僧团,主张"阿罗汉无漏、究竟";二、听命阿育王,附会毗舍离僧团的大天学团,主张"阿罗汉有漏、不究竟";三、目犍连子帝须为首之分别说部学团(自称是上座部),主张的"阿罗汉无漏、不究竟"。另外,当时由树提陀娑领导的毗舍离僧团,应是不涉入僧争。

阿育王登位起,"五事异法"造成的僧争,僧团不能依经、依律地举行羯磨,共历时十年,无法复归"法同一味,和合无争"的僧团,佛教遂分为三大部。

阿育王时代的佛教三大部系,分别是传承经法、律戒、论书等三派,这三派分别是:一、出自阿难师承,以优波鞠多为首的摩偷罗僧团;二、出自优波离师承,以树提陀娑为首的毗舍离僧团;三、依据《舍利弗阿毗昙论》为本,以目犍连子帝须为首的分别说部学团。另外,阿育王御用附会于毗舍离僧团的大天学团,发展于南印为大天学团,又因大天派广建佛塔于南印,后称为制多部[①](巴利 Cetiyavādā),有日本学者称其为"塔寺集团"。

此时,优波离师承,以树提陀娑为首的毗舍离僧团,是采取不公

---

① Catalogue of the Coinsof the Āndhra Dynasty, By E. J. Rapson;《大唐西域记》卷一〇;《南海寄归内法传》卷四;《中华佛教百科全书(6)》p.3577:
公元前三世纪左右,阿育王(271~235 B.C.E.)于第三次结集后,曾派遣传教师至周边诸国。相传大众部摩诃提婆(Mahādeva)至摩酰娑末陀罗(Mahisa-maṇḍala)国,说《天使经》(Devadūtasutta),度四万人。摩酰娑末陀罗国位于哥达维利河南之地,相当于案达罗国所在地。此后,该国佛教大行,诸王中有多人深信佛教。如在那锡克的刻铭中尝载,案达罗王统第二十三代中兴主哥达弥普多罗(Gotamiputra,公元106年顷即位),于即位第十八年与母后共为佛教僧侣开凿洞窟;第二十四年母后捐赠洞窟予贤胄部之徒。又,据传第二十七代耶遮那斯利(Yajñaśri)王曾修凿那锡克石窟群中的第八洞窟。娑多婆诃王为龙树凿造跋逻末罗耆厘(Bhrāmaragir,黑蜂)洞窟。

开表态的立场,既不支持阿育王、大天、目犍连子帝须,也不公开支持摩偷罗僧团,反抗不当的教说。

此外,《岛王统史》第六章提到"正觉者般涅槃后二百十八年喜见灌顶"①,《大王统史》第五章也说阿育王即位于佛灭后218年。在同时期觉音论师的《善见律毗婆沙》也提出"阿育王登位第16年,迎请目犍连子帝须出面处理僧争",并且《岛王统史》第七章又提到"经〔佛灭后〕第二百三十六年上座部再生大分裂②",意即阿育王登位第18年发生佛教分裂。

可见,铜鍱部的意见,是认为目犍连子帝须领导分别说者学团举行自派结集,过二年随即发生佛教分裂的事件。

然而,佛教分裂事件不是发生在佛灭后236年,而是在佛灭后125年或126年(262或261 B.C.E.),阿育王登位第10或11年,分别说部自派结集完成的当年或隔年。

3-5-9-2 佛教分裂原因的讹传

分别说系的说法,是将部派分裂的原因,转推于佛灭百年毗舍离僧团引起的"十事非律僧争":

> 时世尊灭后〔经过〕百年,毗舍离所属之跋耆子等于毗舍离宣言十事。③

> 经过最之百年,达第二之百年时,于上座之说,生起最上之大分裂。集毗舍离一万二千跋耆子等于最上之都毗舍离宣言十事。彼等于佛陀之教,宣言:角盐〔净〕、二指〔净〕……又〔受〕金银、〔使用〕无边缘座具之〔十事〕。……由上座等所放逐恶比丘跋耆子等,得其他之支持,向众多之人说非法,集合一万人进行

---

① 《岛王统史》第六章,《汉译南传大藏经(65)》p.39。
② 《岛王统史》第六章,《汉译南传大藏经(65)》p.54。
③ 《岛王统史》第四章,《汉译南传大藏经(65)》p.26。

> 结集法。所以此法之结集,称为大合诵。……〔此等之〕大合诵等,是最初之分派,仿彼等而发生数多之分派。①

铜鍱部将阿育王登位的年代多说 102 年,又将部派分裂的时间讹传是佛灭百年的"十事非律僧争",进而误认阿育王时代的佛教已分裂百余年,并且主要部派皆已确立。

3-5-10 论书开启部派佛教的时代

佛陀时代至佛灭后百年间,佛教无有"论"的传诵。"论"出现于部派佛教时期,是国际佛教学术界的共识,不容否认:

> 部派佛教与原始佛教相异之处,在于部派除继承原始佛教的"法"与"律"之外,又另外阐述"对法"(阿毗达磨),而具备了经、律、论三藏。从这个意义来说,部派的特征可以说就在"对法"的论书,同时也可看出将部派佛教视为较低阶教法的原因,是针对阿毗达磨论书说的。②

> 经、律二藏的原型在原始佛教时代就已成立,而论藏的确立则在部派佛教之后,所以论藏的内容随各部派而不同。③

> 在佛灭后百年"第二次结集"时,将《七事修多罗》《记说》《祇夜》等九部经,依据经说的长短分编为《相应阿含》《中阿含》《长阿含》(巴利《相应部》《中部》《长部》)。当时,又从九部经法整理出"经法纲要(本母、摩呾理迦)",再按照法数予以"分类纂集",即扩增发展为《增一阿含》(《增支部》)的编集,成为第四部"阿含"。这部源自"经法纲要(本母、摩呾理迦)",再予以"分类纂

---

① 《岛王统史》第五章,《汉译南传大藏经(65)》pp.30~32。
② 水野弘元《仏教の真髓》,日本春秋社,1986 年版;香光书香编译组译《佛教的真髓》第十章《从原始佛教到部派佛教》。
③ 平川彰《インド仏教史》上册,日本春秋社,1974 年版;释显如、李凤媚合译《印度佛教史》第二章《阿毗达磨文献》,台湾法雨道场,p.157。

集"而扩增发展的《增一阿含》,也被称为"阿毗昙(阿毗达磨)"。……阿毗达磨 abhidhamma 与阿毗毗奈耶 abhivinaya 的语辞,原本是针对传统的经法及律戒,加以赞叹为"无比法"、"无比律"的意思。特别是阿毗达磨 abhidhamma,也被用来称赞持诵经法纲要"持母者 mātikādhara"的别称(见汉译《增一阿含》)①。在后世的部派佛教时代,阿毗达磨 abhidhamma 被转变为宣扬部派主张、见解、信仰之"部义论述"的代名词,或被称为"对法"。因此,有信受部派传诵之"论述"者,往往误以为佛灭百年间的"持母者(持阿毗昙者)",就是部派佛教"论述(阿毗昙、阿毗达磨)"的起源,进而错误的推论佛陀住世时应当就有了部派"论述(阿毗昙、阿毗达磨)"的原型。②

佛灭后百年间的经诵,是《七事修多罗》《祇夜》《记说》等九部经,后来都被称为"修多罗"、"阿毗达磨(阿毗昙)":

  九部修多罗,是名阿毗昙。③

根据大众部《摩诃僧祇律》的记载,佛灭百年以后指称的"修多罗"、"阿毗昙",除了"第一次结集"集成的《七事修多罗》,佛灭百年间增新的《祇夜》(八众相应)、《记说》以外,另外再加佛灭百年以后增新的《伽陀》《本生经》等,共有九部经:

  所谓九部经,修多罗、祇夜、授记(即记说)、伽陀、优陀那、如是语经、本生经、方广、未曾有法,于此九部经。④

  阿毗昙者,九部经。⑤

---

① 《增一阿含》卷一,《大正藏(2)》p.552:"阿含虽难诵,经义不可尽,戒律勿令失,此是如来宝。禁律亦难持,阿含亦复然,牢持阿毗昙,便降外道术。宣畅阿毗昙,其义亦难持,当诵三阿含,不失经句逗。契经阿毗昙,戒律流布世,天人得奉行,便生安隐处。"
② 随佛《部派结集与传诵的演变-5》,《正法之光》第27期。
③ 《摩诃僧祇律》卷一四,《大正藏(22)》p.340。
④ 《摩诃僧祇律》卷七,《大正藏(22)》p.281。
⑤ 《摩诃僧祇律》卷三四,《大正藏(22)》p.501。

佛住世至佛灭后百年(或百一十年)间,佛教是未曾有过"论(阿毗昙)"的传诵。实际上,只有佛灭后百年(或百一十年)间,尊称《七事修多罗》《记说》《祇夜》等九部经为"无比法(阿毗达磨)",后分编为《相应》《中部》《长部》,或是"经法纲要(本母、摩呾理迦)"予以"分类篡集"的《增一阿含》,也称为"阿毗昙(阿毗达磨)"。

论书源自阿育王时代的《舍利弗阿毗昙论》,出自阿育王、目犍连子帝须的共谋,目的是"变造佛教",减少佛教与耆那教的差异、对立,稳定孔雀王朝的统治基础。

《舍利弗阿毗昙论》糅杂奥义书、耆那教的异说,既造成佛教的变质与分裂,更使佛教偏向迷信、消极、颓废、避世及脱节现实。后世佛教各部派、宗门编集的经诵及论书,皆有融摄《舍利弗阿毗昙论》的论义见解。

因此,论书主导部派佛教以后的佛教发展,既是分歧、对立不合,又朝向脱离现实人生的方向发展,不仅丧失务实解决问题的能力,更增加现实人生的迷惑及无谓困境。

变型的后世佛教,虽然成为中老年人的精神慰藉,社会失意分子的避风港,但受到社会知识分子、务实人士、青年人的质疑与拒绝。这是有今日、没有明日的困境!

两千多年来的变型佛教,是愈来愈陷入存续的困境。若佛教不努力的"去论归经,弃妄显正",处在教育普及的现代社会,佛教消失于人间的时日势必不远了!

3-6 阿育王推广论书主导的"变型佛教"

3-6-1 变型佛教对佛教、人民、国家的长期伤害

《舍利弗阿毗昙论》糅杂奥义书、耆那教的教说,提出六类、二十

项异说,否定现实、肯定虚幻的理想,追求完美而不实际的人生表现,既鼓吹过度理想化的圣贤典范,也贬抑阿罗汉的证量与表现。

阿育王的佛教政策是基于政治性目的,《舍利弗阿毗昙论》形塑的变型佛教,鼓吹神化、形上化、理想化,使佛教学人的理念高远、宏大,却追寻空洞的理想,脱节于现实人生。如此,佛教徒的生活态度必趋于消极、退缩、避世,不务实际而困扼于现实生活,造成佛教与信佛的个人、家庭、社会、国家、民族,不可避免地趋向钝化、弱化。

《舍利弗阿毗昙论》糅杂于佛教经诵,导致佛教经诵真伪并列、自相矛盾,令学人不得不"远经学论",佛教遂趋失能、颓废。这不只是信仰问题,更是国家安全问题。

3-6-2 论系之分别说部

3-6-2-1 分别说部传教四方

佛灭后约 125 年(262 B.C.E.),阿育王登位第 10 年,由王族掌控的分别说部学团编集出自派三藏后,阿育王随即派遣分别说部学团为主的宣教团,亦是论系的传教团,积极地将分别说部集出的三藏,传往印度全境及周边地区。

依《舍利弗阿毗昙论》为本的"分别说部三藏",编造出糅杂奥义书、耆那教的"变型佛教"。阿育王藉由"分别说部三藏"的传布,发展符合孔雀王朝利益的"变型佛教"。阿育王的策略,主要有三项政治性目的:

一、促使佛教质变而近似耆那教,减少佛教与耆那教的差异及对立,有助于支持耆那教之孔雀王朝的稳定。

二、藉由充满消极、避世、脱节现实的耆那教及"变型佛教",钝化孔雀王朝臣民及周边地区人民的身心,从根源消除王朝内外的反抗思想,稳定孔雀王朝的统治。

三、推广"变型佛教"于四方,弱化孔雀王朝的周边国家,减轻王朝外部的敌对势力,稳定王朝的统治与生存。

自古以来,政治必须负起安邦利民的责任,宗教是不可能脱开政治的监督。然而,仁德有智的君王,是引导宗教具备理性、务实、积极、勇健、富民、强国的教化作用。反之,若是运用宗教来愚弄、弱化民众,必使社会、国家、民族逐渐地衰微,丧失国际竞争力。

阿育王派遣的传教团,主要有九组宣教使节团,各有负责的长老及化区①:

传教师	宣教地	今日所在地区	分化部
末阐提	罽宾、犍陀罗	北印之克什米尔等	阿难系
摩诃提婆(大天)	摩酰婆曼陀罗	南印之迈索尔等地	制多部
勒弃多	婆那婆私	未详,有说在南印	分别说系
昙无德	阿波兰多迦	西印之苏库尔以北	法藏部
摩诃昙无德	摩诃剌陀	南印之孟买	分别说系
摩诃勒弃多	臾那世界	印度西北地区	分别说系
末示摩、迦叶波	雪山边	尼泊尔等	饮光部
须那迦、郁多罗	金地国	缅甸	分别说系
摩哂陀等	铜掌国(师子国)	斯里兰卡	铜鍱部

末阐提是罽宾(迦湿弥罗)的开教大师,日后发展于罽宾的说一切有部,基于教派发展的需要,说一切有部宣称末阐提是阿难直传;摩诃提婆出自外道背景,是附于毗舍离僧团的政治僧人,领导一批出

---

① 《岛王统史》第八章,《汉译南传大藏经(65)》pp.56~57。

于毗舍离僧团的僧人发展为大天学团,并传化于摩酰娑曼陀罗,日本学者称其为"塔寺集团"。

《善见律毗婆沙》说是目犍连子帝须派遣,实际是阿育王派遣的传教团:

> 于是目犍连子帝须,集诸众僧,语诸长老:"汝等各持佛法,至边地中竖立。"诸比丘答言:"善哉!"(目犍连子帝须)即遣大德末阐提,汝至罽宾犍陀咃国中;摩呵提婆,至摩酰婆末陀罗国;勒弃多,至婆那婆私国;昙无德,至阿波兰多迦国;摩诃昙无德,至摩诃勒(咃)国;摩呵勒弃多,至臾那世界国①(是印度西北);末示摩,至雪山边国;须那迦郁多罗,至金地国;摩哂陀、郁帝夜参婆楼拔陀,至师子国。各竖立佛法。②

1. 末阐提长老(Majjhantika Thero)③:往迦湿弥罗(Kasmīra,即现在的克什米尔)及犍陀罗(Gandhāra,约在今巴基斯坦的白沙瓦,拉瓦尔品地一带)。

2. 摩诃提婆长老(Mahādeva Thero):往摩酰娑曼陀罗(Mahisakamandāla,即现在南印度的迈索尔邦)。

3. 勒弃多长老(Rakkhita Thero):往婆那婆私(Vanavasa,在现在南印度孟买邦一带)。

4. 昙无德长老(Dhammarakkhita Thero):往阿波兰多迦(Aparāntaka,在现在印度的卡提瓦尔半岛一带)。

5. 摩诃昙无德长老(MahādhammarkkhitaThero):往摩诃勒咃(Mahāraṭṭha,在现在印度的孟买一带)。

---

① 臾那世界国,梵名 Yavana-loka,是巴利语 yona-loka、希腊语 Ionia 的转讹。又作余尼国、喻尼国、渝匿国、夜婆那国、夜摩那国、耶盘那国。位于印度西北之古国名。即公元前第四世纪,亚历山大东征以后,由其将领塞流卡斯(Seluckos)统治的大夏(Bactria)。
② 《善见律毗婆沙》卷二,《大正藏(24)》pp.684~685。
③ 《中华佛教百科全书(三)》,中华佛教百科文献基金会,1994 年版,巴利语,p.1289。

6. 摩诃勒弃多长老(Mahārakkhita Thero)：往臾那(梵 Yavana-loka,巴 Yona-loka,希腊语 Ionia 的转讹)，又作余尼国、喻尼国、渝匿国、夜婆那国、夜摩那国、耶盘那国，位于印度西北，希腊人的殖民地。

7. 摩诃末示摩长老(Mahāmajhima Thero)、迦叶波(Kāśyapa Thero)：往喜马拉雅地区(疑即现在的尼泊尔、锡金、不丹、拉达克和中国大陆的西藏南部地区)。

8. 须那迦长老(Sona Thero)、郁多罗长老(Uttara Thero)：往金地(Suvarṇabhūmi,古金地,约包括现在柬埔寨、泰国、下缅甸、老挝南部及湄公河三角洲一带)。

9. 摩哂陀长老(Mahinda Thero)：往楞伽岛(Laṇkā,今斯里兰卡)。据《大王统史》记载，摩哂陀长老率领伊提雅(Iṭṭhiya)、郁提耶(Uttiya)、桑婆罗(Sambala)、巴达沙罗(Bhaddasala)等四位长老，以及僧伽蜜多的儿子苏摩那(Sumana)沙弥及般杜迦居士(Bhaṇḍuka)等一行七人①，将分别说部学团结集的三藏传入锡兰。当时楞伽岛的提婆南毗耶·帝须王(Devānampiya Tissa, 247~207 B.C.E.)皈依佛教，在阿努罗达普罗(Anurādhapura)建立了大寺，这是现今斯里兰卡佛教的起源。

佛灭后 181 年(206 B.C.E.)摩哂陀终老于楞伽岛②，未回印度。这可能是因为阿育王殁后，继任的王家子孙，达色拉塔(Dasharatha, 230~222 B.C.E.)、商普罗帝(Samprati, 222~213 B.C.E.)，皆信仰耆那教③，不支持分别说部。

阿育王派遣僧伽四方弘化，遂造成弘化于各地的教团逐渐再分化，"变型佛教"也从分别说部学团的部派信仰，跃升为国际性的学说。然而，真正的佛教却日渐隐没。

---
① 《大王统史》第十二、十三章，参元亨寺出版《汉译南传大藏经(65)》p.216、p.220、p.221。
② 《岛王统史》第十七章，《汉译南传大藏经(65)》p.118。
③ 根据近代研究《往世书》Purāna 的结果。

3-6-2-2　阿育王独尊分别说部

阿育王派往各地的传教者,主要是王族掌控、目犍连子帝须建立的分别说部传教团。开教罽宾(迦湿弥罗)的末阐提(末田提)长老,出自毗舍离僧团的大天(摩诃提婆),两者皆不是阿育王的重点。

末阐提长老是早已闻名罽宾的开教大师,阿育王委请末阐提传法罽宾,是誉而不实的政治手法。实际是一方面加强罽宾僧团与孔雀王朝的友好合作,二方面是进一步孤立阿难师承摩偷罗僧团的优波鞠多。

大天(摩诃提婆)是出自毗舍离地区的知名人士,也是阿育王袒护的政治僧人。但是"大天五事"引起的僧争,间接使阿育王的威信大受质疑,遂使阿育王改为重用目犍连子帝须。因此,阿育王指派大天前往孔雀王朝南方边区的摩酰娑曼陀罗(南印迈索尔 Mysuru)传教,目的应有两个,一者是减少大天学团与分别说部学团之间的竞争,二者是弱化南印强大的案达罗王朝。

阿育王的传教事业,是政治性质的传教,即藉分别说部学团发展出近似耆那教的"变型佛教",一者减轻原是支持王兄、反阿育王的耆那教势力,二者安抚效忠阿育王的耆那教徒,三者降低两教差异以利孔雀王朝的稳定。

3-6-3　阿育王分建佛舍利塔于各地

3-6-3-1　佛初灭八国建塔供养佛舍利

公元前 387 年,释迦佛陀入灭于拘尸那罗,火化后的佛陀舍利(梵 śarīra,巴 sarīra,指色身火化后的遗骨),由香姓婆罗门平分予八国建塔供养,并另立瓶塔、炭塔,共立有十塔。法藏部传诵的《长阿含经》,独说有"生时发塔",可能是指"金地国(现今缅甸)"传说供有"佛初正觉时的八根头发"的仰光大金塔,但这不是佛教共承的历史,十塔才是部派共同的记载：

> 时，拘尸国人得舍利分，即于其土起塔供养。波婆国人、遮罗国、罗摩伽国、毗留提国、迦维罗卫国、毗舍离国、摩竭国阿阇世王等，得舍利分已，各归其国，起塔供养。香姓婆罗门持舍利瓶，归起塔庙；毕钵村人持地燋炭，归起塔庙。当于尔时，如来舍利起于八塔，第九瓶塔，第十炭塔，第十一生时发塔。①

> 尔时，韦提希子摩竭陀王阿阇世，于王舍城为世尊之舍利造塔并兴供养。毗舍离之离车族，于毗舍离为世尊之舍利造塔供养。迦毗罗城释迦族，于迦毗罗城为世尊之舍利造塔供养。遮罗颇之跋离族，于遮罗颇为世尊之舍利造塔供养。罗摩伽拘利族，于罗摩伽为世尊之舍利造塔供养。毗留提婆罗门，于毗留提为世尊之舍利造塔供养。波婆之末罗族，于波婆为世尊之舍利造塔供养。拘夷那竭之末罗族，于拘夷那竭为世尊之舍利造塔供养。香姓婆罗门，造瓶塔供养。毗钵梨瓦那之莫利耶族，于毗钵造灰塔供养。如是八舍利塔及第九之瓶塔，第十之灰塔。②

> 尔时，大众中有一婆罗门姓烟，在八军中，高声大唱：拘尸城诸力士主听！佛无量劫积善修忍，诸君亦常闻赞忍法，今日何可于佛灭后为舍利故起兵相夺？诸君当知此非敬事。舍利现在，但当分作八分！诸力士言：敬如来议。尔时，姓烟婆罗门，即分舍利作八分。……尔时，拘尸城诸力士，得第一分舍利。……波婆国，得第二分舍利。……罗摩聚落拘楼罗，得第三分舍利。……遮勒国诸刹帝利，得第四分舍利。……毗（㝹）诸婆罗门，得第五分舍利。……毗耶离国诸梨昌种，得第六分舍

---

① 《长阿含经·游行经》卷四，《大正藏(1)》p.29；"时，香姓婆罗门晓众人曰：诸贤！长夜受佛教诫……如来遗形欲以广益，舍利现在但当分取。众咸称善。寻复议言：谁堪分者？皆言香姓婆罗门，仁智平均，可使分也！时，诸国王即命香姓，汝为我等分佛舍利，均作八分。"《长阿含经·游行经》卷四，《大正藏(1)》p.30。

② 《长部》16《大般涅槃经》，《汉译南传大藏经(7)》pp.124～125。

利。……迦毗罗婆国诸释子,得第七分舍利。……摩伽陀国主阿阇世王,得第八分舍利。……姓烟婆罗门,得盛舍利瓶,还头那罗聚落。……必波罗延那婆罗门居士,得炭。……尔时,阎浮提中八舍利塔,第九瓶塔,第十炭塔。佛初般涅槃后起十塔。自是已后起无量塔。①

《长阿含》是分别说系法藏部诵本,《长部》是分别说系铜鍱部诵本;《十诵律》是阿难师承摩偷罗僧团的诵本。

供奉释迦佛陀真身舍利的八国,主要是恒河以南的摩竭陀国、恒河流域西方的拘萨罗国,以及释迦族血缘相关的东方六族。分别如下:

1. 波婆国,末罗族(力士);Pāvā Malla
2. 遮罗颇国,跋离族(遮勒国之刹帝利);Allakapa Buli
3. 罗摩伽国,拘利族(拘楼罗);Rāma Gāma Koli
4. 毗留提国,婆罗门;Vethadīpa Brāhmaṇa
5. 迦毗罗卫国,释迦族;Kapilavatthu Sakya
6. 毗舍离国,离车族(梨昌);Vesālī Licchavi
7. 摩竭国,阿阇世王;Māgadha Ajātasattu
8. 拘萨罗国,末罗族(拘尸之力士);Kusinārā Malla

3-6-3-2 阿育王分佛舍利,广建佛塔

佛灭后约125年(262 B.C.E.),阿育王登位第10年起,阿育王不仅派遣分别说部传教团将"变型佛教"传往各方以外,并且攫取佛灭时诸国供养的释迦舍利(除罗摩聚落),再由分别说部传教团建"佛舍利塔"于印度全境及周边各地,既宣扬孔雀王朝的国威,也确立"变型佛教"的权威地位:

---

① 《十诵律》卷六〇,《大正藏(23)》pp.446~447。

>　　（阿恕迦王）便诣王舍城，取阿阇世王所埋四升舍利，即于此处造立大塔。第二、第三乃至第七所埋舍利悉皆取之。于是，复到罗摩聚落龙王所，欲取舍利。龙王即出请王入宫，王便下船入于龙宫。龙白王言：唯愿留此舍利听我供养，慎莫取去。王见龙王恭敬、供养倍加人间，遂即留置而不持去。王还于本处便造八万四千宝箧，金、银、琉璃以严饰之，一宝箧中盛一舍利……一一舍利付一夜叉使遍阎浮提，其有一亿人处造立一塔。于是鬼神各持舍利四出作塔。①

阿育王遣鬼神四出建八万四千塔，是神话而已！实际是遣分别说部传教团四方传教、建塔，也没有八万四千塔。

　　罗摩伽国拘利族（Rāma Gāma Koli），是最初分奉释迦佛陀舍利的八国之一，也是古代印度十六大国之一。

　　拘利族人是将"佛舍利塔"建在恒河岸边的沙洲，由于水患毁坏舍利塔而遗失，阿育王无法取得，遂以"龙王守护而不可得"为理由②：

>　　罗摩村塔，设于恒河之畔，由此之后，此舍利箧为恒河大水所毁。③

此外，阿育王攫取八国守护的佛舍利，应当是佛灭后125年（262 B.C.E.），阿育王登位第10年以后的事。据世界著名考古学家哈利·福克博士（Dr. Harry Falk）的研究，认定是阿育王登位第11年起④。

　　阿育王将佛舍利交付分别说部传教团，藉由释迦佛陀舍利的宗教神圣性，强化分别说部学团、变型佛教的权威性，目的是确立分别说部学团代表正统佛教的地位。

---

① 《阿育王传》卷一，《大正藏(50)》p.102。
② 哈利·福克《释迦佛陀之舍利》，原始佛教会翻译，叶少勇润文，2018年版，p.27。
③ 《大王统史》第三十一章，《汉译南传大藏经(65)》pp.320～326。
④ 哈利·福克《释迦佛陀之舍利》p.30。

3-6-3-3 分别说部传教团前来大秦的传说

汉地有传说,在秦始皇时代,曾有室利房等十八人前来,秦始皇不信受,并且囚禁入狱,后破室逃返:

> 秦正世……有十八沙门自西域至(谓室利房等十八人也)。彼暴嬴方有事于天下,不遑大道且我有德,狱沙门于重垣,为力士神奋威击垣(始皇惟降服礼谢,道人却反西国)。①

> 秦始皇四年,西域沙门室利房等十八人,赍佛经来化。帝以其异俗囚之,夜有丈六金神破户出之,帝惊稽首称谢,以厚礼遣出境。②

阿育王治世的年代,是公元前271~235年,推展传教是公元前262~235年。秦王嬴政治世的年代,是公元前247~210年,公元前238年22岁亲政,公元前221年39岁灭六国、登皇帝位,号始皇帝,公元前210年50岁殁世。

阿育王殁世的时间,是秦王嬴政亲政第3年,当时还是东周的战国时代。宋朝的《佛祖统纪》:"秦始皇四年,西域沙门室利房等十八人,赍佛经来化。"秦始皇四年,是公元前218年的时期,阿育王殁世已有18年,当时孔雀王朝是由第五代君王商普罗帝(Samprati,222~213 B.C.E.)治世,是一位极力支持耆那教的君王。

阿育王的继任者,达色拉塔王(Dasharatha,230~222 B.C.E.)支持耆那教,不支持分别说部:

> 时阿育王得病困笃生大忧恼……大臣语太子言:"阿育大王须臾应终……太子应当勒守物人,勿令金出。"于是太子即便勒之,阿育王敕不复施行……时阿育王无复有物,唯半庵罗果在其手。……

---
① 《北山录》卷二,《大正藏(52)》p.582。
② 《佛祖统纪》卷三四,《大正藏(49)》p.328。

> 阿育王即呼傍臣，名曰跋陀罗目阿（翻贤面）而语之言："我失自在，汝今于我为最后使。……此半阿摩勒果送与鸡寺，宣我语曰：阿育王礼众僧足！昔领一切阎浮提地，今者唯有半阿摩勒果，是我最后所行布施，愿僧受之。"①

从秦朝至唐朝，经历八百多年，期间诸多朝代皆未有"秦世有十八沙门自西域至"的记载，试问：《北山录》的作者是从何得知？若传教团被始皇囚禁，又是越狱逃离。在双方信仰、文化不同的情况下，秦朝人如何接受佛教，甚至收藏"佛遗骨"传予后世？又试想：印度传教团私埋"佛遗骨"于汉地，却又不让世人得知，有可能吗？

唐皇室自太宗至懿宗，共有七次迎佛骨，目的是藉崇佛彰显帝王权威、平衡权斗。唐朝韩愈写《谏迎佛骨表》，是在唐宪宗十四年(C.E. 819)，距离阿育王殁世已有 1 054 年。编写《北山录》的神清与韩愈是同一时代的名人②，神清编造"秦世时有十八西域沙门前来"的原因，极可能是出自唐帝国的政治需要。

3-6-3-4 佛舍利的真伪证明

阿育王殁后已过两千二百多年，世事变迁至巨，现今各国佛教圈普遍流传着不知源于何时、来自何方的"佛舍利"，或许绝大多数是为了满足信众的信仰需要，或是出自统治者的政治目的，重点不在"佛舍利"的真伪！

然而，释迦佛陀的真身舍利，毕竟是需要考古学界的历史证据考证，作为证明的依据，绝不是依靠传说！

---

① 《阿育王经》卷五，《大正藏(50)》pp.147～148。
② 《北山录》前序、后序，《大正藏(52)》pp.573、636。《北山录》序（钱唐沈辽）："余闻神清在元和时，其道甚显，为当世公卿所尊礼，从其学者至千人，而性喜述作。……生大安山下，后居长平山阴，故谓之北山录。"《北山录》后序（殿中丞致仕丘濬）："唐宪宗即位年，建号元和。于时文章彬郁，类麟、鸾、虬、虎、兰、桂、珠、贝，腾精露芒，溢区宇间。若韩退之、柳君厚、元微之、白居易、刘禹锡、李观，悉以才刃勷造化。……一日，僧惟贤赟谒于陋业，始见之，温俨清邃，疑有所蕴而来也！……忽袖中出缃素五编，且曰：此东蜀绍竺干弟子神清譔述也！目之为北山录。首之以艾儒，终之以外信，凡十六篇。"

3-6-4 释迦族供奉的佛舍利

3-6-4-1 释迦族的没落

佛世时,释迦族自恃是高贵的雅利安血统,不与他族通婚。当时拘萨罗国的波斯匿王为了提升氏族的血统地位,武力要挟释迦族通婚。自傲的释迦族既要自保,又不愿与其通婚,遂以释族长者(释摩南)与"女婢"私生的女子,冒充释族刹帝利女嫁予波斯匿王,并且生下琉璃王子(梵 Virūḍhaka,巴 Viḍūḍabha):

> 尔时,舍夷国(舍卫国)犹遵旧典,不与一切异姓婚姻。波斯匿王贪其氏族,自恃兵强遣使告言:"若不与我婚,当灭汝国。"诸释共议……佥曰:"正当简(拣)一好婢有姿色者,极世庄严,号曰释种而以与之。"如议,即与波斯匿王备礼娉迎,后生一男……字曰琉璃。①

琉璃王子于八岁时,曾至迦毗罗卫国(Kapilavatthu)向释迦族学习射箭,却因为进入准备供佛及比丘僧的新建大堂,受到释迦族人辱骂:"下贱婢子,我不以汝为良福田!"受辱的琉璃王子遂怀恨在心,并准备日后为王时再报复泄忿:

> (琉璃)至年八岁,王欲教学。……当令吾子就外氏学,即敕大臣子弟侍从太子,就释摩南请受射法。尔时,诸释新造大堂共作要重,先供养佛及诸弟子,然后我等乃处其中。琉璃太子与其眷属辄入游戏,诸释见之,瞋恚骂言:"下贱婢子,我不以汝为良福田!云何世尊未入中坐,而(汝)敢在先?"琉璃太子即大忿恨,敕一人言:"汝忆在心,我为王时,便以白我!"即便出去。诸释于后掘去堂土更为新地。②

---

① 《五分律》卷二一,《大正藏(22)》pp.140~141。
② 《五分律》卷二一,《大正藏(22)》p.141。

佛陀晚年,琉璃王子登拘萨罗国王位,为了报复释迦族的侮辱,遂率兵杀戮释迦族:

> 琉璃太子……少年之中便绍王位……昔受教臣便白王言:"王忆某时诸释骂不?"……王闻其语,即严四种兵往伐诸释。①

佛陀顾念亲族的灾厄,出面劝阻琉璃王杀戮释迦族,但释迦族还是惨遭琉璃王的杀戮:

> 世尊闻之,即于路侧坐无荫舍夷树下。王遥见佛,下车步进,头面礼足,白佛言:"世尊! 好树甚多,何故乃坐此无荫树下?"世尊答言:"亲族荫乐!"王知佛意,愍念诸释即回军还。如是再反,彼臣又复如前白王,王便严驾往伐诸释。②

琉璃王对释迦族的杀戮,通过释摩南的求情与牺牲,释迦族得免于灭族的厄运,尚有少数释迦族人逃过兵灾,存留于世:

> 琉璃王得城已,宣令三军:"一切释种皆悉杀之,若非释种慎勿有害。"三亿释闻皆捉芦出言:"我是持芦释。"屯门者信,放令得去。
>
> 于是,释摩南到琉璃王所。琉璃王以为外家公,白言:"阿公欲求何愿?"(释摩南)答言:"愿莫复杀我诸亲。"王言:"此不可得! 更求余愿。"(释摩南)又言:"愿从我没水至出,于其中间,听诸释出,凡得出者不复杀之!"琉璃王作是念:水底须臾何为不可,即便许之!
>
> 释摩南便解头(发)沐没,以发系水中树根,遂不复出。王怪其久,使人入水看之,见其已死,发系树根。以此白王,王便叹言:"乃能为亲不惜身命!"即宣令三军:"若复有杀释种者,军法

---

① 《五分律》卷二一,《大正藏(22)》p.141。
② 《五分律》卷二一,《大正藏(22)》p.141。

罪之。"①

日后，琉璃王沉船溺死，摩揭陀国吞并侨萨罗国。佛陀初灭，八国分奉佛舍利时，因为释迦佛陀与释迦族的血缘关系，当时已经没落的释迦族还是分到主要的一份佛舍利。

释迦遗族为供奉佛陀舍利，在释迦族领土（Terai，德赖平原）的中心建了一处佛塔。由于当时释迦族已没落，释迦族建立的佛陀舍利塔规模可能不大，也较简单。

3-6-4-2 发现释迦族守护的佛舍利

佛灭后约126~130年（261~257 B.C.E.），阿育王登位第11~15年，阿育王取出七国供奉的佛舍利，并各留部分佛舍利于原址。根据著名考古学家哈利·福克博士（Dr. Harry Falk）的研究，阿育王收集原安置于七国的佛舍利后，将其中主要部分特别安置于蓝毗尼供奉②，并立石柱宣示。孔雀王朝末年，王朝无力保护，迦毗罗卫城的释迦遗族为了保护蓝毗尼供奉的佛陀舍利，遂将供奉在蓝毗尼的佛舍利移至迦毗罗卫城的佛塔原址之上供奉。

在往后长约2150年的岁月，佛舍利塔经历婆罗门教、印度教、回教的破坏，以及自然环境的风化、湮没，逐渐为世人遗忘。

1896年安东·费洛博士（Dr. Anton Führer）经由军医（Austin Waddell）提供的路线，发现佛陀出生地蓝毗尼，他与Khadga Shumsher Rana将军进行考古挖掘③。

---

① 《五分律》卷二一，《大正藏（22）》p.141。
② 哈利·福克《释迦佛陀之舍利》p.31《阿育王分佛舍利予蓝毗尼而未建塔》、p.52《石函移至迦毗罗卫的迎救行动》，原始佛教会2018年翻译、出版。
③ 1896年，军医Austin Waddell的路线图，让德国考古学家Dr. Anton Führer和帕尔帕省总督Rana将军，在女河神Rupadevi庙西侧发现一个破损石柱，石柱刻有早期的婆罗米铭文，后被考证是阿育王敕文，意为"天佑慈祥王登基二十年，亲自来此朝拜，因为此处是释迦牟尼佛诞生之地"，故该遗址被确定为蓝毗尼Lumbini。参见FALK, Harry. The discovery of Lumbini. Occasional Papers, 1998, 1.

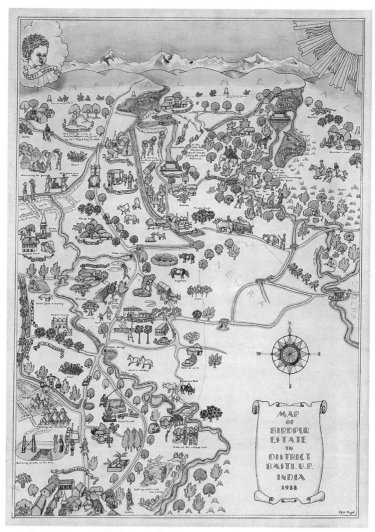

早期印度的手绘地图,左上角是比普罗瓦佛塔位置

发现蓝毗尼,引起英国人威廉·克拉斯顿·佩沛(William Claxton Peppé, C.E. 1852～1936)的注意,遂在邻近蓝毗尼的自家土地,寻找释迦族的迦毗罗卫城。他针对北印比哈省比普罗瓦地区的

可疑山丘进行考古挖掘,此地正是比普罗瓦佛塔(Piprahwa stupa)的所在。挖掘期间,他得到锡兰舍利·须菩提(Sri Subhuti)长老给予的鼓励。

1896年发现蓝毗尼阿育王石柱婆罗米铭文 天佑慈祥王登基二十年,亲自来此地朝拜,因为此处是释迦牟尼佛诞生之地

威廉·克拉斯顿·佩沛1898年发现迦毗罗卫城佛舍利塔

1898年在比普罗瓦佛塔考古勘探发现的石棺

比普罗瓦佛塔内藏的佛舍利罐、释迦佛陀遗骨舍利

威廉·克拉斯顿·佩沛手写佛舍利罐上婆罗米文铭文及音译

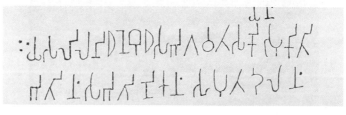

佛舍利罐上婆罗米文铭文

比普罗瓦佛塔内封藏珠宝供养佛舍利的琉璃罐

1898年,威廉·克拉斯顿·佩沛发现封藏在比普罗瓦佛塔内部的石棺、舍利罐,以及多达一千多件的珠宝饰物。

古迦毗罗卫城,比普罗瓦佛塔出土石棺内藏的舍利罐上有铭文,舍利罐的铭文,用阿育王时代的婆罗米文写着:

Sukitibhatinaṃ sabhagiṇikanaṃ saputadalanaṃ iyaṃ salilanidhane budhasa bhagavate《saki》yanaṃ

(音译) Nidhani Su Kit tim had tin amp Sab ah kin i can nam sapupujhuj yenan. Ya salsana nidasi buddasa.

舍利罐铭文的意思,是述说着:

释迦族圣人佛陀世尊之舍利的安放处,供奉者为有美誉的释迦族兄弟,携其姊妹、儿子和妻子。

比普罗瓦佛塔内封藏佛舍利罐的石棺

舍利罐上的铭文,是阿育王时代新创的文字——婆罗米文(brāhmī)[①]。世界著名考古学家,古印度语言学权威哈利·福克博士(Dr. Harry Falk, the world's leading authority on ancient Indian languages)针对舍利罐铭文的类型、用词,石棺的型式、材料,确定石棺、舍利罐皆出自阿育王时代。

1971年,印度政府批准了针对比普罗瓦佛塔的第二次勘探考古工作。考古团队在威廉·克拉斯顿·佩沛发现之装舍利罐的石棺地下层,另外发现了两处石室、皂石制的石棺、石壶,以及破碎的红土陶盆。随后,印度考古团队证明新发现的石室、石棺、石壶、红土陶盆,皆出自比上层佛塔更为古老的佛陀时代。

2013年美国国家地理频道,针对比普罗瓦佛塔前后两次考古研究,再次加以探究,证明比普罗瓦佛塔内的佛陀舍利,确实是出自阿育王的供奉。比普罗瓦佛塔出自阿育王以后的时代,在迦毗罗卫城佛塔的原址上,再加以重建新塔,并安置阿育王供奉的佛陀舍利。

1971年第二次考古,比普罗瓦佛塔内,在供奉释迦佛陀舍利之石棺的地下层,另外发现建于佛陀时代的佛塔遗迹。

---

① 见哈利·福克《古印度文字的创作与传播》,中华原始佛教会2019年翻译出版:"婆罗米文作为政务管理所用的文字并未获得很大成功,而是用于向西部地区宣示其发源地的文化和道德标准,以及其创造者——阿育王。"
见 Harry Falk, The Creation and Spread of Scripts in Ancient India, In Anne Kolb(e.d):Literacy in Ancient Everyday Life. Berlin, Boston:De Gruyter:pp.43~66(2018).
婆罗米文(brāhmī),是除了尚未破解的印度河文字以外,印度最古老的字母。
最早使用婆罗米文的文献,溯源于公元前3世纪的阿育王石刻碑文,是阿育王时期新创的文字,用于孔雀王朝官方宣告的敕令、记录。

比普罗瓦佛塔的考古发现,不仅证明了阿育王持奉佛舍利的真实性,也代表释迦族迦毗罗卫城的确定位置。

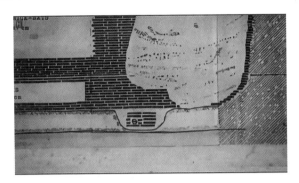

石棺位置的地下层发现建于佛陀时代之遗迹(位置示意图)

1898年比普罗瓦佛塔 Piprahwa stupa 考古勘探挖掘现场

目前迦毗罗卫城 Kapilavatthu 比普罗瓦佛塔 Piprahwa stupa

3-6-4-3 释迦族供奉之佛舍利的分奉

在比普罗瓦佛塔发现的佛舍利,初期因为受到咨询的德国考古学家安东·费洛博士(Dr. Anton Führer)的拖累,曾经一度受到考古界的质疑。

当时有位泰国王子 Prisdang 在锡兰的舍利·须菩提(Sri Subhuti)长老座下出家,其敦请舍利·须菩提向威廉·克拉斯顿·佩沛建议,可以将这批受质疑的佛舍利送给泰王拉玛五世,以便减轻各

泰国王子 Prisdang 出家 The Prince Priest Jinawarawansa

泰王拉玛五世照片

界的质疑,增加公信力。

因此,当时治印的英国政府即将这批佛舍利送予泰王拉玛五世,目前这批佛舍利安奉在曼谷金山寺(The Golden Mount Temple)。

此外,发现舍利的威廉·克拉斯顿·佩沛,为了感谢锡兰舍利·须菩提(Sri Subhuti)长老的帮助,亲致书信予舍利·须菩提长老,一方面表明出土的佛陀舍利将由英国政府赠予泰王,二方面请求泰王将比普罗瓦佛塔出土之释迦佛舍利的部分送予舍利·须菩提长老。目前该信保留在斯里兰卡国家档案库。当年信件如下:

Сопроводительное письмо мистера Пеппе / The covering letter of Mr. Peppe

Здание первого реликвария

William Claxton Peppé 佩沛写给舍利·须菩提长老的亲笔信

Birdpore,N.W.P.

April 18,1898

Dear Sir,

　　I am very sorry I have been so long in writing and also in answering your two letters. I have been very busy and I wished to wait till I heard what government intended doing with the relics and bones I found.

I have made over the bones to Government and they are going to send them to the King of Siam with a request that he sends to you and the Buddhists of Ceylon a portion. The coffer and vases (？) are placed in the museum in Calcutta. I will send the answers to your questions today. (？)

I sent you under registered cover a parcel containing 21 of the relics I found in the vases and I hope you will accept them as a present from me. You will see how beautifully they are made.

Should you at any time wish to visit these parts, now interesting to Buddhists, I shall be very pleased to put you up and do what I can to make your visit pleasant and interesting. Be very careful how you open the parcel and take the contents out in a plate as you may lose some.

With kind regards,

Yours Sincerely

W. C. Peppé

【信件1中译】

Birdpore，N.W.P

4/18/1898

尊敬的先生：

我深感抱歉，这么久才回复之前您寄来的两封信件。近来，我实在太忙，并且我原本的打算，在得知政府如何处理我所发现的文物及遗骨（舍利）以后，我再作回复。

我已经把遗骨（舍利）呈交给政府，他们计划把遗骨（舍利)转送给暹逻国王,并请求国王陛下把其中一部分转赠给您和锡兰佛教信徒。石棺、壶罐已经存放在加尔各答博物馆。今天,我会回信答复你的问题。

我寄给您的挂号包裹里,有我在壶罐里发现的21份遗骨(舍利),希望您能接受这份礼物。您将会看到它们是多么美丽!

现在,佛教徒们对这些圣物很感兴趣。无论何时您想参访这些发现的文物,我乐意随时为您安排,并尽我所能的使您有一次愉快和充满乐趣的访问。

您打开包裹时务必要小心,最好是放在盘子内取出,否则您可能会散落一些。

致以亲切的问候

您真诚的朋友

W. C. Peppé

【在信的上方有一行标注】:先生! 包裹邮件地址我只写瓦斯卡杜瓦而没有写卡卢特勒。请注意! 以确保拿到包裹。

当舍利·须菩提长老收到佛舍利后,写了回信给威廉·克拉斯顿·佩沛(William Claxton Peppé)。舍利·须菩提回信如下:

Waskaduwa

Kalutara

Ceylon

October 7 1898

Dear Sir,

　　I am glad to inform you that I have received the parcel contains 21 relics and the letter of the 16th ultimo which were sent to me for the kindness and regard you have on me, the

Waskaduwa, Kalutara
Ceylon
October 1898.

Dear Sir,

I am glad to inform you that I have received the parcel contains 21 relics and the letter of the 16 ultimo which were sent to me for the kindness and regard you have on me, the former I received several days after the receipt of the latter, but the parcel was not registered as mentioned in the letter, I did not open it still, because my object is to do it in presence of a large Buddhist community. Simply to avoid their suspicion, if any, of the genuineness of the relics and to realize their faith on him (relics).

Although your letter says "I will send the answers to your questions today (16 ultimo)" yet I did not get them up to this day, however I thank you most heartily for your kind & most valuable present, and have to inform you that I will never forget in my life your kindness

generosity and am always ready and willing to comply with your requests whatever I could, and not only I even all the Buddhists in Ceylon should have the gratitudes on you for the meritorious act you have done to us.

I inform the king of Siam that your intention was to take those bone relics to Siam by yourself to deliver them to the King upon the suggestion of the Prince Priest and in meanwhile they were taken charge of the Govt. of India & deposited them in the Museum there and ordered to be sent to the King of Siam.

The Prince Priest Jinawarawansa is still in Buddha Gaya and I believe he is going on corresponding with you on the relics matter, so I am now intending to write to him to return to Ceylon. As he being a Royal Prince, sometimes naturally gets excited for which I hope you will kindly excuse him. He wrote to me that he has presented to you two Albums of Stamps which were with me and lately

lately despatched to him.

I wish you will kindly favor me with your answers to my questions, a copy of the report now being prepared and each of those portraits of different parts of the treasures you have been discovered, if you have any.

I remain, Dear Sir,
Yours sincerely
W. Subhūti
High Priest

舍利·须菩提长老回威廉·克拉斯顿·佩沛（William Claxton Peppé）已收到舍利的信

former I received several days after the receipt of the latter, but the parcel was not registered as mentioned in the letter. I did not open it still, because my object is to do it in the presence of a large Buddhist community. Simply to avoid the suspicion, if any, of the genuineness of the relics and to realize their faith on them (relics).

Although you letter says "I will send the answers to your questions today (16th ultimo)" yet I did not get them up to this day, however I thank you most heartily for your kind & most valuable present, and have to inform you that I will never forget in my life your kindness and generosity and am always ready and willing to comply with your requests whatever I could, and not only I even all the Buddhists in Ceylon should have the gratitudes on you for the meritorious act you have done to us.

I inform the King of Siam that your intention was to take those bone relics to Siam by yourself to deliver them to the King upon the suggestion of the Prince Priest and in meanwhile they were taken charge of the Govt of India & deposited them in the Museum there and ordered to be sent to the King of Siam.

The Prince Priest Jinawarawansa is still in Buddha Gaya and I believe he is going on corresponding with you on the relics matter, so I am now intending to write to him to return to Ceylon. As he being a Royal Prince, sometimes naturally gets excite for which I hope you will kindly excuse him. He wrote to me that he has presented to you two albums of stamps which were with me and lately despatched to him.

I wish you will kindly favor me with your answers to my

questions, a copy of the report now being prepared and each of those portrates [sic] of different parts of the treasures you have been discovered, if you have any.

I remain, Dear Sir,

Yours sincerely

W. Subhuti

High Priest

【信件 2 中译】

Waskaduwa

卡卢特勒

锡兰

10/7/1898

尊敬的先生：

我很高兴通知你，我已收到包含21片遗骨（舍利）的包裹，以及上月16号你寄出的充满善意和问候的信。我是先收到信件，几天后再收到包裹，但不是来信提到的挂号包裹。感谢你对我的仁爱和关怀！

之前，我一直没有私自打开包裹，因为我要在众多佛教徒的面前开启包裹。这么做的目的，纯粹是避免人们怀疑遗骨（舍利）的真实性，并对遗骨（舍利）生起信心。

之前，你的来信提到："今天（16号）我将寄出您提出之问题的答复。"但是，至今我还未收到你的回复。无论如何，我无比衷心地感谢你的赠予——充满善意且无比珍贵的礼物，并且这一生我不会忘记你的良善和慷慨。当你有需要，凡是我能够做到，请记得我——随时效劳。不仅是我，所有锡兰的佛教徒都会感激你对我们做出的贡献。

我已通知暹罗国王,你原是打算按照王子僧的建议,亲自送遗骨(舍利)去暹罗。然而,此时它们已由印度政府接管,暂时存放在博物馆,并下令交予暹罗国王。

王子僧 Jinawarawansa 目前仍在菩提伽耶,我相信他会与你联系有关遗骨(舍利)的事,所以我打算写信让他尽快返回锡兰。他是皇室王子,有时不免会自然随性,希望你能多谅解。之前,他来信向我谈到,他已提出赠送两套集邮册给你,目前集邮册在我处,稍后我会寄给他。

我希望你给予我特别的帮助:答复我提出的问题,寄给我一份你正在准备的报告副本。如果你有的话,请给我一份你发现的各类珍宝的画册。

对你,我一如既往!

你真诚的朋友

W. Subhuti 大长老

此后,泰国也转赠佛舍利予舍利·须菩提长老(Rajaguru Waskaduwe Sri Subhuthi Thero)。威廉·克拉斯顿·佩沛(William Claxton Peppé)及舍利·须菩提长老往来的信件不少,这两封有关佛舍利的赠予及收受的信件,是目前锡兰拥有这份源自古印度释迦族奉藏于迦毗罗卫城之释迦佛陀真身舍利的重要证明。

由考古学界发现的佛陀真身舍利,目前主要收藏在英国大英博物馆、印度博物馆、印度摩诃菩提学会、泰国金山寺、斯里兰卡科伦坡的 Rajaguru Sri Subhuti Maha Vihara。此外,缅甸仰光

舍利·须菩提长老

的和平塔内，供奉佛陀舍利一份，印度桑崎佛塔考古出土的舍利弗、大目犍连舍利各一份。

3-6-4-4 关于比普罗瓦佛塔建造者的不同看法

比普罗瓦佛塔区的考古发现，有佛陀舍利及阿育王的舍利罐、珠宝等，却无有阿育王置立的石柱，这一点引起考古学者的兴趣。根据研究，比普罗瓦佛塔发现的石棺与蓝毗尼的阿育王石柱，石质应当出自同一处，并且比普罗瓦佛塔只是普通的砖造佛塔，不同于其它地方发现的阿育王塔般建造精美。

Dr. Harry Falk

世界著名考古学家哈利·福克博士(Dr. Harry Falk)是研究比普罗瓦佛塔的权威。他认为比普罗瓦佛塔发现的佛陀舍利，原是阿育王取得佛灭后七国收藏的佛陀舍利予以共聚后，阿育王再将其中一部分安置在石罐内，并刻上婆罗米文以资证明。阿育王再把舍利罐及大量珠宝置入石棺，并移置到离迦毗罗卫城不远处的蓝毗尼园供奉。直至孔雀王朝末世，该处佛陀舍利的安全堪虑，蓝毗尼园的佛陀舍利遂移至迦毗罗卫城，安奉在释迦族的古老佛舍利塔之上①。

哈利·福克博士认为：比普罗瓦佛塔的位置，是释迦族的塔址——迦毗罗卫城；舍利罐内的佛舍利确实是佛陀的真身舍利，也是现今世上最具真实性、权威性证明的佛陀真身遗骨。塔内奉置舍利

---

① 哈利·福克《释迦佛陀之舍利》pp.31、52、74。哈利·福克(Harry Falk)博士是世界著名考古学家，古印度语言学权威。本书是博士发表于2017年12月的学术论文，2018年3月授权原始佛教会翻译，叶少勇润文，2018年原始佛教会出版。本书下载网址：http://www.arahant.org/ebooks/SakyamuniBuddha_tc/index.html。

的石棺、舍利罐及珠宝都是阿育王的奉献,但是比普罗瓦的砖造佛塔,很可能是贵霜王朝的迦腻色迦王(梵语 Kanishka I, C.E. 127～151)或胡维色迦王(Huvishka, C.E. 152～?)在旧塔上予以扩建。

3-6-4-5　西方学者常用的年代

有关佛陀与阿育王的时代差距,以及佛教分裂的时间,目前许多西方学者是采用晚出之正量部的《异部精释(Tāranātha)》(流传于西藏佛教),认为佛灭后 137 年有阿育王登位,不是更早的《十八部论》记载的佛灭后 116 年,相差了 21 年。见清辨 Bhavya《异部精释》:

> 世尊无余涅槃后,百三十七年,……于波咤梨城集诸圣众。……天魔化为跋陀罗比丘,住僧中……以根本五事,僧伽起大诤论。上座、龙与坚意等,宣传五事。……佛教分裂为二,名上座与大众。①

此外,阿育王登位初年,日本学界考证是公元前约 269～271 年,西方学界是认定公元前约 271～273 年,相差了 2 年。

因此,西方学者判定佛陀的年代,往往多说了 21～23 年。譬如:西方认为,佛灭于公元前 410 年,佛灭后 148～158 年,阿育王登位第 11～20 年(261～252 B.C.E.)取佛舍利再建塔供奉。实际上,佛灭于公元前 387 年,佛灭后 126～135 年,阿育王登位第 11～20 年(261～252 B.C.E.)取八国供奉的释迦佛陀舍利,并再增建大塔供奉。

3-6-5　华人佛教徒迎奉佛陀真身遗骨(舍利)

公元二世纪初,东汉时代佛教传入汉朝的上层社会,开启了佛教东传的新页。自公元二世纪至今,已历时约一千八百多年,其间有各朝帝王迎佛舍利的事迹,但迎奉的佛舍利是源于何时? 来自何方?

---

① 《印度佛教史》寺本婉雅日译本附注 87～89,pp.376～377。

由何人携来汉地？实际是不得而知，无从考证！

佛陀的真身舍利，佛灭后是由八国持奉，后由阿育王取得七国持奉的佛舍利，再部分交由孔雀王朝主导建立的分别说部学团传化诸方，并建塔供养。如印度的桑崎（Sāñcī），阿育王在此建塔，现今此地存有桑崎佛塔。

1851年的考古，在桑崎佛塔区的第二号塔，发现了分别说系僧团之十位传教长老的舍利①，此地还有阿育王置立的石柱，另在北边的第三号塔发现舍利弗、摩诃目犍连的舍利。阿育王不可能不在桑崎佛塔放置佛陀舍利，桑崎佛塔未能发现佛陀舍利的原因，目前不可知，也有可能是后世战乱为人取走。

自阿育王以后，释迦佛陀的真身舍利，主要是由分别说部学团承担起保管、供奉的事宜。印度的分别说部学团，分化于现今印度、斯里兰卡、缅甸、泰国及东南亚各国，也即是南传佛教的僧团。

佛陀真身舍利是佛教至宝，自古以来负责保管的分别说部学团，应当是不会将真正的佛陀真身舍利交予其他不同的教团。

随佛禅师是华人，出家于分别说系铜鍱部缅甸僧团，致力于还原"第一次经律结集"集成之《七事修多罗》，并确立"依止《七事修多罗》、传承佛世至今之僧团律戒"的原始佛教中道僧团。

基于"兴法、兴教、利人间"的清净法缘，发展佛法、僧团与利益世间的共同信念，原始佛教中道僧团与斯里兰卡（锡兰）、泰国、缅甸的许多南传僧团发展为合作团队。

2017年随佛禅师已经带领中道僧团及中国大陆与台湾、马来西亚、美国等地原始佛教的学众，迎奉古印度迦毗罗卫城考古出土之释

---

① 1851年，英国"印度考古之父"的亚历山大·康宁汉（Alexander Cunningham C. E. 1814～1893），在临近优禅尼之桑崎佛塔群的二塔，掘发出分别说部十位长老的舍利，有 Kāśyapa Gotra（迦叶波·俱特罗）、Vachha Suvijayata（瓦奇·苏威迦耶多）及优波提耶。这些长老舍利的出土，证明桑崎佛塔是分别说系僧团（优禅尼僧团）的重要建筑群，是为了表彰分别说系僧团的权威、功绩、地位。

迦牟尼佛真身舍利入台永住。

2018年4月7～8日,随佛禅师领导原始佛教会举办"迎奉释迦佛陀真身舍利入台永住大典",来自斯里兰卡、泰国、缅甸超过130名僧团长老参与,超过万人直接参与,间接参与的民众不计其数。

4月7日斯里兰卡守护比普罗瓦佛塔出土之佛陀舍利协会代表人摩哂陀大长老(Waskaduwe Mahindawansa Mahā Nayaka Thero)、

发现人英国威廉·克拉斯顿·佩沛的家族代表威廉·卢克·佩沛(William Luke Peppé)、比普罗瓦佛塔研究权威德国哈利·福克博士(Dr. Harry Falk)、迎请人原始佛教会导师随佛禅师(Vūpasama Mahā Thero),四方共同签署《释迦佛陀真身舍利分奉证书》,该证书共有十国语言的不同译本,确认1898年迦毗罗卫城(比普罗瓦佛塔)考古出土释迦佛陀真身舍利已入台永住。

左二:随佛禅师;左三:摩哂陀长老(Waskaduwe Mahindawansa Thero);左一:哈利·福克博士(Dr. Harry Falk);左四:卢克·佩沛(Luke Peppé)

4月8日,随佛禅师发表《十二因缘的原说与奥义》新书,还原十二因缘的真实法要。跨越两千多年的时空阻隔,释迦佛陀真身舍利、法身舍利二者同现人间,法光辉耀!

中道僧团将率先在台湾建塔安奉,后至其他原始佛教流传的华人地区建佛真身舍利塔供奉。

3-6-6 印度分别说部学团的分化

阿育王时代,分别说部学团依糅杂异道思想的《舍利弗阿毗昙论》,编集出自派的"分别说部三藏",并促使优波鞠多领导摩偷罗僧团举行"第三次经律结集"。因此,印度佛教僧团分裂为三派,分别是:一、经师传承:阿难师承的摩偷罗僧团,阿难、商那和修、优波鞠多皆是弘经不移,自第四师提多迦起略说论义,至迦旃延尼子传《发智论》,遂分裂为雪山部、说一切有部;二、律师传承:1.附会毗舍离僧团的大天学团,2.优波离师承的毗舍离僧团,自优波离、陀娑婆罗到第三师树提陀娑为止,三代皆能坚持正法,从阿育王殁、第四师耆哆起,受到论义的影响而分化出一说部、说出世部、鸡胤部;三、篡改经法的论师传承:目犍连子帝须为首的分别说部学团,后分为化地、法藏、饮光共三派。

分别说部学团传教团受命于阿育王传教于四方,当阿育王登位第 19 年目犍连子帝须殁后,分别说部逐渐分化为三部,主要有化地部(弥沙塞部)、法藏部(昙摩鞠多部,昙无德部)、饮光部(迦叶毗部),时间极可能是佛灭后 137 年(250 B.C.E.),阿育王登位第 22 年。此时,摩哂陀远传于楞伽岛(铜掌国),阿育王殁后,信婆罗门教的南印朱罗王朝征服楞伽岛。公元前 26 年,楞伽岛才建立铜鍱部:

> 现存之《舍利弗毗昙》,立无中有、心性本净、九无为等,与"婆沙"之分别论者多同,可知本论不但为法藏部所宗,化地、饮光等分别说系,无不仰此论为宗本也。今存之《舍利弗毗昙》,多言五道,无我,与犊子系不尽合,与分别说系近。二系并用《舍利弗毗昙》,而现存者,乃大陆分别说系之所诵也。其分别说系之南传锡兰者,僻处海南,另为独特之发展,有"法聚"、"分别"、"界说"、"双对"、"发趣"、"人施设"、"论事"之七论。近人勘七论中较古之"分别论"等,见其组织形式,与《舍利弗阿毗昙》有类似者。①

在佛教原有的经师、律师两大师承以外,阿育王另创王朝御用之"依论"的分别说部学团。阿育王时代起,佛教僧团分裂为经师、律师(附会于律师传承的大天学团)及分别说僧团的论师等,共有三大传承系

---

① 印顺《印度之佛教》第七章,正闻出版社,1990 年版,p.127。

统,形成见解、传诵、信仰皆有所不同的三大派、五部僧团。

佛灭后 250 年,经师传承的迦旃延尼子受到《舍利弗阿毗昙论》影响而写出《发智论》,并分裂出说一切有部。不久,说一切有部南方学众放弃《发智论》,改宗《舍利弗阿毗昙论》,另创出犊子部。此后,经师传承趋向衰亡。

3-6-7 政教一体的统治政策

3-6-7-1 毗阇耶入楞伽岛

记载锡兰佛教的史献,相传是公元五世纪末大名长老(巴 Mahānama)著作,又称《大王统史》(巴 Mahāvaṃsa)。

《大王统史》①是以佛教为中心的锡兰史,《大王统史》与《岛王统史》(巴 Dīpavaṃsa)共为锡兰现存的王统编年史诗。

根据锡兰《大王统史》第二章记载的锡兰佛教历史,锡兰是由印度王子毗阇耶(巴 Vijaya)开创锡兰岛(楞伽岛 Laṅkādīpa)王统:

> 毗阇耶之行状恶劣,彼之同行人〔然〕,彼等兴作种种难忍之暴事。(三九)……于是王彼毗阇耶又与彼同行人七百名令剃为半秃头,(四二)投于船,使放于海上。……毗阇耶名坚固慧童子于双列沙罗树间,于如来入灭而卧之日,上陆于楞伽岛之铜掌国。②

---

① 《中华佛教百科全书(二)》,中华佛教百科文献基金会,1994 年版,大史,p.569:
本书是在五世纪末,由大名长老依据《岛王统史》与宫廷文件等资料所编纂而成,可视大寺派(Mahāvihara)传的佛教史。但是,自毗阇耶王到锡兰至天爱帝须王之间,诸王年代的计算均过长而不合理。
摘录自温特尼兹(M. Winternitz)《印度文献史》"佛教文献"第五章。
《中华佛教百科全书(二)》,大史,p.570:
《岛史》与《大史》都只记载至摩诃先那王过世(公元 352 年)为止。亦即真正由大名撰述的,是三十七章五十偈。其后的记载,系由多人增补,作为《大史》的续编,即所谓的《小史》(Cuḷavaṃsa)。最前面的附录,是波洛卡拉婆诃(Parākramabāhu)(1240~1275)王治世时,由达摩奇提长老所撰。
② 《大王统史》第六章,《汉译南传大藏经(65)》pp.173~174。

3-6-7-2 锡兰依附孔雀王朝

毗阇耶后,经历数任国王,传到天爱帝须王(巴 Devanampiya-Tissa,250~210 或 247~207 B.C.E.,依阿育王登位于 271 或 268 B.C.E.的推算不同而不同)。铜掌国(锡兰)天爱帝须王与印度阿育王之间,是宗主及藩属的关系。天爱帝须王接受阿育王的承认、册封后,并再次登位为铜掌国王:

> 彼天爱须帝于父之殁后为王……彼王以甥之大阿利达大臣为首,婆罗门、大臣、会计师等四人,(二〇)为使节附伙军力,差遣此等高价之宝珠……携彼八种之真珠……彼等到波咤梨子城,赠物以呈正法阿育王,见此彼喜。(二四)〔正法阿育〕……与阿利达军帅之地位……巨额之财物与住宅给与彼等,与大臣等协议,见答礼之赠物,(二七)……〔正法阿育〕王于适宜之时机授与此等之赠物,此等妙法之赠物以使者送友王〔之前〕:(三三)"余归命佛、法、僧团,于释迦子之教,告白为信士。(三四)人间中之优者!汝亦澄心于此等胜妙之三宝,归命而信仰,(三五)为余之友王行再度之即位式。"如斯云〔正法阿育〕友王厚遇此等诸大臣后送出。(三六)……忠诚此主君,喜主君益之大臣等传正法阿育〔王〕之语,于末伽始罗月之新月升之日,行即位式,喜楞伽〔人〕之利益安乐,为楞伽王再行即位式。(四〇、四一)其名冠天爱之语,与人人安乐彼人王,于吠舍佉月满月之日,于楞伽岛盛行祭时,自上于王位。①

阿育王回应锡兰帝须王的奉贡时,遣使对帝须王表达"余归命佛、法、僧团",并要求帝须王要"皈命佛法僧",更要"受封再即位"。可见,阿育王是经由政治、变型佛教的结合,建立孔雀王朝及锡兰王国的紧密

---
① 《大王统史》第十一章,《汉译南传大藏经(65)》pp.209~216。

关系。

锡兰帝须王先受阿育王认可,再即位后,也仿照阿育王冠用"天爱喜见"的用语,采用"天爱"语,称天爱帝须王。接着,阿育王即派王子摩哂陀领导的传教团至锡兰,帮助锡兰王创立"王族掌控,政教一体"的锡兰佛教,目的是藉由分别说部佛教开展孔雀王朝的国势及利益。

孔雀王朝的领地范围,除了印度半岛南方的案达罗王朝以外,尽属孔雀王朝(参 p.208 地图)。若是案达罗并吞了楞伽岛的铜掌国,即可壮大国势,北上威胁孔雀王朝。如是,孔雀王朝与铜掌国的共同威胁,是案达罗国。因此,阿育王派摩哂陀前往铜掌国,策动铜掌国成为孔雀王朝的藩属国,双方结盟的目的,是防范南印案达罗国的威胁。

3-6-7-3　阿育王族传教入锡兰

佛灭后 133 年(253 B.C.E.),阿育王登位第 18 年,摩哂陀出家第 12 年,分别说部学团结集出自派三藏已经 8 年,阿育王派遣摩哂陀领导的传教团前往锡兰传化分别说部的佛教,但尚未前往:

> 彼大贤者,大摩哂陀长老,此时法腊十二年,受和尚并僧团之命,待时机行教化楞伽岛……知时机之长老坐其处如斯思惟:"彼天爱帝须大王与我父同〔举〕即位式,可行大祝祭,由使节闻,知三物〔佛法僧〕之德,于逝瑟咤月布萨会之日登眉沙迦山,吾等于其日将渡至胜之楞伽岛。"①

天爱帝须王接受阿育王的册封,再次登位为王,约公元前 250 或 247 年(依阿育王登位于 271 或 268 B.C.E.的推算不同而不同),时当是阿育王登位第 22 年,摩哂陀正式进入楞伽岛传教:

---

① 《大王统史》第十三章,《汉译南传大藏经(65)》pp.225~227。

彼天爱帝须王……伴四万人人徒步而行走至眉沙迦山。……王见长老……长老为大智者大地之主,讲小象迹喻经。说法毕时,彼王与彼之四万人人共安立于三归依。……彼长老在楞伽岛之二处以岛之语言说法于楞伽岛,如是岛之灯明为正法之相续。①

3-6-7-4　王族掌教,政教一体

天爱帝须王时代,摩哂陀及僧伽蜜多将两部僧团传承、分别说部三藏、佛舍利及菩提树苗传入锡兰岛:

> 犍度通达之长老为王讲述入安居犍度章,王甥、大阿利陀大臣共五十五人之兄弟同立于王侧而闻此,〔一同向王〕请即日出家于长老之处。此一切大贤者等,于剃发堂达阿罗汉〔果〕。②
>
> 天主帝释由周罗摩尼周提耶〔髻珠塔〕取出右锁骨与沙弥。由此,行者须末那取其舍利与舍利钵来至支提耶山,亲手与长老。……大摩哂陀长老一行俱向美丽之摩诃眉伽林,定住于彼处。象于夜间往来彼舍利〔奉安之〕场所,昼则负舍利立菩提树处于堂内。大地之王者从长老之提案,须数日于彼敷地上筑造及膝〔高〕之塔……王弟之末多婆耶王子亦(五七)对圣王〔佛〕怀具信心,乞求人王与一千人共出家于〔佛〕教。③
>
> 大地之王者于恒河上积大菩提树于船,十一人之比丘尼伴僧伽蜜多长老尼乘船,阿利陀之一行亦〔乘〕……彼大长老尼与诸长老尼共乘船〔后,王〕向大臣大阿利陀告此语:"以我王位供养大菩提树及三度,我友王亦如是以王位供养〔此〕。"语此大王合掌立于岸边,见大菩提树之出行而流泪,如斯〔言〕:"十力〔佛〕

---

① 《大王统史》第十四章,《汉译南传大藏经(65)》pp.229～236。
② 《大王统史》第十六章,《汉译南传大藏经(65)》p.261。
③ 《大王统史》第十七章,《汉译南传大藏经(65)》pp.266～273。

> 之其大菩提树,彼实如太阳放光以赴。"……其日王由大长老之神通力与彼长老等伴军队来至阎浮俱罗之〔港〕。大菩提树至时肢体巧妙〔王〕得喜悦感激之心,述欢兴之颂,浸于水〔中〕至首十六之族众捧大菩提树于头上而下,置于岸边美丽之假堂〔内〕楞伽王以楞伽王位供养〔大菩提树〕。①

据《大王统史》的记载,孔雀王朝是楞伽岛(铜掌国)的宗主国,天爱帝须王是附从阿育王的意旨。帝须王先向阿育王进贡,在阿育王认可下,帝须王再次即王位,确立宗主及藩属的主从地位。接着,摩哂陀传教团进入楞伽岛(今斯里兰卡),帝须王依照阿育王的做法,王族(王弟未多婆耶)出面掌控僧团、建立铜掌国分别说部佛教,孔雀王朝、铜掌国合作建立"政教一体"的统治体制。

铜掌国王室模仿阿育王的做法,采用王族、贵族出家建立僧团的方式来掌控佛教,建立"政教一体"的变型佛教。这是藉由王族掌控僧团,建立依附孔雀王朝的分别说部佛教,并且在"政教一体"的制度下,维续孔雀王朝及铜掌国王室的统治地位,坚固两国的团结与合作。

公元前约 235 年,阿育王殁世,继任的达色拉塔王(Dasharatha)、商普罗帝王(Samprati)全心支持耆那教,信仰婆罗门教之案达罗地区朱罗王朝(Chola)的埃拉罗王(Elara),随即征服了楞伽岛。南印案达罗区的朱罗王朝征服楞伽岛的影响,极可能是楞伽岛的分别说系大寺派,较晚于化地部、法藏部、饮光部的成立时间,直到公元前 26 年才建立铜鍱部的原因。

3-6-8 阿难系僧团的反制

3-6-8-1 反抗异说的优波鞠多

自"五事异法僧争"发生后,阿育王排斥、迫害阿难系摩偷罗僧

---

① 《大王统史》第二章,《汉译南传大藏经(65)》pp.284~286。

团,又有分别说部编集出糅杂异道见解的三藏传诵,谤乱佛法、贬抑声闻僧团。

阿育王又大力支持分别说部传教四方,让已经变造的"变型佛教"随着分别说部的传教团足迹,传播到印度及周边地区。

"五事异法僧争"的后续发展,使"第一次经律结集"以来,以"住持正法"自居的阿难系僧团,特别是阿难、商那和修、优波鞠多一系直传的摩偷罗僧团,感到"佛陀正法"受到前所未有的破坏,正法传续发生极大的危机。

阿育王及分别说部的乱法作为,促使经师传承第三代领导优波鞠多,不得不为正法的传续,奋勇号召"对抗异法"的作为。

3-6-8-2 优波鞠多召集第三次经律结集

阿难师承摩偷罗僧团的第二师是商那和修,在佛灭后 110 年 (277 B.C.E.)号召举行"第二次经律结集",集成《相应阿含》《中阿含》《长阿含》《增一阿含》等四部圣典传诵。

佛灭后 124～125 年(263～262 B.C.E.),时约阿育王登位第 9 年 6 月 15 日雨安居开始,进行至阿育王登位第 10 年 3 月 15 日完成,目犍连子帝须学团结集出"分别说部三藏"。

商那和修的弟子优波鞠多,面临阿育王、目犍连子帝须合谋"变造佛法,改变经诵",为了维护正法,遂举行"第三次经律结集":

> 大天先既改转经教,杂合不复如本,诸阿罗汉还复聚集,重诵三藏。……至此时,三藏已三过诵出:第一于七叶严中;第二毗舍离国内……七百人勘定重诵三藏也;第三即是此时也。[①]

优波鞠多召集的"第三次经律结集",最可能的时间,应当是在分别说部结集完成的当年,阿育王登位的第 10 年 6 月 15 日至 9 月 15 日的

---

① 《三论玄义检幽集》卷五,《大正藏(70)》p.456。

雨安居期间。

阿难系优波鞠多领导摩偷罗僧团完成的"第三次经律结集",是要维护"第二次结集(《四部阿笈摩》与《律》)"的结集成果,拒绝《舍利弗阿毗昙论》与改编、增新的论义经诵:

> 此阿难陀今皆演说,诸阿罗汉同为结集。……此即名为相应阿笈摩……若经长长说者,此即名为长阿笈摩;若经中中说者,此即名为中阿笈摩;……此即名为增一阿笈摩。尔时大迦摄波告阿难陀曰:"唯有尔许阿笈摩经,更无余者。"①

自阿难传法于商那和修,再传到优波鞠多,经师三代直传的摩偷罗僧团,一直都是"唯弘经藏,不弘律、论",并且谨守"维续正法"的原则,分别承担起三次的经律结集:

> 上座弟子部(事实是指阿难弟子部),唯弘经藏,不弘律、论二藏故。……从迦叶已来,至优波笈多,专弘经藏,相传未异。②

阿难出家修行的依止师是贝拉塔西沙 Belatthasīsa(或译毗罗吒师子)③,不是大迦叶。大迦叶传法阿难,是出自说一切有部编造的伪史。

优波鞠多长老领导摩偷罗僧团举行的"第三次经律结集",不仅维护了"第二次经律结集"的成果,也是《梵语二藏》(非贵霜王朝的新梵语)与《巴利三藏》对立的开始,更代表了"正统佛教"与"变型佛教"的对抗:

> 由于分化的地区与民族不同,各部派使用的语言,也就不一

---

① 《根本说一切有部毗奈耶杂事》卷三九,《大正藏(24)》p.407。
② 《三论玄义检幽集》卷六引真谛《部执论疏》,《大正藏(70)》p.46。
③ 《铜鍱律》大品·衣犍度,《汉译南传大藏经(4)》p.384。参《巴中索引》p.22 B 之四(Belatthasisa, Pāli Vinaya Vol.IV, p.86):"尔时,具寿阿难之和尚具寿毗罗吒师子患芥癣"。

致。传说说一切有部用雅语[梵文],大众部用俗语,正量部用杂语,上座(分别说)部用鬼语[巴利文]。①

3-6-8-3 优波鞠多的贡献

面对阿育王的压迫,分别说部的巨大声势,优波鞠多不畏艰困地领导摩偷罗僧团,举行维护《四部阿笈摩》与《律》的"第三次经律结集",坚定拒绝增新的经说与编集自派论书(毗昙):

> 上座弟子部(有部语,应是指阿难弟子部),唯弘经藏,不弘律、论二藏故。上座部(有部语)说云:……律者有开、遮,随有缘、不定,故不可依也。毗昙则广解诸义,虽与经相应,亦有过根本者。经是根本,无开遮、增减之过,律与毗昙并是末,末不及本。弘本摄末,故唯弘经,不弘余二藏也。事事依经以为规矩,经中所明教正无曲,故此部皆道德胜余部也。②

阿难系优波鞠多长老,是阿育王时代的佛教灯塔,既是经师传承的阿难系第三代领导人,也是佛灭百余年时期,印度佛教的大经师、大禅师及卓越布教师,持戒、道德、禅法皆胜其他部派。

在阿育王、目犍连子帝须联手共谋"掌控僧团,变造佛教"的情势下,优波鞠多不畏困难地维护经、律的传承。

3-6-9 阿育王压制优波鞠多

3-6-9-1 禁制反抗的法敕

面对分别说部学团的声势,优波鞠多起而反抗。优波鞠多举行"第三次经律结集",公然反对分别说部结集的三藏,反抗孔雀王朝支持分别说部"变造佛教"的做法。

---

① 印顺《印度佛教思想史》,正闻出版社,1993年版,p.59。
② 《三论玄义检幽集》卷六引真谛《部执论疏》,《大正藏(70)》p.463。

面对优波鞠多的反抗声浪,阿育王在表彰分别说部的桑崎佛塔,颁布了"破僧伽者,令著白衣"的法敕,压制反对的声浪:

(不得)破……比丘及比丘尼之僧伽,(朕之)诸王子(乃至)曾孙……以此令和合。……比丘或比丘尼而破僧伽者,皆令著白衣,不得住此精舍之处。……朕所希望,和合于一,令僧之久住。①

卑提写 Vedissa(今 Vidisha)附近,彰显分别说部的桑崎佛塔

《桑崎法敕》是建立在桑崎佛塔区的阿育王法敕,桑崎 Sāñcī 位居优禅尼的东方不远,优禅尼是摩哂陀的出生地。阿育王特别选在此

---

① 阿育王《删至法敕》(即桑崎佛塔的法敕),《汉译南传大藏经(70)》附录之《阿育王刻文》p.65。桑崎 Sāñcī,在印度中央邦(Madhya Pradesh)之波帕尔市(Bhopal)东北方 46 公里,毗迪萨市(Vidisā)西南方 10 公里。此地现今仍存着阿育王建塔以来,经由历代增修建筑的桑奇佛塔。桑崎大塔原是阿育王为供养佛陀舍利而建;阿育王所立的石柱则在桑奇大塔的南门边;桑奇大塔的北边另有桑崎三塔,此塔原供养着舍利弗与摩诃目犍连的舍利;桑崎大塔的西边另建有桑崎二塔,供养着阿育王时代十位重要宣教长老的遗骨。桑崎佛塔是在十二世纪回教占领印度消灭了佛教后,渐被世人所遗忘,直到公元后 1818 年,才被英国孟加拉国骑兵队的指挥官泰勒(Taylor)将军发现。大塔上刻有公元后 93 年及 131 年的两篇铭文,称大塔为"卡克那陀"(梵 Kākanāda),这有可能是隐喻住于山丘塔寺之僧众合诵经文的声音。

建塔,即现今存有的桑崎佛塔①。

桑崎佛塔区主要是安置释迦佛陀、舍利弗、摩诃目犍连的舍利,更置立了阿育王石柱,是作为佛教正统的象征。日后,此地安置分别说系僧团十位传教长老的舍利②。

桑崎佛塔的建造意义,是阿育王将亲近王家的分别说部学团,推崇为佛教的代表及正统,桑崎佛塔正是彰显分别说部学团之权威与荣耀的象征。

亚历山大·康宁汉

阿育王颁布"禁制破僧"的法敕,表面似是希望"僧团和合,令僧久住"。但是当了解优波鞠多长老、摩偷罗僧团举行结集的内容后,审视阿育王、分别说部学团的作为,可以推知:阿育王公布"不许破

---

① 《中华佛教百科全书(三)》,中华佛教百科文献基金会,1994年版,山崎,p.852:
印度中部的重要佛教遗迹,位于印度波帕尔(Bhopal)的那瓦巴(Nawab)领土之内。该地为孤立在平原之上,高度九十公尺的小山。遗迹以大佛塔为中心,而环布着各时代的佛教堂塔与各种遗迹。此地古代名称为"迦迦那衍"(Kakanaya)或"迦迦那罗"(Kakanara);《大史》称之为"塔山",未详何时起称作山崎。兹略述如下:
(1) 大塔:位于今印度中央邦马尔瓦地区波帕尔(Bhopal)附近,是古印度著名的大佛塔。半球形圆顶,直径约三十七公尺,塔高十六余公尺。……认为阿输迦原来所建的是砖塔,已被后来增建的这座较大的塔所掩盖。
(2) 舍利弗、目犍连的骨塔:位于大塔的东北面。以藏有佛陀的二大弟子舍利弗、目犍连的遗骨而驰名远近。这些遗骨是亚历山大·康宁汉和麦塞在两个石匣内所发现。石匣上有刻文说明石匣内所藏为何人的遗骨。
(3) 第二号塔:内藏有阿育王传教团中极其活跃的传教大师之遗骨,装置遗骨的四个滑石所制的盒匣上有刻文,较大的盒匣的刻文载:"以阿罗汉·迦叶波哥达(Arahat Kasapagata)和阿罗汉·瓦奇·须维贾耶达(Arahat Vacchi Suvijayata)为首的所有传教师的(遗骨)。"依此可证明《大史》与《岛史》所说阿育王派遣传教师的正确性。
(4) 阿育王石柱:位于主塔南牌坊之前,系山崎遗址所有石柱中,最早建立者。
② 1851年英国"印度考古之父"的亚历山大·康宁汉(Alexander Cunningham, C. E. 1814~1893),在临近优禅尼之桑崎佛塔群的二塔,发掘出分别说部十位长老的舍利,有Kāsyapa Gotra(迦叶波·俱特罗), Vachha Suvijayata(瓦奇·苏威迦耶多)及优波提耶 这些长老舍利的出土,证明桑崎佛塔是分别说系僧团的重要建筑群,是为了表彰分别说系僧团的权威、功绩、地位。

僧"的法敕,是刻意选在分别说部学团的桑崎佛塔区。阿育王的意思应有两点:一、承认、推崇分别说部学团的"变型佛教"是"正统";二、警告优波鞠多、摩偷罗僧团的反抗做法。

除了桑崎以外,阿育王在憍赏弥(巴 Kosambī)、沙如那陀(巴 Sārnāth,即鹿野苑 Migadāya),也有呼吁"不得破僧"及"僧团和合"的敕令:

> 天爱于憍赏弥敕令于诸大官。……比丘或比丘尼而破僧者,皆令著白衣,此不得住精舍之处。①

> 虽任何人亦(不得)破僧!若比丘或比丘尼而破僧者,皆令著白衣,不得住精舍之处。……天爱如是昭。②

目前针对阿育王法敕的研究者,依据阿育王颁布"禁制破僧"的法敕,虽得知阿育王严禁任何人分裂僧团,却不知阿育王"禁制破僧"的真正动机与目的。

信从南传佛教的学人,依据《大王统史》《岛王统史》的记载,既认为佛灭后百余年有修修那迦之子的"迦罗阿育(黑阿育)",又误认佛灭后218年孔雀王朝的阿育王登位(法阿育),佛灭后百年至两百年间的佛教已分裂为十七派:

> 修修那迦……彼子迦罗阿育……即位十年而正等觉者般涅槃已过一百年。③

> 迦罗阿育王……频头娑罗之儿知为百一人,而其中之阿育〔王子〕……胜者涅槃之后,此王即位前,为二百十八〔年〕如是

---

① 阿育王《憍赏弥法敕》,《汉译南传大藏经(70)》附录之《阿育王刻文》p.63、p64注1。
② 阿育王《沙如那陀法敕》,《汉译南传大藏经(70)》附录之《阿育王刻文》p.66, p.67注1:"沙如那陀 Sārnāth 是古昔的鹿野苑(梵 Mṛgadāva,巴 Migadāya),是释迦佛陀初转法轮度五比丘的地方。在圣地建立不得破僧的法敕,是让佛教徒都能看到。"
③ 《大王统史》第四章,《汉译南传大藏经(65)》p.6。

当知。①

于初之百年中,无任何之分裂,至第二之百年,于胜者之教,生起十七之异派。②

正觉者般涅槃后二百十八年喜见灌顶。③

铜鍱部《岛王统史》用耆那(Jina 胜者)教之名——"胜者之教",称呼佛教,显示出自分别说系的部派确实有将耆那教思想糅杂入佛教之内。

假设阿育王真是出自佛灭后 218 年,又佛灭后 200 年的佛教真已分裂为十七派。试问:此时的阿育王颁布"禁制破僧"的法敕,有何作用及意义?岂非多此一举!阿育王的"禁制破僧",绝对不是出自维持僧团团结的目的。

当时的佛教只有三大僧团,没有其他的部派。阿育王颁布"禁制破僧"的法敕,主要目的应当是坚定支持王族掌控、目犍连子帝须(论师)为首的分别说部学团,以及王朝御用的大天学团,推展符合孔雀王朝需要的"变型佛教",并且持续地压制经师传承的阿难系摩偷罗僧团,边缘化律师传承的优波离系毗舍离僧团。

阿育王敕令表达出的讯息,应是警告当时阿难系传承之领导摩偷罗僧团的优波鞠多 Upagupta,不得再有任何反对或拒斥目犍连子帝须及分别说部学团的作为。

"禁制破僧"的法敕,实际是阿育王不许任何人针对孔雀王朝御用的目犍连子帝须、分别说部学团、《分别说部三藏》,作出批判、破坏的行为,全心支持"变型佛教"的发展。

3-6-9-2 阿育王立石柱表彰功绩

佛灭后约 134 年(253 B.C.E.),阿育王登位约第 19 年,分别说部

---

① 《大王统史》第五章,《汉译南传大藏经(65)》p.13。
② 《岛王统史》第五章,《汉译南传大藏经(65)》p.33。
③ 《岛王统史》第六章,《汉译南传大藏经(65)》p.39。

的部主目犍连子帝须过世。佛灭后约135年(252 B.C.E.),阿育王登位约第20年起,阿育王开始立阿育王石柱于王朝各地,宣扬"法的敕令"。此时,印度的分别说部学团已渐分化为化地、法藏、饮光等三大分部,锡兰的大寺派则自成一局,直到公元前26年为铜鍱部。

根据印度阿育王石柱的考证,阿育王置立石柱于耆那教诸圣地、佛陀八大行迹圣地,以及佛教各部派根据地。置立阿育王石柱的地方,是阿育王认许的宗教免税地,每年只需缴1/8的税金:

> 天爱喜见王,过灌顶二十年之年,躬亲自来此行供养。佛陀释迦牟尼降诞于此。而以石作有马像,令建石柱。〔为纪念〕薄伽梵降诞于此。蓝毗尼聚落免纳税金,唯据出〔生产〕八分之一。①

根据现今印度各地置立阿育王石柱的情况,可推知阿育王置立石柱的时间,应是在分别说部传教团已广化四方,并逐渐分化为化地、法

拘尸那罗的阿育王石柱

---

① 阿育王之《蓝毗尼园法敕》,《汉译南传大藏经(70)》附录之《阿育王刻文》pp.69～70,p.70注1:"蓝毗尼 Lummini,所谓 Lumbini-vana 即蓝毗尼园,世尊降生的土地。现今为蓝毗尼提 Rummindei。"

藏、饮光等三大派,五部佛教僧团的雏形已成的时期。较可能的时间,是在阿育王登位第20年(252 B.C.E.)后:

> 天爱喜见王,灌顶过十四年之年,再度增筑佛陀库那迦玛那之塔。而灌顶过(二十)年之年,躬亲自来此供养。(又令)建(石柱)。①

3-6-9-3 摩偷罗未立阿育王石柱

佛灭116年,曾领导佛教进行僧律羯磨与"第二次经律结集"的阿难系摩偷罗僧团,基于反对大天主张的"五事异法",遂与支持大天的阿育王产生冲突。

根据学术界针对阿育王石柱的寻觅及考证,在释迦佛陀传法的八大圣地,分别说部学团、毗舍离僧团的根据地,阿育王都置立了石柱,给予特别地位的尊崇。

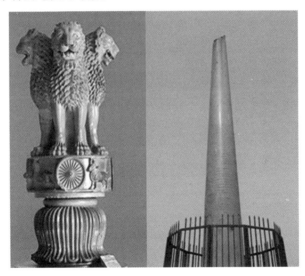

由左至右是阿育王石柱的狮子柱头、石柱刻文

---

① 阿育王《尼迦利沙迦如法敕》,《汉译南传大藏经(70)》附录之《阿育王刻文》p.70。

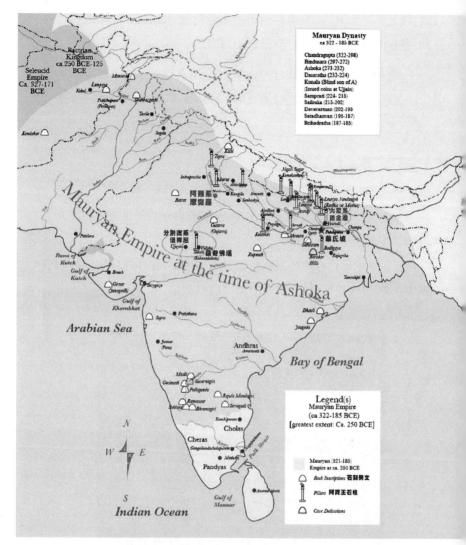

依据美国学者John C. Huntington考证印度地区阿育王石柱的分布图

由目前的考古工作,唯有阿难师承摩偷罗僧团的化区,未见阿育王石柱的置立。摩偷罗地区无有阿育王石柱,这个情况说明:阿育王与阿难系摩偷罗僧团确实是不合。

3-6-10 五部僧团分化

3-6-10-1 目犍连子帝须的过世

佛灭后百年间的佛教僧团,主要有阿难系摩偷罗僧团、优波离系毗舍离僧团,以及西印禅尼地区的僧团。

佛灭后约 125～126 年,阿育王登位约第 10～11 年(262～261 B.C.E.),孔雀王朝国境的佛教僧团,分裂为经师传承的阿难系摩偷罗僧团、律师传承的优波离系毗舍离僧团,以及论师派系的分别说部学团,共有三大派。

末田提领导的罽宾僧团,则不在孔雀王朝的范围。

南传铜鍱部传说,阿育王登位第 26 年,目犍连子帝须逝世:

> 宾头沙罗之子,有大名声之刹帝利法阿育亦统治三十七年。于阿育王〔治世〕二十六年,名〔长老〕目犍连子辉耀其教,于寿灭而涅槃。①

由于阿育王延请目犍连子帝须出面处理僧争的时间,应是阿育王登位第 9 年,《岛王统史》却说是阿育王登位第 16 年,晚说了 7 年。因此,目犍连子帝须逝世的时间,也有可能晚说了 7 年,实际是逝世于阿育王登位第 19 年,时约佛灭后 134 年(253 B.C.E.)。

依目犍连子帝须逝世的时间,推断分别说部分化为化地部、饮光部、法藏部等三派的时间,极可能是在目犍连子帝须逝世后的第二年起,即佛灭 135 年(252 B.C.E.)、阿育王登位第 20 年以后。当时,优波鞠多应当尚住于世。

藏传清辨 Bhavya 著作有关犊子系正量部传诵之部派分裂史的《异部精释(Tāranātha; Sde-pa tha-dad-par byed-pa dan rnam-par-bśad-pa)》,记载阿育王治世、大天五事、佛教分裂的时间,是在佛灭后

---

① 《岛王统史》第五章,《汉译南传大藏经(65)》p.37。

137年①(250 B.C.E.)，即阿育王登位第22年。但是，《异部精释》的说法，应当是将孔雀王朝境内的佛教，正式分为经师的摩偷罗僧团、律师的毗舍离僧团、论师的分别说系三派，共有五部僧团的时间点，误说是佛教根本分裂的时间。

3-6-10-2 三大派、五部僧团的分化

阿育王治世37年(271～235 B.C.E.)期间，是佛教由两大师承，共传四部圣典、律藏的根本佛教时期，再发生论师系统的"变型佛教"，进入三大派、五部僧团，教法传诵分歧的部派佛教：

> 时阿育王语比丘名一切友：我当施僧十万金及一千金银琉璃罂，于大众中当说我名供养五部僧。②

> 如来泥曰未久，阿难传其共行弟子末田地，末田地传舍那婆斯。此三应真咸乘至愿，冥契于昔，功在言外，经所不辩必闇，軏无匠屏焉无差。其后，有优波崛，弱而超悟，智绍世表，才高应寡，触理从简，八万法藏所存唯要。五部之分始自于此。③

> 迦叶、阿难、(末田地、)舍那波斯、优波掘多，此五罗汉次第住持，至(优波)掘多之世，有阿育王者。王在波咤梨弗多城，因以往昔见佛遂为铁轮御世。……远会应真更集三藏，于是互执见闻、各引师说，依据不同遂成五部。④

末田地(末田提 Madhyāntika、末阐提 Majjhantika)是罽宾(后称迦湿弥罗)的开教大师。佛灭约270年以后，说一切有部再分出犊子部，摩偷罗地区转为犊子部的化区，原有部遂自称是"根本说一切有部"，并流传于罽宾。

---

① 《印度佛教史》寺本婉雅日译本，附注87～89，pp.376～377：
《异部精释》："世尊无余涅槃后，百三十七年……佛教分裂为二，名上座与大众。"
② 僧伽婆罗《阿育王经》卷三，《大正藏(50)》p.140。
③ 《达摩多罗禅经》卷上，《大正藏(15)》p.301。
④ 慧皎《高僧传》卷一一，《大正藏(49)》p.403。

此后,说一切有部为了稳定化区信众及推崇自派地位,遂在自派的《达摩多罗禅经》提出末田提为阿难的直传弟子,并传法予摩偷罗第二师的商那和修,这段推崇自派的伪史,目的是为了贬低传化于摩偷罗地区的犊子部。

《达摩多罗禅经》提到,在优波鞠多时代,佛教分为五部僧团,而优波鞠多与阿育王同时代,可见阿育王时代的佛教已分为五部僧团。

阿育王时代的五部僧团,是指何者?

> 又经言五部者,佛三藏中毗尼藏多有此名。又十八部中五部盛行,五部者:一萨婆多部(应指摩偷罗僧团),二昙无德部,三僧祇部(是指毗舍离僧团),四弥沙塞部,五迦叶唯部。①

> 佛泥洹后,大迦叶集律藏为大师宗。……大迦叶灭后,次尊者阿难……次尊者末田地……次尊者舍那婆斯……次尊者优波崛多……能具持八万法藏。于是遂有五部名生:初昙摩崛多别为一部,次弥沙塞别为一部,次迦叶维复为一部,次萨婆多。萨婆多者,言说一切有,所以名一切有者。自上诸部义宗各异。……以众多故,故名摩诃僧祇,摩诃僧祇者大众名也。②

《大乘玄论》及《摩诃僧祇律私记》提到的萨婆多部(巴 Sarvāstivādin),不是阿育王时代的摩偷罗僧团,是佛灭后约250年由摩偷罗僧团分裂出的说一切有部。出自后世的《大乘玄论》及《摩诃僧祇律私记》,是将萨婆多部作为摩偷罗僧团的代表,又误称毗舍离僧团是大众部。

阿育王登位初年,佛教发生"五事异法僧争";阿育王登位第4~10年,经由阿育王、目犍连子帝须共谋"变造佛法",促使佛教僧团无法保持"法同一味,共学无异"。阿育王登位约第10~11年,佛教分裂为经师传承的阿难系摩偷罗僧团、律师传承的优波离系毗舍离僧

---

① 吉藏《大乘玄论》卷五,《大正藏(45)》p.65。
② 法显《摩诃僧祇律私记》,《大正藏(22)》p.548。

团等两大师承,再加上由目犍连子帝须开启的论师派系分别说部,共有三大部派。阿育王登位第19年,目犍连子帝须逝世,阿育王登位第20年,分别说部逐渐分化,至22年,分别说部分化为化地部、饮光部、法藏部,共有三大派、五部僧团。分别说系锡兰铜鍱部,晚约两百余年才成立,可能与阿育王殁后,信仰婆罗门教的南印朱罗王朝入侵楞伽岛有关。

阿育王在印度各地置立阿育王石柱的时间,应当是在佛灭后135年(252 B.C.E.),阿育王登位约第20年以后,也是分别说部逐渐分化的时代。

分别说部再分化为化地部、饮光部、法藏部以后,佛教五部僧团各派,即再次编纂出自派的新经诵。五部僧团更依各自派的见解,再集成自部的传诵,这正是后世说的"五部沙门,竞集法句":

> 凡十二部经,总括其要,别为数部。四部阿含,佛去世后阿难所传,卷无大小皆称闻如是处,佛所在究畅其说。是后五部沙门,各自钞众经中,四句、六句之偈,比次其义条别为品,于十二部经靡不斟酌,无所适名,故曰法句。诸经为法言,法句者由法言也。①

阿难与阿难师承的僧团,主导了第一、二次经律结集,自佛灭当年至百一十年间,发展出四部阿含圣典。阿育王登位约第22年,五部僧团形成后,各派遂再发展出自派经诵:

> 憍陈如!我涅槃后有诸弟子,受持如来十二部经,书写读诵颠倒解义。以倒解说,覆隐法藏,以覆法故,名曰摩鞠多(即法藏部)。……读诵书说外典,受有三世及以内外,破坏外道善解论义,说一切性悉得受戒,凡所问难悉能答对,是故名为萨婆帝婆

---

① 支谦《法句经序》,《大正藏(4)》p.566。

(即萨婆多部、说一切有部)。

……说无有我及以受者,转诸烦恼犹如死尸,是故名为迦叶毗部(即饮光部)。……不作地相、水火风相、虚空、识相,是故名为弥沙塞部(即化地部)。……皆说有我,不说空相,犹如小儿,是故名为婆嗟富罗(即犊子部)。

……受持如来十二部经,读诵书写,广博遍览五部经书,是故名为摩诃僧祇(即大众部)。善男子!如是五部虽各别异,而皆不妨诸佛法界及大涅槃。①

《大方等大集经》是将佛灭后约 250 年以后,由摩偷罗僧团分裂出崇论的说一切有部(萨婆帝婆,宗《发智论》)、犊子部(婆嗟富罗,改宗《舍利弗阿毗昙论》),误当作阿育王时代的摩偷罗僧团。

《大方等大集经》的立场,是肯定大众部(摩诃僧祇),否定摩偷罗僧团及优波鞠多举行"第三次经律结集"的贡献,也同样不认可大众部以外其他四部的见解。

摩偷罗僧团是"住持经藏",为了对抗分别说部结集的"分别说部三藏",维护"第二次结集"的四部圣典与律藏,优波鞠多领导举行"第三次经律结集"。摩偷罗僧团未曾在四部阿含圣典以外,再编集新经诵:

此苏怛罗是佛真教。……此阿难陀今皆演说,诸阿罗汉同为结集。……此即名为相应阿笈摩……长阿笈摩……中阿笈摩……增一阿笈摩。尔时大迦摄波告阿难陀曰:"唯有尔许阿笈摩经,更无余者。"②

萨婆多部(说一切有部)应是在佛灭后第三百年中叶,自阿难系摩偷罗僧团分裂出的部派,部主是迦旃延尼子,受《舍利弗阿毗昙论》

---

① 《大方等大集经》卷二二,《大正藏(13)》p.159。
② 《根本说一切有部毗奈耶杂事》卷三九,《大正藏(24)》p.407。

的影响，写出融摄《舍利弗阿毗昙论》的《发智论》，悖弃阿难师承是"重经，不弘论"的立场。吉藏《大乘玄论》、法显《摩诃僧祇律私记》都是将弘论的说一切有部，误作为阿难系摩偷罗僧团的代表。

同此，阿育王时代的毗舍离僧团第三师树提陀娑，未曾参与"变造佛教"的事务，也不可能编集出新经诵。阿育王时代编集出自派新经诵，并与毗舍离僧团有关的教派，应当是传化于案达罗地区的大天学团(制多部)。

大天出身外道(可能是耆那教徒)，是阿育王御用的臣属，是借用佛教僧人身份作为掩护，实际是进行扰乱佛教、变造佛教的政治工作者。前面引据《摩诃僧祇律私记》《大方等大集经》说的摩诃僧祇(大众部)，不是阿育王时代的毗舍离僧团，应当是案达罗地区的大天学团。毗舍离僧团自称摩诃僧祇(大众部)，是佛灭后约238年(149 B.C.E.)，开创巽迦王朝的弗沙蜜多罗王殁后的事情了。

佛灭后137年(250 B.C.E.)，阿育王登位第22年以后，除了摩偷罗僧团以外，附会于毗舍离僧团的大天学团、化地部、饮光部、法藏部及毗舍离僧团等五部，皆各自增新编集出"法句(法言)"。后来，扩张为《杂藏》(Kṣudraka-piṭaka)，或名为《小部》(Khuddaka-nikāya，铜鍱部传)，即成为第五部经典的传诵，或称为"杂部"。这是出自部派佛教时代各派编集的新经诵，各派第五部经诵的内容不相同。

"小"、"杂"同为 Khuddaka 的义译，《小部》与《杂藏》原即是偈颂的总集，是大不同于古老的《修多罗》。

阿育王时代的摩偷罗僧团，乃至佛灭后约250年自阿难系摩偷罗僧团分出的说一切有部，皆未在四部圣典以外，另编集出第五部经集。

3-6-11 阿育王与分别说部学团

孔雀王朝王族出家于分别说部学团，是阿育王掌控佛教的政治策略,主要目的是"掌控佛教",谋求王朝的利益及稳定。

分别说部学团受孔雀王朝的掌控,并在阿育王的支持下,极快速地发展。在阿育王登位约 22 年,分别说部学团分化为化地部、法藏部、饮光部,摩哂陀传教入楞伽岛。

公元前约 26 年,分别说部的传承,另在印度东南的楞伽岛(狮子国,锡兰)举行《分别说部三藏》的再结集,号称是第四次结集,创立了锡兰的铜鍱部。

目前承续自分别说部的南传佛教,针对阿育王事迹的陈述,全是支持佛教的正面印象。然而,根据印度史献,分化自摩偷罗僧团之说一切有部传述的《阿育王传》《十八部论》,以及古老《七事修多罗》与论书的比对探究,清楚地发现史实的孔雀王朝是支持耆那教,阿育王也是耆那教的护持者,并且采取"掌控佛教"及"变造佛教"的方法,推展"变型佛教",既巩固王权,又维护孔雀王朝的神圣权威(开国君王旃陀罗笈多是耆那教圣者),减轻佛教、耆那教的冲突,坚固、稳定孔雀王朝的统治基础。

从始至终,阿育王皆是耆那教的坚定支持者,也是利用佛教、变造佛教的君王,绝不是支持正统佛教的君王。

目前佛教界有关阿育王的记载,最早传出是公元前一世纪印度说一切有部写的《阿育王传》[1],约公元前二世纪传出的《舍利弗问经》(大众部传)记载少许孔雀王朝事迹。此外,南传佛教觉音论师写的《善见律毗婆沙》,也有相关阿育王的记载,此书出自公元后五世纪的锡兰大寺派,也是较晚传自印度以外的作品。

目前佛教界有关印度部派分裂的记载,最早传出是公元前一世纪印度世友论师写的《十八部论》,公元前约二世纪传出的《舍利弗问经》(大众部传)也有少许记载。此外,锡兰的《岛王统史》,是出自公

---

[1] 印顺《佛教史地考论》"阿育王传内容",正闻出版社,1999 年版,pp.110~127。

元后五世纪的说法,也是较晚传自印度以外的作品。

有关阿育王、印度部派分裂的记录,现今南传佛教流传的《善见律毗婆沙》及《岛王统史》,因为传出的时期确实较晚,并且多有不合更早期的印度史献,当中混淆、编造、串接之处不少,可信度是有待考证。

3-6-12 阿育王在佛教的定位及影响

分别说部学团的结集,变造了佛法,造成佛教的彻底分裂。在阿育王"不得破僧"的敕令下,强迫阿难系摩偷罗僧团、优波离系毗舍离僧团必须接受分别说部的说法。

分别说系铜鍱部不愿承认分别说部分裂了佛教,反而伪称是佛灭后百年毗舍离僧团引起的"十事非律僧争",才是造成佛教分裂为上座部与大众部的原因。

除此,分别说系铜鍱部宣称目犍连子帝须领导的僧团是上座部正统,更以优波离师承的正统自居,并且得到阿育王的默许及支持。

如是可知,阿育王时期的阿难系摩偷罗僧团,是在阿育王的压迫下,不仅受到漠视、排挤,也被自称是"上座部"的分别说部视为异说,承受不当的屈辱及虚假不实的诋毁。

当时,毗舍离僧团的领导者,是陀娑婆罗的弟子,优波离系第三师的树提陀娑①。同样的,毗舍离僧团的树提陀娑也受到阿育王的边缘化,大天的作为更让毗舍离僧团承受着"分裂僧团"的千古罪名。

阿育王的做法,是大力抬高依附王家势力的僧人,稳固王族控制佛教的力量。阿育王借着抬高大天的声势(大天是附会毗舍离僧团出家的异道),边缘化树提陀娑的重要性。除此,阿育王又推崇目犍连子帝须是正统佛教的代表,使优波鞠多受到矮化。

---

① 《摩诃僧祇律》卷三二,《大正藏(22)》pp.492~493:"树提陀娑从谁闻? 从尊者陀娑婆罗闻;陀娑婆罗从谁闻? 从尊者优波离闻;优波离从谁闻? 从佛闻;佛从谁闻? 无师自悟,更不从他闻。"

阿育王刻意扶植听从王命的目犍连子帝须,支持分别说部学团,边缘化、矮化毗舍离僧团,压制、逼迫摩偷罗地区的阿难系僧团,并威胁、恫吓,令不许反抗。

　　阿育王过度地介入、干预僧事,又为了君王的权威及王家利益,一方面大力扶持亲近王家、听从王命的分别说部学团,二方面边缘化、矮化优波离系毗舍离僧团,三方面压迫为了维护佛法而抵触王命的阿难系僧团。

　　阿育王的做法,破坏了依经、依律净化僧团的机制,使得"五事异法僧争"进一步地扩大为僧团分裂的下场,这才是佛教僧团分裂的真正原因。后世的佛弟子,误以为阿育王热切地护法、供僧,歌诵其为护法兴教的典范,却不知阿育王对佛教做出变造佛法、分裂佛教的巨大伤害。

3-6-13　君士坦丁大帝在基督教的定位及影响

　　公元313年君士坦丁大帝一世(拉丁语Constantinus I Magnus,C.E. 306～337)成为信奉基督教的第一位罗马帝国皇帝,并且颁布了《米兰诏书》(Edict of Milan),承认基督教为合法且自由的宗教,归还先前迫害时期没收的基督教教会的财产,规定星期天为礼拜日。此外,君士坦丁又给予基督教各种不同实惠的特权及税收豁免权。

　　君士坦丁为了确立一个他可以接受,又有利于罗马帝国的基督教会(这当然是出自政治目的),将当时分散在地中海周边各地诸多不同的基督教派,以及各自有别的上帝信仰与神学学说,予以整合成统一的信仰、教说及教派。

　　公元325年君士坦丁大帝出面召开了基督教第一次的"大公会议",也就是著名的"尼西亚会议"。当时阿里乌[①](Arianism,其主张

---

① 阿里乌原属于安提阿派,曾担任过亚历山大城教会的长老,跟随在安提阿著名学者路迦诺下学习。阿里乌认为圣子是受造物中的第一位,基督不是上帝也不是人,是上帝与人之间的媒介。

(转下页)

被称阿里乌主义、亚流主义学派,属安提那派)及亚他那修(Athanasius,属亚历山大派)两位著名的神学家,分别代表两大不同主张的派系,在会议中提出了相互对立的神学学说,展开关于基督的神性和人性的激烈辩论,这次辩论的目的是确定整个基督教信仰及学说的内容,同时也影响了各教派的存亡及发展。

"尼西亚大公会议"的最后结论是支持亚他那修的理论,通过了《尼西亚信经》(依会议命名,全名为《尼西亚—君士坦丁堡信经》)。

《尼西亚信经》的主要内容为:一、明确规定上帝为"独一、全能的父"和"创造有形、无形万物的主",相信在亘古以前耶稣基督是和上帝一体,是"受生而非被造";二、相信上帝(天主)即圣父、圣子、圣灵;

君士坦丁一世(Constantinus I Magnus)塑像,位于英国约克大教堂广场

(接上页)阿里乌教派(Arianism,或称亚流主义学派、阿里乌主义、亚流主义、亚流派),阿利乌(或译亚流)领导的基督教派别。根据《圣经》所载阿里乌教派主张:耶稣次于天父,反对教会占有大量财富。

亚历山大派的亚他那修,则持相反主张,认为独一的真神拥有"圣父、圣子、圣灵"三个位格(persons),三者存在于同一的本体(substance)当中。阿里乌教派则拒绝使用"本体相同"(homoousios)这个词语描述基督与上帝的关系。阿里乌教派的教导,在不同的大公会议中,都被斥之为异端。

参考:威利斯顿·沃尔克《基督教会史》,中国社会科学出版社;《教会历史》,谷勒本著、李少兰译,道声出版社;《历史的轨迹——二千年教会史》,祁伯尔著、李林静芝译,校园出版社。

三、相信圣灵(圣神)"是主、是赐生命"的存在,圣灵是"与圣父、圣子同受尊崇、敬拜"。圣父、圣子、圣灵三个信条,构成了基督教"三位一体"的基本信仰理论,并且坚定相信"大公教会是圣而公之教会"。此后,《尼西亚信经》即成为基督教的正统学说,阿里乌教派及学说则被斥为"异端"。

日后,君士坦丁大帝在安提那派优西比乌的影响下,转而支持阿里乌教派,随后继位的君士坦提乌斯二世也支持阿里乌教派,阿里乌教派才得到延续。

公元后 380 年,基督教召开第一次"君士坦丁堡大公会议",当时原本尚有争议的"圣灵"属性,已被承认具有"三位一体"的神格,又再将阿里乌教派斥为异端。此时,"三位一体"的神学思想,经过长达 55 年的论辩及发展,已经确立为主流的基督教义了。

圣索非亚大教堂镶嵌画,君士坦丁献上新罗马城

在时势底下,阿里乌教派已经无力改变大势,成为发展在日耳曼人当中的旁流(或称亚流、亚略)。公元 7 世纪,伊比利亚半岛最后一

位信奉阿里乌派的君主改信了天主教(即基督教大公教会)后,阿里乌派才消失于世。此时,公元 7 世纪的基督教,终于完成教义、教会的统一,逐步地发展为现代的基督教。

3-6-14 阿育王与君士坦丁大帝的比较

阿育王(Aśoka,271~235 B.C.E.)在印度佛教发展史的角色,犹如基督教发展史的罗马帝国皇帝君士坦丁大帝一世(Constantinus I Magnus, C.E. 306~337)。

阿育王及君士坦丁大帝,皆为了政治目的而皈依、受洗,也都致力于宗教教义的驯化、标准化,是为了帝国的稳定及发展,并且皆把宗教收编为服务政治的一员。

君士坦丁大帝是让分歧的基督教派及神学信仰,经由帝国支持的神学辩论会议,使分歧的基督信仰发展为统一的基督教义及基督教会,奠定基督教顺利发展的重要基础。

反之,阿育王介入佛教的心态、方式及目的,是掌控僧团、变造佛教及稳定孔雀王朝,使得原本一味无分的佛法、团结一致的僧团,发生了对立、分裂,造成佛教教法、僧团的分裂及对立。

佛灭后 125~126 年(262~261 B.C.E.),阿育王登位第 10~11 年,佛教正式分裂,至今已约有二千三百年的分裂演变史,现实人间的"变型佛教"早已忘失真实佛法的原义与大用。

3-7 孔雀王朝与佛教

3-7-1 依经传法的阿难系僧团

公元前约 387 年,佛灭当年雨安居,大迦叶号召佛教僧团 500 位修证成就者,共同举行"第一次经律结集"。

阿难担任结集经法的召集人,结集出《因缘相应》《食相应》《界相应?》《圣谛相应》《阴相应》《六处相应》《道品相应》等《七事相应教》。《七事相应教》是释迦佛陀在世的教诲集成,更是后世一切经说的根源。

佛灭后百年或110年(287或277 B.C.E.),阿难师承的摩偷罗僧团号召"十事非律羯磨",并举行"第二次经律结集",也称为七百结集。阿难弟子一切去长老担任主诵者,离婆多(或商那和修)长老担任问法者,僧团将《七事相应教》及百年内增新的教法重新编集成《相应阿含》《中阿含》《长阿含》《增一阿含》。

佛灭后125~126年(262或261 B.C.E.),阿育王登位第10或11年,阿难师承摩偷罗僧团第三师优波鞠多,针对分别说部变造佛教的论义结集,举行"第三次经律结集",佛教分裂为三大派。

3-7-2 维护经律的摩偷罗僧团

"第一次经律结集"优波离担任律戒结集的召集人,使佛陀制定的戒律得以集结不失,维持佛教僧团的传续及发展。第一次结集的僧律,逐渐发展为各部派的传诵,内容是同中有异。目前较为古老、朴质的僧律,可能是《摩诃僧祇律》,其他部派的僧律,是经过增新、繁琐的型式。

在"第一次经律结集"以后,依阿难为师的经师传承,并以"弘经不移"作为宗旨的僧团,主要是商那和修、优波鞠多领导的摩偷罗僧团。

除了经师传承以外,佛教还有依优波离为师的律师传承,主要是陀娑婆罗、树提陀娑领导的毗舍离僧团。

佛灭后约110年或百年(277或287 B.C.E.),摩偷罗僧团的领导者商那和修,针对"十事非律僧争"号召净律羯磨,并且举行"第二次经律结集",羯磨与结集的方向是"依经依律"地维护佛陀的原说及教诲。

佛灭后约116年(271 B.C.E.)，阿育王初登王位，佛教僧团为了大天举"五事异法"再度引起僧争。佛灭后约124～125年，阿育王登位第9～10年(263～262 B.C.E.)，目犍连子帝须学团(分别说部)编集出糅杂异道思想的《舍利弗阿毗昙论》，系统性、结构性地破坏佛法，再依《舍利弗阿毗昙论》的论义篡改佛教的四部圣典传诵，结集出"分别说部三藏"。

阿育王登位第10年(262 B.C.E.)，在分别说部结集出"分别说部三藏"后，阿难师承之摩偷罗僧团的第三师优波鞠多，为了对抗"变造佛教"的"分别说部三藏"，遂领导摩偷罗僧团举行"第三次经律结集"。

佛灭后约125或126年，阿育王登位第10或11年(262或261 B.C.E.)，佛教僧团即大分裂，分裂为三大派。三大派分别是：一、阿难传承的摩偷罗僧团，维续正法律；二、不涉入僧争，优波离师承的毗舍离僧团，佛灭后约238年(149 B.C.E.)弗沙蜜多罗殁后，毗舍离僧团自称是大众部；三、分别说部学团，自称是上座部，以及附会优波离传承毗舍离僧团的大天学团。

根据铜鍱部的说法，目犍连子帝须举行分别说部结集后的第二年，佛教僧团即发生大分裂①。

优波鞠多、摩偷罗僧团举行的结集，是依经、依律地维护"第二次经律结集"的集成，对抗分别说部学团结集的"分别说部三藏"(南传《巴利三藏》的原型)。

3-7-3 阿育王引发分裂及敕禁分裂

佛灭后约125年(262 B.C.E.)，阿育王登位第10年以后，阿育王、目犍连子帝须的谋略，是藉分别说部学团主导佛教的发展。

分别说部学团的方向是"配合王家，立新佛教"，目犍连子帝须为

---

① 《岛王统史》第六章，《汉译南传大藏经(65)》p.54。

了达到目的,自行编集出论书,该论附会舍利弗圣名称为《舍利弗阿毗昙论》。《舍利弗阿毗昙论》的论义改造经说的五阴、因缘法、因缘观、四圣谛、道次第、圣者典范、解脱、涅槃等内容。

自阿育王、目犍连子帝须共谋变造佛教后,佛陀教法原说隐没,佛教僧团发生大分裂。

阿育王为了确立王族掌控之分别说部学团的正统地位,压制优波鞠多领导摩偷罗僧团的对抗及挑战,并且在阿育王登位第20年(252 B.C.E.)起,广置铭刻敕令的石柱、碑文,敕令禁止分裂佛教。

两千多年来的佛教,受到阿育王及目犍连子帝须的不当影响,教法、信仰分歧,僧团对立难合,长期衰弱不振、渐趋灭亡。

3-7-4 变造佛法的分别说部

阿育王曾于印度各地广建佛塔,从现今尚存于印度的桑崎 Sāñcī 佛塔来看,最早在桑崎建塔者是阿育王。

桑崎佛塔的地理位置,临近于分别说部之重要根据地的优禅尼。据南传铜鍱部《大王统史》及《善见律毗婆沙》的陈述,阿育王时期代表王族掌控分别说部学团的人,是阿育王之子摩哂陀 Mahinda。由于摩哂陀是王子,却不是俗世王位的继承者,可能出于王家权位传承的微妙关系,摩哂陀只好远离孔雀王朝,前往锡兰开教。

摩哂陀的故乡是优禅尼地区的卑提写 Vedissa(今印度的维迪斯哈 Vidisha),距离西南方的桑崎佛塔约有十公里。

桑崎佛塔供奉了佛陀、舍利弗、摩诃目犍连的舍利,还有受阿育王之命令,宣教十方之分别说部传教团长老的舍利。如宣教尼泊尔一带(饮光部)的末示摩 Majjhima、迦叶波 Kāśyapīya 长老舍利。

如是可知,阿育王建造桑崎佛塔的意义,是将受王族掌控的分别说部学团,推崇为佛教的代表及正统。桑崎佛塔是为了彰显孔雀王朝及分别说部的权威、荣耀。

3-7-5　始终支持耆那教的孔雀王朝

3-7-5-1　开国君王出家耆那教

佛世时摩竭陀国君民主要的信仰是耆那教,佛教与耆那教的教义是相左不同,彼此一直处在竞争状态。

孔雀王朝是承续难陀王朝,统治佛世时摩竭陀国。从难陀王朝到孔雀王朝时代,一直延续信仰耆那教的传统,除了印度血统部族反对雅利安血统信仰的婆罗门教,倾向支持奥义书、耆那教以外,主要的原因是强调"宿业决定、苦行、禅定、厌离"的耆那教信仰,一直是专制君王作为稳定统治地位的"愚民策略"。

建立孔雀王朝的旃陀罗笈多,呼应耆那教之"在家为轮王,出家为佛陀(胜者 Jina)"的说法,退位后追随耆那教最后一位全知圣者——巴德拉巴夫(梵 Bhadrabāhu,？～298 B.C.E.),并出家于耆那教,至卡尔巴普(Kalbapp)山修苦行。

最终,旃陀罗笈多依据耆那教解脱者的标准,自行绝食而亡。旃陀罗笈多的表现,符合耆那教的信仰,清楚地表达自己信奉耆那教,也是耆那教的解脱者、圣者。自此,旃陀罗笈多成为孔雀王朝及耆那教的神圣表彰,更使孔雀王朝具有"圣人君王,神圣王朝"的统治权威。

因此,孔雀王朝一直是坚定支持耆那教,既未真正信仰、支持佛教,更是破坏佛法传承、变造佛教的主要力量。

3-7-5-2　阿育王鼓励信奉耆那教、变型佛教

阿育王住世时,在王朝全境大力推行"和平",各地广立阿育王石柱刻文的法敕,鼓励人民爱护生命,尊重佛教、耆那教等各宗教信仰。阿育王的用意,确实是掌控、变造佛教,利用"变型佛教"作为稳定王权的手段,绝不是专一地支持佛教,也不支持原有的正统佛教。

自孔雀王朝的阿育王起,佛法趋向驳杂分岐,佛教僧团分裂为众多部派,佛教不再是正觉、团结、和谐的佛教。

3-7-5-3 阿育王继任者崇信耆那教

阿育王时代的迫僧事件,王朝与佛教之间发生矛盾,促使阿育王采取"掌控佛教"的政策。阿育王登位第9年起,"和平"成为治国的国策,阿育王需要可资助王朝平稳的"法"。此时,阿育王为了消除佛教与耆那教等传统思想之间的差距及对立,"变造佛教"遂成为阿育王的佛教政策。

当阿育王殁后,继任的达色拉塔(Dasharatha, 230～222 B.C.E.)、商普罗帝(Samprati, 222～213 B.C.E.,被称为"耆那教徒阿育王"),皆是敬信、支持耆那教的君王①,舍弃阿育王利用佛教的政治手段,可见孔雀王朝的信仰,是自旃陀罗笈多以后都必需信持耆那教。

3-7-6 灭孔雀王朝者崇信婆罗门教

3-7-6-1 巽迦王朝灭佛

公元前185～183年(佛灭后约202～204年)间,阿育王殁后49年,孔雀王朝末代巨车王Bṛihadratha,受信仰婆罗门教的权臣弗沙蜜多罗 Puṣyamitra 谋篡而覆亡②。

弗沙蜜多罗建巽迦王朝Śuṅga Dynasty(公元前185～73年,佛灭后约202～314年),基于稳定政治势力的需要,大力支持婆罗门教,强力压制孔雀王朝的宗教界助力——佛教、耆那教。弗沙蜜多罗对孔雀王朝支持的耆那教、佛教,是采取残忍杀害的做法。

弗沙蜜多罗王杀尽孔雀王朝子孙及鸡园寺僧人,大肆杀僧、毁寺,中印佛教受到严重的迫害,寺院及僧众多受毁坏及杀戮:

---

① 根据近代研究《伐由往世书》Vayu-Purāṇa 的结果。
② 根据近代研究《往世书》Purāṇa 的结果。

> 优婆笈多后,有孔雀输柯王,世弘经律,其孙(时有)名曰弗沙蜜多罗……毁塔灭法,残害息心四众……御四兵攻鸡雀寺。……遂害之,无问少长,血流成川……王家子孙于斯都尽。①

孔雀王朝自旃陀罗笈多开始,经历代君王统治,至末代巨车王为止,孔雀王朝都是坚定支持耆那教、利用佛教。

根据巽迦王朝信仰婆罗门教,强力压制佛教、耆那教的做法,耆那教、佛教似乎是巽迦王朝的政治敌对势力。

弗沙蜜多罗 Puṣyamitra 信仰婆罗门教,在位治世约36年(185～149 B.C.E.),排除佛教、耆那教的势力。

3-7-6-2 中印复教及古新律争

佛灭后约238年,公元前149年,弗沙蜜多罗覆亡后,中印佛教才得复兴的机运,《摩诃僧祇律》乃复传出于世:

> (弗沙蜜多罗)其后有王,性甚良善……国土男女复共出家。如是比丘、比丘尼还复滋繁,罗汉上天,接取经律还于人间。时有比丘名曰总闻,咨诸罗汉及国王,分我经律多立台馆,……时有一长老比丘,好于名闻亟立诤论,抄治我律开张增广。迦叶所结名曰大众律,外采综所遗,诳诸始学,别为群党,互言是非。时有比丘,求王判决。王集二部行黑白筹,宣令众曰:若乐旧律可取黑筹,若乐新律可取白筹。时取黑者乃有万数,时取白者只有百数,王以皆为佛说,好乐不同不得共处。学旧者多从以为名为摩诃僧祇也,学新者少而是上座。②

大众系《舍利弗问经》提到,巽迦王朝弗沙蜜多罗王殁后,中印佛教渐得复兴,当时有"长老比丘抄治僧律,开张增广",促成"古新律争"。

---

① 见《舍利弗问经》,参《大正藏(24)》p.900。
② 《舍利弗问经》,《大正藏(24)》p.900。

大迦叶召集"第一次结集"集出的律,称为"大众律(《摩诃僧祇律》)",即"古律",部派对古律再予以开张增广是"新律"。这个提倡"新律"的部派,应当是自称"上座"的分别说部。

3-8 佛教分裂的真实情况

3-8-1 中印三次僧团大争端

佛教僧团的大争端,实际发生三次:一、佛灭110年或100年的"十事非律僧争",发生自摩偷罗僧团、毗舍离僧团之间的争端;二、佛灭116年的"五事异法僧争",发生自摩偷罗僧团、大天学团之间的争端,再逐渐发展为阿育王、分别说部变造佛法,形成正法、异法之抗争及分裂;三、佛灭238年后有"古新律争",发生在分别说系僧团、毗舍离僧团之间有关"律戒"的争端。

佛教的发展历史,实际未曾发生上座部、大众部的对立及分裂。上座部、大众部的分裂,一直是出自分别说部学团的伪造历史,以及毗舍离僧团、说一切有部的附会,遂影响后世佛教误认有上座部、大众部的分裂。

3-8-2 初分裂为三大派、五部僧团

由阿育王子摩哂陀开化印度南方楞伽岛(狮子国)的分别说系大寺派,在自派编集的《岛史》,传说佛灭100年毗舍离僧团擅行"金钱等十事非律",发生摩偷罗僧团、毗舍离僧团的争端,因而引起佛教僧团分裂。但是,此事不可信。

分化自摩偷罗僧团的说一切有部,在自派编集的《十八部论》提到,佛教分裂的原因,是阿育王时代有大天举"异法五事"而造成僧团纷争。

摩偷罗僧团记载的"大天举五事异法",不是佛教分裂的真正原因,只是造成僧团纷争的事由,僧团尚未分裂。

佛教分裂的真正原因,是鸡园寺发生"五事异法僧争"的过程,阿育王不满摩偷罗僧团长老不服从阿育王的决定,因为"不服王命"而引发"沉船害僧"的事件,使阿育王与摩偷罗僧团的关系大坏,阿育王、孔雀王朝的形象受损。

阿育王面对佛教问题的失控,遂采取"掌控佛教"的宗教政策,促使阿育王、目犍连子帝须联手操控佛教。如是,先令王族掌控目犍连子帝须学团,再由阿育王操控目犍连子帝须学团(分别说部学团)举行自派结集,目犍连子帝须配合阿育王执行"变造佛法,掌控佛教"的政策。

阿育王御用目犍连子帝须,王族掌控目犍连子帝须学团,再经由目犍连子帝须学团举行自派结集,并结集出依据《舍利弗阿毗昙论》为宗本,对佛教原有传诵进行"变造"的"分别说部三藏"。

接着,阿育王支持分别说部学团为主的传教团,向四方传播"分别说部三藏",建立糅杂奥义书、耆那教、佛教的"变型佛教",目的是稳定孔雀王朝的统治。

阿育王的宗教政策,既造成佛教的大分裂,也促成阿难系摩偷罗僧团举行"第三次经律结集",对抗孔雀王朝、分别说部学团共谋的"变型佛教"。

在阿育王的支持下,阿育王、分别说部学团共谋"掌控僧团,变造佛教",受王族操控的分别说部学团,主导了佛教的变造与发展。分别说部是在传统的经法以外,糅杂异道思想编集出《舍利弗阿毗昙论》,并建立以此论为宗本的变型佛教。

正统佛教经师代表的摩偷罗僧团,起自阿难,经第二代师商那和修、第三代师优波鞠多,一直依经、弘经,是对抗分别说部学团的主要力量。

正统佛教律师代表的毗舍离僧团,起自优波离,经第二代陀娑婆罗、第三代树提陀娑,是传律、弘律的律师传承。虽然毗舍离僧团有异道大天的附佛出家,但是毗舍离僧团不表态,既未支持阿育王御用的大天徒众,也未支持分别说部学团,更疏离摩偷罗僧团。

自佛灭后125~126年,阿育王登位第10~11年(262~261 B.C.E.)起,印度佛教分裂为经系、律系、论系等三大派。

佛灭后134年,阿育王登位约第19年(253 B.C.E.),论师集团的分别说部,宗主目犍连子帝须过世,分别说部逐渐分化为化地部、法藏部、饮光部等三支派。此后,印度佛教分裂为经系、律系、论系等三大派,共有五部僧团。

除了印度以外,摩哂陀领导分别说部传教团传化南方楞伽岛(狮子国,今斯里兰卡),建立分别说系大寺派传承。

论师的分别说部学团分化表:

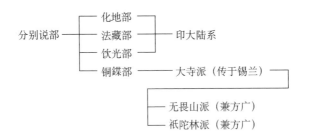

目前,铜鍱部的记载,是将化地部、法藏部、饮光部,以及说一切有部、犊子部,说成是自身的分派。这是铜鍱部为了推崇自派是分别说部正统的伪说,一样不可信。

3-8-3 律师僧团的传承与分裂

佛灭后约152年,阿育王登位第37年(235 B.C.E.)殁。阿育王殁后,律师传承的毗舍离僧团发生分化,率先分出一说部(巴

Ekabyohārika)、说出世部(梵 Lokottaravāda、鸡胤部(巴 Kukkuṭika、Gokulika):

> 佛薄伽梵般涅槃后,百有余年去圣时淹,如日久没。……是时佛法大众初破,谓因四众共议大天五事不同,分为两部,一大众部,二上座部。……后即于此第二百年,大众部中流出三部:一、一说部,二、说出世部,三、鸡胤部。次后,于此第二百年,大众部中复出一部,名多闻部。次后,于此第二百年,大众部中更出一部,名说假部。第二百年满时,有一出家外道,舍邪归正亦名大天,大众部中出家受具,多闻精进,居制多山。彼部僧重详五事,因兹乖诤分为三部:一制多山部、二西山住部、三北山住部。①

一说部主张"世、出世法皆无实体,但有假名",这是错解"我(个别、自主之意)"为"实体"的意思,误将佛陀的"无我"改为"无实体":

> 一说部,此部说世、出世法皆无实体,但有假名。名即是说意,谓诸法唯一假名,无体可得,即乖(大众部)本旨。所以别分名一说部,从所立为名也。②

公元前一世纪的南印,"一说部"的部义,转化为"大乘运动"初期的

---

① 《异部宗轮论》,《大正藏(49)》p.15。《异部宗轮论》,《大正藏(49)》p.15:"此中大众部,一说部、说出世部、鸡胤部,本宗同义者,谓四部同说:'诸佛世尊皆是出世,一切如来无有漏法,诸如来语皆转法轮,佛以一音说一切法,世尊所说无不如义。如来色身实无边际,如来威力亦无边际,诸佛寿量亦无边际。'"

② 《异部宗轮论述记》,《卍续藏(83)》p.435:"一说部,此部说世、出世法皆无实体,但有假名。名即是说意,谓诸法唯一假名,无体可得,即乖(大众部)本旨。所以别分名一说部,从所立为名也。"从大众部分出的一说部,主要是驳斥大众部"现在有体,过未无体"的说法,否认有"唯一刹那"的现在法,强调"诸法无有实体,唯有假名"。一说部的主张,可以说是出于公元前一世纪之"般若"的思想基础,见《大般若波罗蜜多经》卷三六五,《大正藏(6)》p.883:"法真如性、不虚妄性、不变异性、无颠倒性,故名菩提。复次,善现!唯假名相谓为菩提,而无真实名相可得,故名菩提。"《大般若波罗蜜多经》卷四六四,《大正藏(7)》p.344:"复次,善现!唯假名相,无实可得,故名菩提。"《大般若波罗蜜多经》卷五二五,《大正藏(7)》p.694:"善现!当知是一切法唯有假名,唯有假相而无真实,圣者于中亦不执著,唯假名相。如是善现,诸菩萨摩诃萨,住一切法但假名相,行深般若波罗蜜多,而于其中无所执著。"

《般若经》思想主轴及源头。《般若经》提出"一切法空,如梦如幻,毕竟不可得,但有假名",日后成为"大乘佛教"的通义。此外,《般若经》也融摄《舍利弗阿毗昙论》用"俱生、和合生"取代"缘生"的论义:

> 彼何谓空亦空?谓一切法空,诸法空,此空亦空,是谓空空。①
>
> 菩萨摩诃萨,见诸法皆空,如梦、如幻、如炎、如响、如影、如化。②
>
> 空中,色不可得,受、想、行、识不可得。舍利弗!以是因缘故,色是菩萨,是亦不可得,受、想、行、识是菩萨,是亦不可得。③
>
> 舍利弗!如是一切法无所有、不可得,以是因缘故,于一切种、一切处菩萨不可得。……色是假名,受、想、行、识是假名。……若空则非菩萨,以是因缘故,舍利弗!菩萨但有假名。④
>
> 舍利弗!诸法和合生,故无自性。⑤
>
> 如是纯苦阴有集、和合生、俱生。⑥

说出世部:佛皆出世,说无不如义,出世是实、非妄:

> 说出世部……说:"诸佛世尊皆是出世,一切如来无有漏法……世尊所说无不如义。"⑦
>
> 说出世部:"世间非实,皆虚妄故;出世可实,非虚妄故。"⑧

鸡胤部⑨依部主称名,鸡胤部主张:不弘经、律,只弘扬毗昙(对法、

---

① 《光赞般若经》卷六,《大正藏(8)》p.189。
② 《放光般若经》卷五,《大正藏(8)》p.35。
③ 《摩诃般若波罗蜜经》卷七,《大正藏(8)》p.268。
④ 《摩诃般若波罗蜜经》卷七,《大正藏(8)》p.268。
⑤ 《摩诃般若波罗蜜经》卷七,《大正藏(8)》p.269。
⑥ 《舍利弗阿毗昙论》卷一二,《大正藏(28)》p.612。
⑦ 《异部宗轮论》,《大正藏(49)》p.15。
⑧ 《御注金刚般若波罗蜜经宣演》卷上,《大正藏(85)》p.13。
⑨ 《异部宗轮论述记》,《卍续藏(53)》p.435:"憍矩胝部,此婆罗门姓也,此云鸡胤。上古有仙,贪欲所逼,遂染一鸡,后所生族,因名鸡胤……此从律主之姓,以立部名。此部唯弘对法,不弘经、律。"

论)。鸡胤部宣扬的论,应是《昆勒》。

日后,鸡胤部再分出多闻部①(巴 Bahussutaka、Bāhulika)与说假部(巴 Paññattivādā,说假部又被误传是分别说部)②:

> 至第二百年中,从大众部,又出三部:一、一说部,二、出世说部,三、灰山住部。于此第二百年中,从大众部又出一部,名得多闻部。于此第二百年中,从大众部又出一部,名分别说部(应是说假部)。③

---

① 依北传《异部宗轮论》《舍利弗问经》及《多罗那他佛教史》之《上座部传》《正量部传》等说,谓多闻部出自大众部。据《文殊师利问经》卷下《分别部品》,南传《岛史》《大史》、巴利文《论事注序》(Kathāvatthuppa-karaṇaṭṭhakathā)所记,谓多闻部出自鸡胤部。《异部宗轮论》,《大正藏(49)》p.16:"多闻部本宗同义,谓:佛五音是出世教,一无常,二苦,三空、四无我、五涅槃寂静,此五能引出离道故,如来余音是世间教;有阿罗汉为余所诱、犹有无知、亦有犹豫、他令悟入、道因声起。余所执似说一切有部。"见《三论玄义检幽集》卷五,参《大正藏(70)》p.460:"佛在世时,有一罗汉灭,名祀皮衣……住雪山坐禅,不觉佛灭度……至佛灭后二百年中……至央崛多罗国,见大众部所弘三藏,唯弘浅义……其罗汉诵出浅义及深义……弘其所说者别成一部,名多闻部。"《中华佛教百科全书(四)》pp.2014~2015:"观察此部,除了肯定大天五事以外,其余义多同说一切有部,而祠皮衣(Yājñavalkya)是印度古典奥义书(Upaniṣad)时代的仙人名,所以此部有可能兼具大众、上座二系,以及奥义书哲学的色彩。"

② 在世友论较古的译本《十八部论》中有施设部(名假施设),而真谛译《部执异论》则说有分别说部,两种世友论译本与南传的《论事》中,皆未见有说假部之名。但在世友论新译的《异部宗轮论》,则说佛灭后二百年,从大众部分出说假部,而《岛史》及西藏所传清辨(Bhavya)之第三说,也说自鸡胤部分出说假部。《部执异论》提到的出自大众系的分别说部,是否就是后世所说出自鸡胤部的说假部? 世友论旧译《十八部论》,《大正藏(49)》p.18:"佛灭度后百一十六年,……此是佛从始生二部,一谓摩诃僧祇,二谓他鞞罗。……此百余年中,摩诃僧祇部,更生异部。……名一说,二名出世间说,三名窟居。又于一百余年中,摩诃僧祇部中,复生异部,名施设义。……如是摩诃僧祇中分为九部:一名摩诃僧祇,二名一说,三名出世间说,四名窟居,五名多闻,六名施设,七名游迦(支提加),八名阿罗说,九名郁多罗施罗部。"《异部宗轮论》,《大正藏(49)》p.16:"其说假部本宗同义:谓苦非蕴;十二处非真实;诸行相待展转和合,假名为苦;无士夫用;无非时死;先业所得业增长为因有异熟;果转由福故得圣道;道不可修,道不可坏。余义多同大众部执."真谛旧译《部执异论》,《大正藏(49)》p.21:"分别说部是执义本:苦非是阴;一切入不成就;一切有为法,相待假故立名苦;无人功力;无非时节死;一切所得先业造,增长因果能生业,一切诸苦从业生;圣道由福德得,圣道非修得。余所执与大众部所执相似。"

③ 真谛旧译《部执异论》,《大正藏(49)》p.20。由于说假部主张世出世法中,都有少分是假,在世法中五蕴是实,而十二处、十八界是假,此与大众部"诸法唯一假名"的本旨有异,也不同一说部、出世部,所以另立"说假部"。又据《部执异论》所记,分别说部(说假部)主张五蕴是实,五蕴非苦,此部与说假部之说同,应是同一部。但此部认为五蕴是实的说法,实不同于佛陀的教法。

部派分化的原因,离不开见解的分歧,而部派的见解,又往往附会佛世时的圣弟子。例如:分别说部附会舍利弗,鸡胤部附会摩诃迦旃延,多闻部附会佛世时祠皮衣阿罗汉。见《三论玄义检幽集》卷五引《部执异论疏》:

> 鸡胤者……此部云:……不弘经律二藏,唯弘阿毗昙藏。……大迦旃延于佛在世,作论分别解说。佛灭二百年中,大迦旃延从阿耨达池至摩诃陀国,来至大众部中,分别三藏圣教,明此是佛假名说,此是佛真实说,此是真谛、此俗谛……遂别分部。①

大众部三分,一说部主张"一切无实体,唯假名",说出世部是主张"佛说皆真谛",而鸡胤部是宣扬"舍经律,弘毗昙"。此外,外道依附优波离师承的毗舍离僧团(大众部)出家,发展于南印的大天学派(制多部),也有附会大迦旃延著作的"论书"——《昆勒》:

> 摩诃迦旃延佛在时,解佛语作昆勒,(昆勒秦言箧藏)乃至今行于南天竺。②

如此可知,佛灭后 152～200 年(235～187 B.C.E.)之间,鸡胤部很可能已编出托附大迦旃延著作的《昆勒》,并成为鸡胤部与南印制多山系各派广传的"论书"。

毗舍离僧团的分化,又称作大众部的分派,实际本末各派只有一说部、说出世部、鸡胤部、多闻部、说假部等五部。阿育王时代,附会毗舍离僧团的外道大天(Mahādeva,摩诃提婆),受阿育王之命令,传化于南印摩酰娑曼陀罗一带(Mahisakamandala,即现在南印度的迈索尔邦),发展出制多山部,在公元前一世纪,此派有制多山部、西山

---

① 见《三论玄义检幽集》卷五,参《大正藏(70)》p.459、p.461。
② 《大智度论》卷二,《大正藏(25)》p.70。

住部、北山住部等三部：

> 第二百年满时，有一出家外道，舍邪归正，亦名大天，大众部中出家受具，多闻精进居制多山，与彼部僧重详五事，因兹乖诤分为三部：一制多山部、二西山住部、三北山住部①。②

公元前一世纪是《十八部论》写成的时代，大众系本末六部、大天的制多系本末三部，两者合有九部③，两派在后世被通称为大众部，因而有大众系本末九部④的说法。

公元前一世纪至公元后二、三世纪之间，制多山派分为东山住部

---

① 玄奘新译《异部宗轮论》，《大正藏(49)》p.15："第二百年满时，有一出家外道，舍邪归正，亦名大天，大众部中出家受具，多闻精进居制多山，与彼部僧重详五事，因兹乖诤分为三部：一制多山部、二西山住部、三北山住部。"佛灭百余年外道出家的大天，开创了南印案达罗地区的制多部，制多部为了大天五事的解说，内部起了论争，遂分裂为三派。《岛王统史》第五章，《汉译南传大藏经(65)》p.33："(52)于初之百年中，无任何之分裂，至第二之百年，于胜者之教，生起十七之异派。(53)其后次第生雪山、王山、义成、东山、西山及第六之后王山。"《中华佛教百科全书(六)》，p.3575："制多部的分化，在锡兰五世纪的觉音《论事注》(Kathā-vatthu-ppakaraṇa-aṭṭhakathā) 说是东山住部(Pubbaseliyā)、西山住部(Aparaseliyā)、王山住部(Rājagiriyā) 及义成部(Siddhatthika)。《岛史》与《大史》皆以为是佛灭二百年间，十七部派分裂后所生六部派中的王山住部、义成部、东山住部、西山住部。清辩《异部宗精释》(Sde-pa tha-dad-par byed-pa daṅ rnam-par-bśad-pa)第二说，则揭八部大众部中的东山住部、西山住部、王山住部、义成部四部属于南印案达派(巴Andhakā)。在世友论中，关于制多部的分化，只提到制多山部、西山住部、北山住部，并未述及王山住部及义成部，时至四世纪后，南传之《岛史》等始有记载。由此可知，此二部分裂于西山、东山二住部内，《岛王统史》第五章所举在后期分派的大众六部之后王山住部(Apara-rājagirika)、《大史》作金刚部(Vajrayā)，此或系自王山住部所分出。"

② 玄奘新译《异部宗轮论》，《大正藏(49)》p.15。佛灭百余年外道出家的大天，开创了南印案达罗地区的制多部，制多部为了大天五事的解说，内部起了论争，遂分裂为三派。

③ 《十八部论》(取自《文殊师利问经》卷下"分别部品"第十五)，《大正藏(49)》p.17："初二部者，一摩诃僧祇(此言大众老小同会共集律部也)，二体毗履(此言老宿唯老宿人同会共出律部也)。我入涅槃后，一百岁此二部当起。后摩诃僧祇出七部，于此百岁内出一部名执一语言(所执与僧祇同故言一也)。于百岁内从执一语言部，复出一部名出世间语言(称赞辞也)。于百岁内从出世间语言，出一部，名高拘梨部(是出律主姓也)。于百岁内从高拘梨出一部，名多闻(出律主有多闻智也)。于百岁内从多闻出一部，名只底舸(即制多，此山名出律主居处也)。于百岁内从只底舸出一部，名东山(亦律主所居处也)。于百岁内从东山出一部，名北山(亦律主居处)。此谓从摩诃僧祇部，出于七部及本僧祇，是为八部。"

④ 《十八部论》，《大正藏(49)》p.18："如是摩诃僧祇中分为九部：一名摩诃僧祇，二名一说，三名出世间说，四名窟居，五名多闻，六名施设，七名游迦，八名阿罗说，九名郁多罗施罗部。"

(Pubbaseliyā)、西山住部(Aparaseliyā)、王山住部(Rājagiriyā)及义成部(Siddhatthikā)等四部，公元四世纪，又多了后王山住部(Apararājagirikā)，锡兰《大史》称其为金刚部(Vajrayā)：

> 于初之百年中，无任何之分裂，至第二之百年，于胜者之教，生起十七之异派。其后次第生雪山、王山、义成、东山、西山及第六之后王山。①

大天派之制多山系分化的原因，是对"大天五事"的见解有了分歧②。制多山系的东山住部是主张五事，西山住部只承认五事的"余所诱(漏精)"一事，而王山部、义成部则完全反对五事。其余，制多部主张多同于大众部。

当年律师传承的毗舍离僧团第三师树提陀娑，实际是不支持大天的主张，也未受阿育王的御用，只是抱持不涉入阿育王、摩偷罗僧团之间的纷争而已。

佛灭后约238年(149 B.C.E.)，巽迦王朝弗沙蜜多罗王殁后，毗舍离僧团籍"古新律争"正式自称是大众部。

律师传承毗舍离僧团(大众系)分化图：

---

① 《岛王统史》第五章，《汉译南传大藏经(65)》p.33。《中华佛教百科全书(六)》p.3575："制多部的分化，在锡兰五世纪的觉音《论事注》(Kathā-vatthu-ppakaraṇa-aṭṭhakathā)说是东山住部(Pubbaseliyā)、西山住部(Aparaseliyā)、王山住部(Rājagiriyā)及义成部(Siddhatthikā)。《岛史》与《大史》皆以为是佛灭二百年间，十七部派分裂后所生六部派中的王山住部、义成部、东山住部、西山住部。清辩《异部宗精释》(Sde-pa tha-dad-par byed-pa daṅ rnam-par-bśad-pa)第二说，则揭八部大众部中的东山住部、西山住部、王山住部、义成部四部属于南印案达派(巴 Andhakā)。在世友论中，关于制多部的分化，只提到制多山部、西山住部、北山住部(后被觉音称为东山住部)，并未述及王山住部及义成部，时至四世纪后，南传之《岛史》等始有记载。由此可知，此二部分裂于西山、东山二住部后，而《岛王统史》第五章所举在后期分派的大众六部之后王山住部(Apararājagirikā)，《大史》作金刚部(Vajrayā)，此或系自王山住部所分出。"

② 《异部宗轮论》，《大正藏(49)》p.16："制多山部、西山住部、北山住部，如是三部本宗同义。谓诸菩萨不脱恶趣；于窣堵波兴供养业，不得大果；有阿罗汉为余所诱，此等五事，及余义门，所执多同大众部说。"《论事》(一)第二品，《汉译南传大藏经(61)》p.182。南印制多所出东山住部、西山住部、王山住部、义成部诸派，虽主张各有不同，对佛塔的崇拜却是一致。

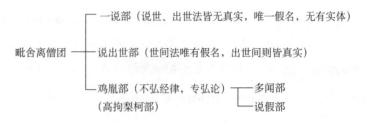

依附毗舍离僧团的大天派（广义的大众系）分化图：

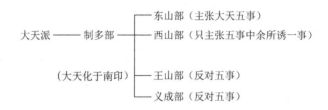

3-8-4 经师僧团的传承与分裂

3-8-4-1 住持正统经、律

佛灭后当年雨安居期间，大迦叶召集"第一次经律结集"，约五百位阿罗汉（修行成就者）参与结集会议。

阿难主持"经典结集"，优波离主持"律戒结集"，五百阿罗汉共同集成释迦佛陀一代的圣教。

阿难传法于商那和修，商那和修传法于优波鞠多。佛灭当年（387 B.C.E.），阿难主持"第一次经典结集"；佛灭后110年或100年（277或287 B.C.E.），商那和修推动"第二次经律结集"；佛灭约125年之间，阿育王登位第10年（261 B.C.E.），优波鞠多领导摩偷罗僧团举行"第三次经律结集"。

3-8-4-2 传承经法

据公元前一世纪世友论师的记载，阿难系摩偷罗僧团一向"只弘经法，不弘律、毗昙（论）"：

> 上座(阿难)弟子部,唯弘经藏,不弘律、论二藏故。……从迦叶以来,至优波笈多,专弘经藏,相传未异。①

阿难出家修行的依止师是贝拉塔西沙Belaṭṭhasīsa(或译毗罗吒师子),不是大迦叶的弟子。大迦叶(Mahākāśyapa)传法于阿难的说法,只出自说一切有部编造的伪史,绝对不是事实:

> 尔时,具寿阿难之和尚具寿毗罗吒师子患芥癣。②

佛灭约125年(262 B.C.E.),阿育王登位第10年,分别说部编撰出《舍利弗阿毗昙论》,变造、修改"第二次结集"的四部圣典,结集出自派传诵的"分别说部三藏"。

佛灭约125年,阿育王登位约第10年(262 B.C.E.),优波鞠多为了维护"第二次经律结集"的四部圣典与律,避免"分别说部三藏"混乱佛教,遂领导摩偷罗僧团举行"第三次经律结集",保持四部阿笈摩、律藏。

3-8-4-3 优波鞠多后渐传论义

优波鞠多以后,由提多迦领导的摩偷罗僧团,受分别说部的影响,渐渐发展出自派的"论书":

> (尊者优波鞠多)语提多迦言:"子!……阿难以法付我和上商那和修,商那和修以法付我,我今以法付嘱于汝。"③

> 上座弟子部(实是阿难弟子部)……从迦叶以来,至优波笈多,专弘经藏,相传未异。以后稍弃根本,渐弘毗昙。④

---

① 《三论玄义检幽集》卷六引真谛《部执异论疏》,《大正藏(70)》p.463。
② 《铜鍱律》大品·衣犍度,《汉译南传大藏经(四)》p.384。参《巴中索引》p.22 B 之四(Belaṭṭhasīsa, Pāli Vinaya Vol.IV, p.86)。
③ 《阿育王传》卷六,《大正藏(50)》p.126。
④ 《三论玄义检幽集》卷六引真谛《部执异论疏》,《大正藏(70)》p.463。

3-8-4-4 《发智论》的出现及分派

当佛灭后约 250 年(137 B.C.E.),摩偷罗僧团有位迦旃延尼子 Kātyāyanīputra 受《舍利弗阿毗昙论》的影响,写出糅杂《舍利弗阿毗昙论》的《发智论》,并广为宣扬,造成摩偷罗僧团产生知见的分歧。原本重经的摩偷罗僧团,再三要求迦旃延尼子改正,迦旃延尼子拒不改正,摩偷罗僧团遂分裂为两派:

> 上座(阿难)弟子部……以后稍弃根本,渐弘毗昙。至迦旃延子等,弃本取末,所说与经不相符。欲刊定之,使改末归本,固执不从。再三是正,皆执不回,因此分成异部。①

3-8-4-5 经师分裂为雪山部、说一切有部

阿难系摩偷罗僧团原自称是"多闻众",意指多闻第一之阿难的弟子学众,分别说部则自称是上座部,两者是对立不和。

佛灭后约 250 年(137 B.C.E.),阿难系摩偷罗僧团分裂为原重经弟子的雪山部(Haimavata),以及依迦旃延尼子《发智论》的说一切有部(Sarvāstivādin,音译为萨婆多部),又称因论部、说因部(Hetuvādin 或 Muruṇṭaka,依自派独有的《论因经》②而得名):

> 至三百年中,上座(阿难弟子)部中,因诤论事,立为异部。一名萨婆多,亦名因论先上座部;二名雪山部。③

> 其上座部经尔所时,一味和合。三百年初,有少乖争,分为两部:一、说一切有部,亦名说因部;二、即本上座(阿难弟子)部,转名雪山部。④

---

① 《三论玄义检幽集》卷六,《大正藏(70)》p.463。
② 《杂阿含》53 经,参《大正藏(2)》p.12。
③ 鸠摩罗什译《十八部论》,《大正藏(49)》p.18。
④ 玄奘译《异部宗轮论》,《大正藏(49)》p.15。

3-8-4-6 犊子部的分化

迦旃延尼子接受《舍利弗阿毗昙论》的见解,写出《发智论》,迦旃延尼子学众自摩偷罗僧团分化出说一切有部(又称萨婆多部),思想已近似分别说部。佛灭后约250~270年(137~117 B.C.E.)间,说一切有部的南方学众舍弃《发智论》,改宗《舍利弗阿毗昙论》,并自称是犊子部(巴 Vajjiputtaka):

> 有人言:佛在时舍利弗解佛语故,作阿毗昙,后犊子道人等读诵,乃至今名为舍利弗阿毗昙。①

佛灭后约270~300年(约117~87 B.C.E.),犊子部解说《舍利弗阿毗昙论》之一偈的不同,分裂为四派:正量部(巴 Saṃmatīya)②、贤胄部(巴 Bhadrayānika)③、法上部(巴 Dhammuttariya)④、密林山部(巴

---

① 《大智度论》卷二,《大正藏(25)》p.70。
② 《中华佛教百科全书(四)》p.1765、pp.1766~1767:"正量部,《多罗那他印度佛教史》、藏文《比丘婆楼沙具罗问论》、《南海寄归内法传》卷一等谓,此部与大众部、有部、上座部共为根本四分派。依《大唐西域记》所载,七世纪中叶玄奘入印度时,正量部之传布仅次于说一切有部,盛行于北印外之十九国,僧徒合计六万多人。又载玄奘归国时也携回此部之经律论十五部。今此十五部已佚失。《南海寄归内法传》载,正量部有三十万颂,当时盛行于西印度之罗荼、信度等地。"另据《慈恩法师传》卷四:"说玄奘在北印度钵伐多国所学的《摄正法论》《教实论》,也都是有关正量部的论著。《摄正法论》或者即是宋译的《诸法集要经》,原是观无畏尊者从《正法念处经》所说集成颂文,阐明罪福业报,正是正量部的中心主张,而《正法念处经》唐人也认为是正量部所宗的。《教实论》也就是《圣教真实论》,瞿沙所造,没有译本,相传是发挥'有我'的道理,为犊子部根本典据。"
③ 《中华佛教百科全书(九)》p.5406。参《异部宗轮论》、《异部宗轮论述记》、《出三藏记集》卷三、《法华经玄赞》卷(本)。
贤胄部,此部传为贤阿罗汉之苗裔,故称贤胄部。梵名音译为跋陀罗耶尼、跋陀与尼与、多梨罗耶尼。《部执异论》称之为贤乘部,《十八部论》称为跋陀罗耶尼部,《文殊问经》称为贤部。此系佛灭三百年中从犊子部分出者,相传此部在解释"已解脱更堕,堕由贪复还,获安喜所乐,随乐行至乐"一颂时,主张初二句解释阿罗汉,次一句解释独觉,后一句解释佛。此种说法与他部不同,故而独立成一部派。其余教理与法上、正量、密林山部等相同,皆与犊子部大致无别。
④ 法上部(Dhammuttariya),意译法胜部、法盛部,或法尚部。依《异部宗轮论述记》说,法上是取"法是可尊敬"之意,或谓"法乃世人之上者"。据《异部宗轮论述记》所述,此部主张实有"不可说我",非有为、无为,而与五蕴不即、不离,佛说无我,凡即蕴、离蕴有如外道妄计之我,悉皆是无。如是此"不可说我"非无而不可说,乃非即蕴、离蕴,故不可说,亦不可言形量大小等,及至成佛而"不可说我"常在。

Chandāgārika,或说六城部 Saṇṇagarika)①:

> 后即于此第三百年,从说一切有部流出一部,名犊子部。次后于此第三百年,从犊子部流出四部:一法上部、二贤胄部、三正量部、四密林山部。②

> 三百年从萨婆多出一部,名可住子弟子部,即是旧犊子部也!……舍利弗释佛九分毗昙,名法相毗昙,罗睺罗弘舍利弗毗昙,可住子弘罗睺罗所说,此部复弘可住子所说也。次三百年中,从可住子部复出四部,以嫌舍利弗毗昙不足,更各各造论取经中义足之!所执异故,故成四部:一、法尚部,即旧昙无德部也;二、贤乘部;三、正量弟子部;……四、密林部。③

犊子系四部中,前三部之部名,乃从部主之名,密林则从住处作名。根据世友著作的《十八部论》,并由玄奘新译的《异部宗轮论》记载,犊子部对《舍利弗阿毗昙论》之"已解脱更堕,堕由贪复还,获安喜所乐,随乐行至乐"论颂,在解释上产生不同意见,遂分为四部:

> 有犊子部本宗同义……因释一颂执义不同,从此部中流出四部,谓法上部、贤胄部、正量部、密林山部,所释颂言:"已解脱更堕,堕由贪复还,获安喜所乐,随乐行至乐。"④

---

① 《中华佛教百科全书(七)》p.3816(参《出三藏记集》卷三;《大乘法苑义林章》卷一(本);《异部宗轮论述记》;《岛史》)。此部因部主住在密林山而得此名,《十八部论》与南传《岛史》又说为六城部。据《异部宗轮论》所述,此部在佛灭三百年中由犊子派分出,其分派之起因,在于解释"已解脱更堕,堕由贪复还,获安喜所乐,随乐行至乐"一颂时产生异解。此部认为此颂是说明退法、思法、护法、安住法、堪达法、不动法等六种阿罗汉。第一句中的"已解脱"是指思法阿罗汉,"更堕"是指退法阿罗汉。第二句中的"堕由贪"是指护法阿罗汉,"复还"是指安住法阿罗汉。第三句是指堪达法阿罗汉。第四句是指不动法阿罗汉。此派阐释与他派有所不同。见《异部宗轮论》,《大正藏(49)》p.15。《舍利弗问经》,《大正藏(24)》p.900:"其萨婆多部,复生……修多兰婆提那部(说经)。四百年中,更生僧伽兰提迦部(说转)。"
② 《异部宗轮论》,《大正藏(49)》p.15。南传《岛王统史》第五章,《汉译南传大藏经(65)》p.32:"犊子部中又起分法上、贤胄、六城、正量四派。"
③ 《三论玄义》,《大正藏(45)》p.9。
④ 《异部宗轮论》,《大正藏(49)》p.16。《部执异论》,《大正藏(49)》p.22;p.16:"可住子部是执此义本,从本因一偈故,此部分成四部:谓法上部、贤乘部、正量弟子部、密林住部。偈言'已得解脱更退堕,堕由贪著而复还,已至安处游可爱,随乐行故至乐所'。"

犊子系四部对一颂解释的差异，主要在阿罗汉为有退堕、无退堕①的问题上，各部见解不同。犊子系四派，建立"胜义补特伽罗（不可说我 anabhilāpya-pudgala）②"来诠释生死轮回与涅槃。因为"胜义补特伽罗"不同于原说一切有部建立的"世俗补特伽罗"，而且"不可说我"的主张，更不同于佛教的"无我"，所以被各派视为附佛外道。在犊子系四部的发展中，以正量部为最盛，公元后七世纪正量部被视为犊子部的正统，日后亦自称根本正量部 Mūlasaṃmitīya，传《三弥底部论》（Sammitīya-wastra）。

在印度后期四大部派中，犊子部为保持简朴学风的一派，传习的毗昙③（论），不像北方说一切有部（《发智论》等七论）及南方铜鍱部（《法集论》等七论）的繁广，而犊子部传诵的戒律④，也是诸部中最古

---

① 从南传《论事》所叙述的各部异执来看，犊子部本宗和正量部都主张阿罗汉有退转，并且《论事》认为这一主张在部派的异执里，是相当重要的差异，所以《论事》在论破之二百一十六种异执当中，将此项异说列为第二。窥基的《异部宗轮论述记》举出犊子系四派的不同解释，主要是在谈阿罗汉退堕不退堕的问题。《论事》《大品》第二章阿罗汉有退论，《汉译南传大藏(61)》p.80："此处有退说。……正量部、犊子部、说一切有部与大众部，有者许认阿罗汉之退转。"
② 《异部宗轮论》，《大正藏(49)》p.16："有犊子部本宗同义，谓补特伽罗，非即蕴离蕴，依蕴处界，假施设名。亦有刹那灭，诸法若离补特伽罗，无从前世转至后世，依补特伽罗可说有移转。"犊子部及分出的法上、贤胄、正量、密林山部四部，非即蕴、非离蕴的"补特伽罗(我)"，来建立三世业报的流转。澄观《华严经疏》卷三，《大正藏(35)》p.521："今总收一代时教，以为十宗。第一我法俱有宗。谓犊子部等，彼立三聚：一有为，二无为，三非二聚，非二即我。又立五法藏，谓三世为三，无为为四，第五不可说藏，我在其中，以不可说为有为无为故。然此一部，诸部论师共推不受，呼为附佛法外道，以诸外道所计虽殊，皆立我故。"
③ 犊子部传习的《舍利弗阿毗昙》，又被称为《犊子毗昙》，是与分别说系的法藏部等相近。吉藏《三论玄义》卷二，《大正藏(45)》p.10："智度论云：犊子道人受持此毗昙，亦名犊子毗昙也。"
④ 印顺《初期大乘佛教之起源与开展》，p.433："犊子系的戒律，是比丘具足戒二百戒，是现今所知的戒律中，最为古朴的一派。"印顺《原始佛教圣典之集成》第四节"戒经的集成与分流"，pp.178～179："《佛说苾刍五法经》，为一九三戒。如加上二不定与七灭净，共二〇二戒。正量部用九〇波逸提说，除去二戒，就恰好为'二百戒'。以比丘尼九九不共戒而说，正量部传承的律学，是古形的。推定'学对'为五〇，与《佛说苾刍五法经》相同，共为二〇〇戒。我相信，'二百戒'应为优波离舍律，而非婆蹉斗律；这应是'二百戒'的最好说明了。佛灭后的最初结集，《波罗提木叉经》为一九三戒；二不定与七灭净，是附录而非主体。传诵久了，被认为'戒经'的组成部分，就是二〇二戒。这一古传的'戒经'，就是僧伽和合时代，被称为原始佛教的古'戒经'，为未来一切部派，不同诵本的根源。"

老朴质的形式。

3-8-4-7　自诩是根本说一切有部、上座部正统

犊子部分化出后,融摄《舍利弗阿毗昙论》、宣扬《发智论》的说一切有部,为了确立自派是说一切有部正统,即自称为"根本说一切有部"。

此外,又为了向分别说部争正统,说一切有部不仅称阿难系摩偷罗僧团是上座部,更宣称在说一切有部传出(佛灭后约250年)以后,即佛灭后三百年中或末,上座部分化出化地部、法藏部、饮光部,自居是上座部正统:

> 次后于此第三百年,从说一切有部,复出一部,名化地部。次后于此第三百年,从化地部流出一部,名法藏部,自称我袭采菽氏师。至三百年末,从说一切有部,复出一部,名饮光部,亦名善岁部。①

分别说系的化地部、法藏部、饮光部,绝不可能是说一切有部的分派,这是出自说一切有部的编伪!例如:分别说系的化地部②、法藏部③、饮光部④、铜鍱部传诵的《增一阿含》,皆是十一事,既不同于大众部《增一阿含》的百事,也不同于说一切有部《增一阿含》只有十事⑤。有关"第一次结集"的记载,分别说系是"先集律,再集法"的说法⑥,不同于说一切有部《根本说一切有部毗奈耶》⑦、大众部《摩诃僧祇律》⑧的

---

① 玄奘译《异部宗轮论》,《大正藏(49)》p.15。
② 《五分律》卷三○,《大正藏(22)》p.191:"此是从一法增至十一法,今集为一部,名增一阿含。"
③ 《四分律》卷五四,《大正藏(22)》p.968:"从一事至十事,从十事至十一事,为增一。"
④ 《毗尼母经》卷三,《大正藏(24)》p.818:"一、二、三、四乃至十一数增者,集为增一阿含。"
⑤ 《根本说一切有部毗奈耶》"杂事"卷三九,《大正藏(24)》p.407:"若经说一句事、二句事乃至十句事者,此即名为增一阿笈摩。"
⑥ 《五分律》"五百集法"卷三○,《大正藏(22)》p.190。《四分律》"集法毗尼五百人"卷五四,《大正藏(22)》p.968。《善见律毗尼毗婆沙》卷三九,《大正藏(24)》pp.674~675。
⑦ 《根本说一切有部毗奈耶》"杂事"卷第三九,《大正藏(24)》p.406:"时诸苾刍闻是语已!白尊者言:今可先集伽他。既至食后,白言:先集何者?尊者告曰:宜先集经。"
⑧ 《摩诃僧祇律》"五百结集法藏"卷三二,《大正藏(22)》p.491:"时尊者大迦叶问众坐言:今欲先集何藏?众人咸言:先集法藏。"

"先集法,再集律"。

《发智论》融摄了《舍利弗阿毗昙论》的见解,依据《发智论》的说一切有部,是认同传诵《舍利弗阿毗昙论》的分别说部。由于分别说部自称是上座部,说一切有部又为了与分别说部竞争,所以说一切有部宣称母部的阿难系摩偷罗僧团是上座部,目的是争夺上座部的正统。

如说一切有部传诵的《十八部论》《异部宗轮论》,即称雪山部、说一切有部之母部的摩偷罗僧团为上座部。

因此,说一切有部既自称是分别说部的根源、上座部的正统,更向犊子部争夺"说一切有部"的正统,宣称自派是"根本说一切有部"。

3-8-4-8 说转部、经量部的分化

说一切有部的再分化,先分出南方的犊子部 Vātsīputrīya,犊子部再分化出正量、贤胄、法上、密林等四部。佛灭后约 300～350 年(87～37 B.C.E.),说一切有部再分出说转部(梵 Saṃkrāntikavādin),部主是郁多罗,此部又称无上部、郁多罗部(梵 Uttarīya)。说转部常被误会是后世传出的经量部,如《异部宗轮论》的误记:

> (佛灭后……)至第四百年初,从说一切有部,复出一部,名经量部,亦名说转部,自称我以庆喜为师。①

佛灭后约 350～400 年(37 B.C.E.～C.E. 13)之后,说一切有部内又有不满重论的发展,公开主张"以经为量",强调依阿难(又译名庆喜)为师,另行分化出经量部(梵 Sautrāntikavādin)。经量部,又称为修多罗部、说度部、说经部(梵 Sūtravādin),简称经部。经量部的部主是鸠摩逻多(Kumāralāta),经量部的传出,代表着发生重经之经量部、重论之说一切有部的对抗:

---

① 玄奘新译《异部宗轮论》,《大正藏(49)》p.15。

> （佛灭后……）至第四百年中，从说一切有部，又出一部，名说度部，亦名说经部。①

> 鸠摩逻多，此云豪童，是经部祖师，于经部中造喻鬘论、痴鬘论、显了论等，经部本从说一切有中出，以经为量名经部。②

> 此师唯依经为正量，不依律及对法。凡所援据，以经为证，即经部师，从所宗法，名经量部。③

经量部不同意说一切有部主张的世俗补特伽罗，另立胜义补特伽罗（胜义我）：

> 其经量部本宗同义：谓说诸蕴有从前世转至后世，立说转名非离圣道；有蕴永灭；有根边蕴；有一味蕴；异生位中亦有圣法；执有胜义补特伽罗。余所执多同说一切有部。④

在过去"说转部"与"说经部"往往被误传是同一部，但在东晋时汉译的《舍利弗问经》，是指不同的二部，认为先有经量部，后有说转部：

> 其萨婆多部，复生弥沙塞部。目犍罗优婆提舍，起昙无屈多迦部、苏婆利师部。他俾罗部，复生迦叶维部、修多兰婆提那部（经量部 Sautrāntikavādin 的音译）。四百年中，（萨婆多部）更生僧伽兰提迦部（说转部 Saṃkrāntikavādin 的音译）。⑤

南传铜鍱部的说法，"说转部"与"说经部"也是不同的两部，认为说一切有部先分出说转部，后再分出经量部（说经部）：

---

① 真谛译《部执异论》一卷，《大正藏（49）》p.20。
② 《俱舍论记》卷二，《大正藏（41）》p.35。鸠摩逻多 Kumāralāta 是经部本师，察其作品，约在公元二、三世纪间流传，生活在呾叉始罗（今塔克西拉，梵文：Takṣaśilā；巴利语：Takkasilā）地区，位于巴基斯坦旁遮普省。《成唯识论述记》认为鸠摩逻多是佛灭后一百年出世，是出自误读《大唐西域记》的记载。
③ 窥基记《异部宗轮论述记》，《卍续藏（53）》p.577。
④ 玄奘新译《异部宗轮论》，《大正藏（49）》p.17。
⑤ 《舍利弗问经》，《大正藏（24）》p.900。

> 由说一切有而饮光,由饮光而说转,由此次第更起经说。①
>
> 由说一切有部而生迦叶遗部,由此生说转部,而又生经量部比丘。②

有关"说转部"与"说经部"的差异,说一切有部的史传(《十八部论》《异部宗轮论》《部执异论》)或译者是有些差误,近代印顺老法师对此有清楚的说明:

> 至三百年中,上座部中因诤论事,立为异部:一名萨婆多,亦名因论先上座部;二名雪山部。即此三百年中,于萨婆多部中更生异部,名犊子。……于四百年中,萨婆多部中更生异部,因大师郁多罗,名僧迦兰多,亦名修多罗论。③
>
> 在部派佛教中,说转部 Saṃkrāntivādin,说经部 Sūtravādin——二部的同异,有四类不同的传说。藏传清辨 Bhavya 的《异部精释》,有三说不同:一、说一切有部的传说,说转部又名无上部 Uttarīya。在汉译的《异部宗轮论》,经量部又名说转部;说转与说经,是看作同一部的异名。西藏所传,称为无上部,汉译《十八部论》(《异部宗轮论》的旧译),曾这样说:"因大师郁多罗,名僧伽兰多(说转),亦名修多罗论(经部)。"这可见郁多罗(无上义)是这一部派的开创者;无上部从部主立名。二、大众部的传说,但有说经部。三、正量部的传说,但有说转部。这三说,都出于《异部精释》。四、铜鍱部的传说,从说一切有部分出说转部,后又分出说经部。汉译的《舍利弗问经》,也是说为不同的二部。传说是这样的纷乱。从思想来研究,这都是说一切有部的分支,但二部是并不一致的。《异部宗轮论》所说的宗义,是

---

① 《岛王统史》第五章,《汉译南传大藏经(65)》p.33。
② 《大王统史》第五章,《汉译南传大藏经(65)》p.168。
③ 鸠摩罗什译《十八部论》,《大正藏(49)》p.18。

说转部。世友 Vasumitra 造《异部宗轮论》时,还没有说到经部。因部主得名,名郁多罗部;从所立宗义得名,名说转部。等到经部成立而大大发展起来,要在部派中得到一席地,于是乎从说一切有部分出的郁多罗部,被传说为修多罗部;于是乎汉译有说转部就是说经部的传说。①

自分别说部编集出《舍利弗阿毗昙论》以后,依古老经说为本的经师传承者,为了正法的传续、显扬,一直对抗着融摄论义思想的论师传承。例如:阿育王时代的摩偷罗僧团、摩偷罗僧团分裂后重经的雪山部、起自罽宾的经量部。这些强调"依经为量"的经师传承,是接续不断地对抗论师传承。

经师僧团的传承与分裂图:

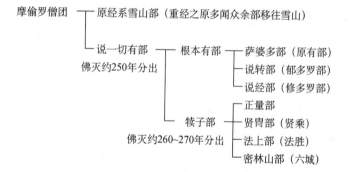

3-8-4-9 既融摄、又批判于分别说部

虽然说一切有部源自经师传承的阿难系摩偷罗僧团,但是迦旃延尼子宣扬融摄《舍利弗阿毗昙论》的《发智论》,进而形成重论学团,已经悖弃经师传承的正统。

然而,广摄《舍利弗阿毗昙论》的说一切有部,既延续原阿难系摩偷罗僧团批判分别说部的传统,又同时向分别说部竞争"上座部"的

---

① 印顺《说一切有部为主的论书与论师之研究》,正闻出版社,1992 年版,pp.528~529。

正统地位。

说一切有部承续摩偷罗僧团的立场,不仅极力地评破大天,也不耻目犍连子帝须等"分别说者"。例如:说一切有部《毗婆沙论》的作者,自认是"相应说者(Hetuvādin 音译为育多婆提)",认为"分别论者(Vibhajyavādin 音译为毗婆阇婆提"是"异论者"及"不正分别、颠倒、不相应":

> 毗婆阇婆提(译曰分别说也),育多婆提(译曰相应说也)①
> 于诸五根,次第得正决定,是名世第一法。问曰:谁作此说?答曰:旧阿毗昙人说(有部语,是指原阿难系学众)。问曰:彼何故说五根,是世第一法?答曰:彼不必欲令五根是世第一法,为断异论故。异论者毗婆阇婆提说:信等五根一向无漏故,一切凡夫悉不成就。②
> 如毗婆阇婆提说,有十二颠倒,谓无常有常、想颠倒、心颠倒、见颠倒;苦有乐、想颠倒、心颠倒、见颠倒;无我有我、想颠倒、心颠倒、见颠倒;不净有净、想颠倒、心颠倒、见颠倒。……佛经说:佛告比丘,此四颠倒,想颠倒、心颠倒、见颠倒,乃至广说。……如说佛告比丘:若有四颠倒,所颠倒者,当知皆是愚小凡夫。……(育多婆提)问曰:若颠倒但有四者,毗婆阇婆提所引经,云何通耶?(育多婆提)答曰:想心亲近颠倒故,亦名颠倒。③

反之,说一切有部(说因部 Hetuvādin,音译育多婆提)则自视是"相应正法"者:

> 二师异说故,毗婆阇婆提,欲令不相应;育多婆提,欲令相应。④

---

① 《翻梵语》卷一,《大正藏(54)》p.998。《翻梵语》全部十卷,飞鸟寺信行之撰集。
② 《阿毗昙毗婆沙论》卷一,《大正藏(28)》p.5。
③ 《阿毗昙毗婆沙论》卷五四,《大正藏(28)》p.387。
④ 《杂阿毗昙心论》卷四,《大正藏(28)》p.907。

分别说部的《舍利弗阿毗昙论》,提出"识缘名色"、"识＝心＝意"及"心性清净,离客尘垢",呼应奥义书的"梵＝识＝生主"。这是"唯心论"的说法,不同于释迦佛陀的"缘起论":

> 心性清净,为客尘染,凡夫未闻故,不能如实知见,亦无修心。圣人闻故,如实知见,亦有修心。①

说一切有部认为自派是"相应正法(育多婆提)",针对分别说部(毗婆阇婆提)提倡的"心性清净",大加驳斥:

> 如毗婆阇婆提说:心性本净,彼客烦恼生,覆心故不净。(育多婆提)问曰:若当心性本净,客烦恼覆故不净,可尔者,何不以本性净心,令客烦恼亦净耶?汝若不说以心净故,令客烦恼净者,为有何因缘?复次,为心先生,后客烦恼生?(或)为具生耶?若心先生,后客烦恼生者,则心住待客烦恼,客烦恼生,然后覆心。若作是说,是则一心住二刹那。若当(心性、客烦恼)具者,为以何时言心性本净?复次,(此则)无未来世,以住本性净心。(以)是故,(育多婆提)为止他义,自显己义,亦欲说法相应义故,而作此论。②

在争夺"上座部正统"的过程,早已悖弃经义的说一切有部,却依旧以"相应正法者"自居,这是取自摩偷罗僧团之"经师正传"的地位与立场。实际上,融摄《舍利弗阿毗昙论》的说一切有部也是"不相应正法"。

3-8-5 佛教分裂的真实情况

佛教分裂是先有大天举"五事异法"造成的僧争,再由目犍连子

---

① 《舍利弗阿毗昙论》卷二七,《大正藏(28)》p.697。
② 《阿毗昙毗婆沙论》卷一五,《大正藏(28)》pp.109～110。

帝须领导分别说部举行"变造佛教"的自派结集。优波鞠多随即领导摩偷罗僧团举行维护佛教的"第三次经律结集",既对抗分别说部学团主导的变型佛教,也排拒主张"五事异法"的大天学团。因此,印度佛教僧团分裂为正统经师传承的摩偷罗僧团、律师传承的毗舍离僧团,还有阿育王御用、耆那教化的分别说部及大天学派,共有三大派。

佛教发生分裂时,印度分别说系各部极可能是将佛教分裂的过责推委予举"五事异法"的大天,自居是平衡僧争的佛教正宗、上座部,贬抑接受外道大天出家的毗舍离僧团为大众部。在阿育王的时代,经师的摩偷罗僧团是不便公开反对分别说部的分派伪说。后世,说一切有部继承"大天五事"使佛教分裂为上座部与大众部的伪说。

孔雀王朝灭后,毗舍离僧团借由印度分别说系三部编集自派律典事件,提出"古新律争"造成佛教分裂的新说法,反抗分别说部借"大天五事"贬抑毗舍离僧团的作为。

伪造"十事非律"引起佛教分裂,诬蔑毗舍离僧团的说法,应当是出自分别说系锡兰铜鍱部僧团的歪曲,借由"十事非律"贬抑优波离师承毗舍离僧团,并推崇目犍子帝须是优波离师承第五师,目的是推崇由摩哂陀开创的铜鍱部是"优波离师承正统"的权威、地位。

3-9 佛教分裂的伪史

3-9-1 编造佛教分裂伪史的原因

印度许多部派都有编写伪史的作为,目的是提高自派的权威。例如:佛灭后约250年分化出的说一切有部,在佛灭后约250～270年间分出犊子部。此后,传化于迦湿弥罗地区的说一切有部,为了向犊子部竞争,显示自身是说一切有部正宗、摩偷罗僧团的正统,既自称是"根本说一切有部",又将迦湿弥罗地区的开教者末阐提,转说是阿难的直传,伪说是摩偷罗僧团第二师商那和修的师长。

出自部派编造的伪史,当中最重要的伪造是佛教僧团发生根本分裂的时间。部派编造佛教分裂的时间,有一共通的特点,即愈晚建立的部派会把佛教发生分裂的时间编造得愈晚,原因不是因为不知真实历史,应当是为了显示自派愈接近佛教分裂之前的正法时代,有助自派的权威。

例如,大众部《舍利弗问经》记载,佛教分裂于弗沙密多罗王殁后的"古新律争",明显是律师传承的毗舍离僧团为了建立自派是律师权威,才将"古新律争"说成是佛教根本分裂的原因与时代。

此外,因为《舍利弗阿毗昙论》及《发智论》之间的承续关系,以及说一切有部、犊子部、分别说部的纠结,还有古律、新律的传承争端,各派为了"自尊抑他"的需要,三派的伪史都有自说一套的宗属关系。如下:

一、说一切有部:自称是上座部、根本说一切有部,宣称犊子部及分别说系化地部(弥沙部)、法藏部(昙无德部)、饮光部(迦叶惟部)皆是分派:

> 至三百年中,上座部中因诤论事,立为异部:一、名萨婆多,亦名因论先上座部;二、名雪山部。即此三百年中,于萨婆多部中更生异部,名犊子。……即此三百年中,萨婆多中更生异部,名弥沙部。弥沙部中复生异部,因师主因执连,名昙无德。即此三百年中,萨婆多部中更生异部,名优梨沙,亦名迦叶惟。①

> 其上座部经尔所时一味和合,三百年初有少乖诤,分为两部:一、说一切有部,亦名说因部;二、即本上座部,转名雪山部。后即于此第三百年,从说一切有部流出一部,名犊子部。次后,于此第三百年,从犊子部流出四部:一、法上部;二、贤胄部;三、

---

① 《十八部论》,《大正藏(49)》p.18。

正量部；四、密林山部。次后，于此第三百年，从说一切有部复出一部，名化地部。次后，于此第三百年，从化地部流出一部，名法藏部，自称我袭采菽氏师。至三百年末，从说一切有部，复出一部，名饮光部，亦名善岁部。①

玄奘译的《异部宗轮论》，已经把重经的雪山部修正为摩偷罗僧团的正统，发展在优禅尼地区的分别说部学众，转名为化地部，也将法藏部说为化地部的分化。

二、犊子部：犊子部自称是说一切有部的正统，正量部更自居是犊子部的正统。

三、分别说部系：分别说部系自称是上座部，宣称说一切有部、犊子部是自部的分派：

> 于纯粹上座部再起分裂，〔即〕化地、犊子之比丘等分离为二部。……其后化地〔部〕中起分二派，说一切有、法护之比丘等分离为二部。②

由于分别说部、大众部、说一切有部、犊子部编造伪史的影响，自佛灭后三百年，公元前一世纪起，印度佛教各部派针对佛教分裂的说法，遂形成"佛教分裂为上座部、大众部"的共说。

然而，佛教分裂的原因及时间，不同部派是各有不同的说法。

日后，起自公元前一世纪中叶的方广教派（自称是大乘），宣称源自大众部，并且将部派佛教通称为上座部。此外，（大乘）又将大众部的形成原因，另外编造出：不认同五百阿罗汉主持的第一次结集，当时在七叶窟外，另有数百千人结集。五百阿罗汉的结集是上座部，窟外的结集是大众部：

---

① 玄奘《异部宗轮论》，《大正藏(49)》p.15。
② 《岛王统史》第五章，《汉译南传大藏经(65)》pp.32～33。

> 时大迦叶作是思惟：承顺佛教，宜集法藏。……于是得九百九十人，除阿难在学地。……以大迦叶僧中上座，因而谓之上座部焉！……
>
> 诸学无学数百千人不预大迦叶结集之众……复集素呾缆藏、毗奈耶藏、阿毗达磨藏、杂集藏、禁咒藏，别为五藏。而此结集凡圣同会，因而谓之大众部。①

唐朝玄奘大师是了不起的冒险家、旅行家、记述文学家、宗教家。但是，玄奘大师对印度佛教史实，确实存有许多不明、有待加强的地方。

初始结集参与的圣众，只有五百阿罗汉，这是部派佛教各部律共传，但是《大唐西域记》却说有九百九十人。

佛世至佛灭后 110 年间，佛教只有经藏、律藏的传诵，佛灭后 125 年，部派分裂以后，逐渐发展为素呾缆（经）藏、毗奈耶（律）藏、阿毗达磨（论）藏、杂集藏、禁咒藏等五藏。但是，玄奘误认"五藏"出自佛灭当年的结集。

此外，玄奘是把大迦叶主持的结集，归为上座部结集，另依有数千人之凡圣结集的传说，称是大众部结集，玄奘认为结集分为：上座部结集、大众部结集。

这些悖离史实的伪史，有可能是大乘教派受到分别说系伪史的影响，再加上企图为后出的大乘教派提供"名正言顺"的传承渊源，进而创造的伪史传说。

3-9-2　分别说部诬蔑毗舍离僧团

阿育王时代受王族操控的分别说部学团，因为主导佛教的变造与发展，造成佛教的纷争无法止息。

正统佛教代表的摩偷罗僧团，对抗主张"五事异法"之大天学团

---

① 玄奘《大唐西域记》卷九，《大正藏(51)》pp.922～923。

与主导变型佛教的分别说部学团,而树提陀娑领导的毗舍离僧团不表态,遂造成佛教分裂为三派。

分别说系锡兰铜鍱部针对佛教分裂的说法,是将佛教分裂的原因,推诿予佛灭百年毗舍离僧团造成的"十事非律僧争"。在五世纪锡兰佛教编集的《岛王统史》,采用"十事非律"造成佛教分裂的说法:

> 经过最之百年,达第二之百年时,于上座之说,生起最上之大分裂。集毗舍离一万二千跋耆子等于最上之都毗舍离宣言十事。彼等于佛陀之教,宣言:角盐〔净〕、二指〔净〕……〔受〕银、〔使用〕无边缘座具之〔十事〕。
>
> 彼等背师之教,〔宣扬〕非法非律,宣言违背破坏义与法。为破斥彼等,多数佛陀之声闻一万二千胜者子等之集来。……比丘等选七百阿罗汉,行最胜法之结集。此第二结集最上之都,毗舍离之重阁讲堂,〔经〕八个月而完成。
>
> 由上座等所放逐恶比丘跋耆子等,得其他之支持,向众多之人说非法,集合一万人进行结集法。所以此法之结集,称为大合诵。……〔此等之〕大合诵等,是最初之分派,仿彼等而发生数多之分派。①

然而,佛灭百年或百一十年,毗舍离僧团发生乞求金钱等十项不合僧律的做法,当时提举毗舍离僧团擅行"十事非律"的耶舍 Yesadhvaja,是阿难弟子优多罗 Uttara 的再传弟子。

```
佛陀 ┬ 阿难 Ānanda ┬ 商那和修 Śāṇakavāsi ─ 优波鞠多 Upagupta
     │             └ 优多罗 Uttara ┬ 善觉 Samiddhi
     │                             └ 耶舍 Yesadhvaja
     └ 优波离 Upāli ─ 陀娑婆罗 ─ 树提陀娑 Jotidāsa
```

───────────
① 《岛王统史》第五章,《汉译南传大藏经(65)》pp.30~32。

《摩诃僧祇律》提到的陀娑婆罗,是承自优波离的第二师,也是毗舍离僧团的大长老:

> 优波离授陀娑婆罗,陀娑婆罗授树提陀娑,树提陀娑如是乃至授尊者道力,道力授我及余人。①

摩偷罗僧团的耶舍(Yesadhvaja)尊者不认同"受取金银"的做法,受到毗舍离僧团的拒斥,在《摩诃僧祇律》②作"(不见)举羯磨"③,在《五分律》作"不见罪羯磨④",另在《十诵律》作"出羯磨⑤",意指不和耶舍共处的处罚。

领导毗舍离僧团的陀娑婆罗,认为耶舍是"无事被举",可谓"此罪莫须有",并自说"我共长老法食、味食":

> 七百集法藏者。佛般泥洹后,长老比丘在毗舍离沙堆僧伽蓝。尔时,诸比丘从檀越乞索,作如是哀言:长寿!世尊在时,得前食、后食、衣服、供养,世尊泥洹后,我等孤儿谁当见与,汝可布施僧财物。如是哀声而乞,时人或与一罽利沙盘、二罽利沙盘……乃至十罽利沙槃。至布萨时,盛著盆中,持拘钵量,分次第而与。时持律耶舍初至,次得分。问言:此是何物?答言:次得罽利沙槃,医药直。耶舍答言:过去!问言:何故过去施僧?耶舍答言:不净!诸比丘言:汝谤僧,言不净。此中应作举羯磨,即便为作举羯磨。作举羯磨已,时尊者陀娑婆罗在摩偷罗国,耶舍即往诣彼。作是言:长老!我被举行随顺法。问言:汝何故被举?答言:如是、如是事。彼言:汝无事被举,我共长老法食、味

---

① 《摩诃僧祇律》卷三二《五百结集法藏》,《大正藏(22)》p.493:"佛从谁闻?无师自悟,更不从他闻。佛有无量智慧,为饶益诸众生故授优波离。优波离授陀娑婆罗,陀娑婆罗授树提陀娑,树提陀娑如是乃至授尊者道力,道力授我及余人。"
② 《摩诃僧祇律》卷三三,《大正藏(22)》p.493。
③ 《杂阿含》第837经,《大正藏(2)》p.214:"所敬之人犯戒违律,众僧为作不见举。"
④ 《五分律》"七百集法"卷三〇,《大正藏(22)》pp.192~193。
⑤ 《十诵律》卷六〇,《大正藏(23)》p.450。

食。耶舍闻是语已，作是言：诸长老！我等应更集比尼藏，勿令佛法颓毁。（陀娑婆罗）问言：欲何处结集？（耶舍）答言：还彼事起处。①

《摩诃僧祇律》的记述，明确显示出毗舍离僧团大长老陀娑婆罗是"认同耶舍"的立场。

根据优波离系大众部《摩诃僧祇律》的说法，在七百结集时，律师传承第二师陀娑婆罗，是代表僧团结集律藏的长老：

> 尔时、尊者耶输陀僧上座问言：谁应结集律藏？诸比丘言：尊者陀娑婆罗应结集。陀娑婆罗言：长老！更有余长老比丘应结集。诸比丘言：虽有诸上座，但世尊记长老和上成就十四法，持律第一，汝从面受，应当结集。陀娑婆罗言：若使我结集者，如法者随喜，不如法者应遮，若不相应者应遮，勿见尊重，是义、非义，愿见告示。皆言（是然）。尔时、尊者陀娑婆罗作是念：我今云何结集律藏？有五净法，如法如律者随喜，不如法者应遮。②

由《摩诃僧祇律》可知，"十事论争"后，毗舍离僧团应是接受与承认"十事违律"。此外，当时主导"十事非律"的羯磨与"第二次结集"的摩偷罗僧团，在传诵的《十诵律》也未有"十事非律"造成僧团分裂的记载。

根据摩偷罗僧团传诵的《十诵律》、毗舍离僧团传诵的《摩诃僧祇律》，清楚无误地确定：出自分别说系铜鍱部的《岛王统史》，伪造"十事非律僧争"是佛教分裂的原因，严重诬蔑毗舍离僧团，企图抬高分别说部学团的地位，并为分别说部学团推卸罪责。绝不可信！

---

① 《摩诃僧祇律》卷三三，《大正藏(22)》p.493。
② 《摩诃僧祇律》卷三三，《大正藏(22)》p.493。

3-9-3　大众部指责分别说部的说法

3-9-3-1　古新律争分裂佛教

大迦叶召集"第一次结集"集出的律是为"古律"(即《摩诃僧祇律》),部派对古律予以开张增广是"新律"。

毗舍离僧团是律师传承,传承的律是号称古律的《摩诃僧祇律》。源自毗舍离僧团的大众系,在自派编集的《舍利弗问经》提到,巽迦王朝弗沙蜜多罗王殁后,中印佛教渐得复兴,当时有"长老比丘抄治僧律,开张增广",促成"古新律争"。这一说法,应是有事实的根据。

但是,《舍利弗问经》提到"古新律争"造成佛教分裂,分裂为"提倡新律"的上座部(分别说部),以及"奉守古律"的大众部。这一说法,应当是出自反抗分别说部的压力,不是佛教分裂的真正原因。

3-9-3-2　附会古新律争之分裂理由

《舍利弗问经》提到弗沙蜜多罗王之后的"古新律争"时,有王让僧人依各自支持的立场,持黑白筹决定何种律的支持者多,支持"新律"少,奉守"古律"多。王认为"皆为佛说,好乐不同不得共处"[①]。因此,僧团分裂为支持"新律"的上座部,奉守"古律"的大众部。

这种说法,明显取材自当年阿育王处理"五事异法"的情境[②],并加以修饰改造而成。

3-9-3-3　毗舍离僧团开始自称大众部

《舍利弗问经》又提到"古新律争"促成僧团分裂,分为信从古律的大众部,推行新律的上座部。《舍利弗问经》提出的"古新律争"应有其事,但是僧团发生根本分裂的原因,确实无关乎"古新律争"。

《舍利弗问经》是大众系的集成,《舍利弗问经》集出的时代,应是

---

① 《舍利弗问经》,《大正藏(24)》p.900。
② 《大毗婆沙论》卷九九,《大正藏(27)》p.511。

巽迦王朝弗沙密多罗王殁(149 B.C.E.)后。当时佛教僧团已发生的大争端,主要有佛教僧团共说的"十事非律僧争",以及阿难师承摩偷罗僧团认定的"五事异法僧争"。特别的事,是"五事异法僧争"促成了后续的"分别说部结集"与"佛教僧团分裂"。

《舍利弗问经》特别强调"古新律争"的原因,一方面是确有其事,二方面是"十事非律僧争"确实造成毗舍离僧团的发展障碍。因此,毗舍离僧团藉由"古新律争"淡化"十事非律僧争"引起的指责,并建立自身的正当性。

《舍利弗问经》有关僧团分裂的说法,反而让我们得知一事,奉行《摩诃僧祇律》的毗舍离僧团自称是"大众部"的时期,应当是在弗沙蜜多罗王殁后的时代。

3-9-4　分别说部诬蔑毗舍离僧团的说法

《舍利弗问经》的说法,势必造成分别说部(自称上座部)的发展压力。由摩哂陀领导的僧团传化于锡兰,并发展出大寺派。公元前26年,分别说系大寺派举行结集,成立了锡兰铜鍱部。铜鍱部仿效《舍利弗问经》的做法,针对大众部指责分别说部(自称上座部)引起"古新律争"而促成僧团分裂的说法,铜鍱部提出了反抗。

铜鍱部宣称佛教分裂的原因,是佛灭百年的"十事非律僧争"造成僧团分裂,施行非律十事是大众部(指毗舍离僧团),拒绝非律十事是上座部(指分别说系僧团)。

佛教分裂的传说原因,大众部僧团说是分别说系僧团引起的"古新律争",铜鍱部僧团诬指是毗舍离僧团造成的"十事非律僧争",这两种说法都不是僧团分裂的原因。

3-9-5　分别说部欺压摩偷罗僧团的说法

出自摩偷罗僧团的迦旃延尼子,是接受分别说部《舍利弗阿毗昙论》的论义,著作出《发智论》以后,再从摩偷罗僧团分出说一切有部,并以摩偷罗僧团原有的教区为主。依循重经精神的摩偷罗僧团徒众,弃摩偷罗地区,改移往大雪山地区,另称为雪山部。

日后,说一切有部的化区,除迦湿弥罗以外地区,原摩偷罗僧团教化地区的学众,改宗分别说部的《舍利弗阿毗昙论》,分化为犊子部。

因此,出自分别说系的锡兰铜鍱部,既自称是分别说部(上座部)正统,也宣称说一切有部、犊子部皆是分别说部的分派:

> 于纯粹上座部再起分裂,〔即〕化地、犊子之比丘等分离为二部。……其后化地〔部〕中起分二派,说一切有、法护之比丘等分离为二部。①

3-9-6 说一切有部凌驾分别说部的说法

犊子部分化出后,融摄《舍利弗阿毗昙论》、宣扬《发智论》的说一切有部,为了确立自派是说一切有部正统,即自称是"根本说一切有部"。

此外,又为了向分别说部争正统,说一切有部不仅称阿难系摩偷罗僧团是上座部,更宣称在说一切有部传出(佛灭后约250年)以后,即佛灭后三百年中或末,上座部分化出化地部、法藏部、饮光部,自居是上座部正统:

> 次后于此第三百年,从说一切有部,复出一部,名化地部。次后于此第三百年,从化地部流出一部,名法藏部,自称我袭采菽氏师。至三百年末,从说一切有部,复出一部,名饮光部,亦名善岁部。②

---

① 《岛王统史》第五章,《汉译南传大藏经(65)》pp.32~33。
② 玄奘译《异部宗轮论》,《大正藏(49)》p.15。

因此,说一切有部既自称是分别说部的根源、上座部的正统,更向犊子部争夺"说一切有部"的正统,宣称是"根本说一切有部"。

3-10 分别说系铜鍱部的发展

3-10-1 锡兰佛教的过去与今日

3-10-1-1 锡兰大寺派的建立与分裂

现今流传于东南亚的南传佛教,是源于锡兰的南方分别说系铜鍱部,而锡兰历代王朝与佛教的中心,原在阿㝹罗陀补罗①(Anurādhapura)都城。锡兰佛教的三大寺及研究中心都在此地,如觉音、佛授、法显等大德,都是住在此地。

据南传的说法,摩哂陀将分别说部传诵传入楞伽岛,当时的楞伽岛国王是天爱帝须王(Devānampiya-tissa,250〜210 或 247〜207 B.C.E.),时约公元前 250 或 247 年(依阿育王登位于 271 或 268 B.C.E.的推算而不同),应当是阿育王登位第 22 年。天爱帝须王对摩哂陀十分的敬重,在楞伽岛的都城阿㝹罗陀补罗城南的王家花园大眉伽林(Mahāmegha-vana)结界建寺,并作为该国佛教的讲学地,后来此地即成为大寺派(Mahā-vihāra)的起源地。

锡兰第一批僧伽罗人出家②,是当时锡兰首相摩诃利多

---

① 锡兰最早的佛教道场为大寺(巴 Mahā-vihāra),是古来为锡兰佛教中心,位于锡兰岛旧都阿㝹罗陀补罗城(Anurādhapura)南方的大云林(又作大眉伽林,Mahā-meghavana)。阿育王时南方上座分别说部举行自部结集后,其子摩哂陀至锡兰弘法,为锡兰国王天爱帝须(Devānampiya-tissa)宣说《象迹喻小经》(Cuḷahatthi-padopamasuttā),并于七日间度化八千五百人,天爱帝须王对摩哂陀十分敬重,乃于 Anurādhapura 城南的大云林结界,为其建造房舍、浴池等,并作为该国佛教的讲学地,此即大寺的起源。
② 《中华佛教百科全书(九)》p.5524:
第一个在锡兰出家的是印度来的盘头迦,而第一批僧伽罗人出家的则是当时锡兰首相摩诃利多(Mahāritṭha)的那五十五位兄弟们,第二批是以国王的弟弟摩多婆耶(Mattabhaya)为首的一千人,后来摩诃利多也辞去首相之职带了五百人出家。

(Mahārittha)的五十余位兄弟。天爱帝须王为他们在眉沙迦山建了一座支提山寺(Cetiya-Pabbata-vihāra)，这是锡兰有佛寺的开始。又从印度获得一块佛陀右锁骨，并在王城附近建造一座多宝罗摩塔(Thupārāma stupa)①安置供奉，这是出现在锡兰土地上最早的大塔。在帝须的大力护持下，大寺成为锡兰佛教的中心和代表。

佛灭后137年，阿育王登位第22年，天爱帝须王受阿育王册封再登位为王(250 或 247 B.C.E.)，大寺派建立，印度分别说部分化为三派。由于阿育王殁后，信仰婆罗门教的南印朱罗王朝随即征服楞伽岛，此事极可能是大寺派无法随同化地部、法藏部、饮光部的分化，而建立自部的主要原因，一直到公元前一世纪大寺派才发展为铜鍱部。

此后，公元前44～17年，锡兰国王婆多伽摩尼王(Vaṭṭagamanī)另建无畏山寺(Abhayagiri-vihāra)，供养被大寺摈出之拘毕伽罗摩诃帝须②(Kupikkala Mahātissa)长老，锡兰佛教因而分裂为大寺派与无畏山寺派。

在公元前约26年，因为锡兰战乱及无畏山寺的兴起，促成大寺的僧众举行结集③。此次的结集，大寺派以勒弃多长老(Rakkhita

---

① 《中华佛教百科全书(九)》p.5525：
在锡兰多宝罗摩塔的塔寺组群中，有一座寺院是专为他的首相摩诃利多和带领五百人出家后，而建造给他们住的；另一座叫毗舍山寺(Vessa-giri-vihāra)，是专门建造给从毗舍阶级来出家的五百比丘住的。此事值得我们注意，因为古代锡兰人的等级区别：第一是王家贵族的统治者，第二是农民，第三是毗舍。前两种被认为是高级的，后一种则被视为低级的。直至现在，锡兰的僧团中，仍有所谓高级和低级之分，原是有它的历史渊源。
② 《中华佛教百科全书(九)》p.5525：
摩诃帝须长老初住大寺，被大寺一部分僧众认为是个破戒的人，开会决议把他从大寺摈出去。当时他的一位学生婆诃罗摩苏帝须(BahalamassuTissa)长老在座，不同意他们的决议，于是连他也被驱逐出去。同时大寺内还有五百比丘站到这位长老方面来，便和他一起离开大寺转到无畏山去而自成一派。这是从佛法传入锡兰之后，第一次分成两派。
③ 据《岛史》所传，阿育王时摩哂陀 Mahinda 将南方分别说部的传诵传入锡兰，当时国王天爱帝须(Devānampiya Tissa)建了大寺供养。公元前44～17年，锡兰国王婆多伽摩尼王(Vaṭṭagamani)另建无畏山寺，供养被大寺摈出之摩诃帝须长老(Kupikkala Mahātissa)，锡兰佛教因而分裂为大寺派与无畏山寺派。因为战乱与锡兰僧团的分裂、竞争，公元前约26年，大寺 Rakkhita 长老召集僧众重新结集法藏，并以文字写于贝多罗树叶，成为世上第一部以文字记载的三藏典籍，此后锡兰大寺派正式成为分化于锡兰的部派——铜鍱部。

Thera)为首,在锡兰中部摩多罗(Matale)地方的灰寺(Aluvihāra)举行结集,将分别说部的传诵书写在贝多罗叶上,成为最早具完备性的文字佛典记录,锡兰大寺派因而发展成赤铜鍱部(Tāmraśāṭīya)。

若据真谛译之《部执异论》来看,公元前一世纪说一切有部的世友论师,论说印度佛教各部派之分化及法义时,未提摩哂陀传法于楞伽岛的事。或许,楞伽岛既不属印度,世友论师写《十八部论》的时代,铜鍱部也未确立。

此后,有印度巴洛罗寺(Pallarārāma)跋阇子派(Vajjiputta,大众部)的法喜阿阇梨(Dharmaruci Ācariya)及学众,住在无畏山寺。因为无畏山寺接受此派的学说,所以大寺派也称无畏山派为法喜派(达摩罗支派)。由于跋阇子派是倾向传统的部派,所以两派尚能和平共存。

3-10-1-2 大寺派与无畏山寺派的对抗

在哇河罗迦帝须王(Vahārika Tissa, C.E. 269～291)的时代,有南印吠多利耶派(Vetulya 或 Vaitulya)的学说输入锡兰,无畏山派一样接受。但是,此派的说法,不合传统锡兰佛教的教说,而为大寺派认定是邪说,所以传法受到锡兰王室的禁制。

在俱他婆耶王(Gaṭhābhaya, C.E. 309～322)时,无畏山派又传吠多利耶派学说,此时无畏山寺优舍利耶帝须(Ussiliya-Tissa)长老为避免王室的禁制,领三百僧众至南山(Dakkhiṇāgiri),建达古那山寺(Dakunugiri Vihāra)发展,并推举该寺的萨迦罗(Sāgala)长老为代表,而另成萨迦利耶派(Sāgaliya,或称海部派),又名为祇陀林寺派(Jetavana Vihāra),此派是为无畏山派的支派。

后有印度迦韦罗城(Kavira)的僧伽蜜多(Saṁghamittā),至无畏山寺宣扬吠多利耶派学说,经过辩论以后,获得国王的接受,从此吠多利耶派在锡兰得以公开弘法。至祇他帝须即位为斯那王二世

(SenaⅡ, C.E. 323～333)的时代,改信受大寺的传承,并把庆祝卫塞节(巴 Vesākha,佛陀的诞生日,南传定为五月的月圆日)和布施穷人一起举办。此时,僧伽蜜多不受国王支持,暂时离开了锡兰。

锡兰传说①,当摩诃斯那王(Mahāsena, C.E. 334～361)的时代,僧伽蜜多再次住在无畏山寺,大力弘扬吠多利耶派学说,并获得摩诃斯那王的支持。摩诃斯那王曾命令人民:"不许支持大寺比丘,如有供以饮食,罚一百钱。"因此,大寺僧众被迫离开,九年空无人居。大寺建筑被破坏,材料被运去修建无畏山,这时无畏山得到国王和许多大臣的全力支持,扩建成全锡兰最大的寺院,盛极一时。

大寺被毁后的第十年,由于拥护大寺且掌握兵权的大臣眉伽盘那跋耶(Meghavaṇṇābhaya)进行兵谏,国王迫不得已允许大寺复建。此后,大寺派、无畏山寺派的关系,即如同水火。

据近人考证:吠多利耶是后期经典的名字(Vaitulyasūtra 或 Vaipulya-sutra,方广经),又名大空宗,所以它是大乘方广派(Vetullavāda),而且僧伽蜜多长老极可能是龙树②(Nāgārjuna)学派的学者。因此,在锡兰佛教,传统部派佛教与后期方广学说混杂学习的学派,又被称为"大乘上座部"。

锡兰摩诃斯那王时,不仅大力支持无畏山的僧伽蜜多弘传方广学说,又为了供养古呼帝须(Kohon Tissa)长老,另在大寺地界内建了祇陀林寺③(Jetavanārāma,祇树给孤独园的略称),作为萨伽利耶

---

① 《中华佛教百科全书(九)》,锡兰佛教,p.5528。
② 《中华佛教百科全书(九)》p.5526:"在南印度的拘斯那(Krishna)河边,被认为是龙树道场的龙树根(Nāgārjani-kanda),经过近代的发掘,发现许多古代的建筑遗迹,并在这里发现一所从前锡兰比丘居住过的地方,被命名为锡兰寺;这便是过去锡兰佛教与龙树学派有关系的证明。另一件值得我们联想的事,即龙树的入室弟子提婆(第三世纪人)原是锡兰的比丘,对于锡兰人接受中观学派的学说,可能也有直接或间接的影响,而且吠多利耶派的传入锡兰恰恰是和他同一时代。"
③ 《中华佛教百科全书(九)》p.5528:"因为摩诃斯那王在大寺的疆界之内,为萨迦利耶派的古呼帝须长老建造祇陀林寺,此即遭到大寺比丘的反对。当寺建成后,达古那山寺的萨伽利耶派比丘迁入新寺,大寺比丘反对益烈,终于向法院提出诉讼,最后法官以古呼帝须长老侵占大寺疆界的罪名,判处他还俗。"

(Sāgaliyā)派的中心道场。此事为大寺复兴后第二年,大寺派为此提出诉讼,古呌帝须为此被判犯盗戒而还俗。日后,祇陀林寺逐渐发展,成为与大寺、无畏山寺分立的三大派之一。

由于锡兰佛教之大寺派(Mahāvihāra-vāsin)、无畏山寺派(Abhayagirivihāra-vāsin)、祇陀林派(Jetavanārāma-vāsin)等三派的教说,无畏山派、祇陀林派皆融摄起自南印的"方广新说"①,使得大寺派与无畏山派、祇陀林派之间陷入长期的竞争。

3-10-1-3　锡兰大乘学派的发展

公元后七世纪,唐朝玄奘大师在南印达罗毗荼国的建志补罗城,特别与从僧伽罗国(锡兰)到建志城的菩提迷祇湿伐罗(自在云)、阿跋耶邓瑟(无畏牙)等三百僧众会晤。当时,玄奘大师和菩提迷祇湿伐罗等人,共同讨论瑜伽要义②,可见当时的锡兰有瑜伽学说的流传。

此外,印度的密教亦传入于锡兰。公元后八世纪初,南印度的金刚智,不仅开创了汉地的密宗,并将密宗传入锡兰。金刚智的弟子不空,曾带领汉地学众前往师子国(锡兰)传教,受到锡兰王尸罗迷伽六世(Silamegha 或 Aggabodhi Ⅵ, C.E. 727～766)的支持,请开办"十

---

① 《中华佛教百科全书(九)》p.5529:"大寺派为上座部;无畏山则为自由研究大乘、声闻各部派的大学府;祇陀林是萨迦利耶派,是无畏山的支派,他们的思想很接近,是比较友好的。大寺派和其他的声闻部派也是比较友好的。斗争得最剧烈的则是大寺的上座部和无畏山的大乘派,因为这两派的思想体系不同,大寺派老是把无畏山派当作非佛教的外道看待,而无畏山派则视大寺派为小乘。"

② 《大唐大慈恩寺三藏法师传》第四,《大正藏(50)》pp.241～242:"(玄奘)至达罗毗荼国(南印度境),国大都城号建志补罗。……建志城即印度南海之口,向僧伽罗国水路三日行到,未去之间而彼王死,国内饥乱。有大德名菩提迷祇(抑鸡反)湿伐罗(此云自在觉云)阿跋耶邓瑟惹罗(此云无畏牙),如是等三百余僧,来投印度到建志城。(玄奘)法师与相见讫,问彼僧曰:承彼国大德等,解上座部三藏及瑜伽论,今欲往彼参学。师等何因而来? 报曰:我国王死,人庶饥荒无可依仗,闻赡部洲丰乐安隐,是佛生处多诸圣迹,是故来耳。又知法之辈无越我曹,长老有疑随意相问。(玄奘)法师引瑜伽要文大节征之,亦不能出戒贤之解。"

八会金刚顶瑜伽法门毗卢遮那大悲胎藏建立坛法①",并受"五部灌顶",可见公元后八世纪时,密宗曾经流传于锡兰。

3-10-1-4　大寺派的衰微与振兴

锡兰传统铜鍱部佛教受到印度新教说的打击颇大,大寺派的发展受到极大的影响。由于大寺遭受摩诃斯那王与无畏山寺的破坏,在往后的五、六百年间,大寺派未能挽回劣势。据公元后410年,中国法显②(梵名 Vinayadeva,意为律天)游历锡兰各地的记载,当时的无畏山有僧五千,大寺有僧三千,支提山(祇陀林寺)有僧二千,而支提山又是无畏山派的支派。无畏山寺、祇陀林寺又被称为"大乘上座部"③,

---

① 《大唐故大德赠司空大辨正广智不空三藏行状》,《大正藏(50)》pp.292～293:"皇帝灌顶大师法号不空。……大师本西府府,北天竺之波罗门族也。……金刚智传今之大师……祖师示疾而终,是时开元二十九年仲秋矣! 影塔既成,以先奉先师遗言,令往师子国。……便率门人含光惠罾僧俗三七,杖锡登舟。……达海口城,师子国王遣使迎之……奉献金宝锦绣之属,请开十八会《金刚顶瑜伽法门毗卢遮那大悲胎藏》,建立坛法,并令门人含光惠罾,同授五部灌顶。"
② 《法显传》一卷,《大正藏(51)》pp.864～865:"法显……大舶泛海,西南行得冬初信风,昼夜十四日到师子国。……于王城北迹上起大塔,高四十丈,金银庄校众宝合成,塔边复起一僧伽蓝,名无畏,山有五千僧。……无畏精舍东四十里有一山,中有精舍名支提,可有二千僧。僧中有一大德沙门,名达摩瞿谛,其国人民皆共宗仰。住一石室中四十许年,常行慈心能感蛇鼠,使同一室而不相害。城南七里有一精舍,名摩诃毗可罗,有三千僧住。有一高德沙门戒行清洁,国人咸疑是罗汉。临终之时王来省视,依法集僧而问:比丘得道耶? 其便以实答言:是罗汉。既终王即按经律,以罗汉法葬之。"
③ 玄奘《大唐西域记》卷八,《大正藏(51)》p.918:"菩提树北门外,有摩诃菩提僧伽蓝,其先僧伽罗国王之所建也。……僧徒减千人,习学大乘上座部法。……故此伽蓝多执师子国僧也。"玄奘《大唐西域记》卷一一,《大正藏(51)》p.934:"僧伽罗国,先时唯宗淫祀,佛去世后第一百年,无忧王弟摩酰因陀罗(又说王子摩哂陀),舍离欲爱志求圣果,得六神通具八解脱,足步虚空来游此国,弘宣正法流布遗教。自兹已降风俗淳信,伽蓝数百所,僧徒二万余人,遵行大乘上座部法。佛教至后二百余年各擅专门,分成二部:一曰摩诃毗诃罗住部(Mahāvihāra,大寺派),斥大乘习小教;二曰阿跋邪祇厘住部,学兼二乘弘演三藏。"僧伽罗国就是现在的锡兰,玄奘留学时代(公元627～645)在印度的锡兰学僧,即是大乘上座部,此与现代的锡兰僧团不同。由于"大乘上座部"的说法,并不是指"大乘"与"上座部"共同组成的教派,而是指出于传统佛教又同时信受"新菩萨道"的教说,变成一种糅杂"新菩萨道"思想的"上座部",这才形成玄奘所称的"大乘上座部"。所以,锡兰佛教被称为"大乘上座部"的教派,是指接受方广说的无畏山寺派与祇陀林寺派。根据《大唐西域记》的记载,当时除僧伽罗国(今斯里兰卡)以外,当时印度本土的摩揭陀国(Magadha)、羯陵伽国(Kaliṅga)、跋禄羯呫婆国(Bhārukacchā)、苏剌陀国(Suraṣṭra)等,都是兼习上座部与方广学说的"大乘上座部"。

比较三寺的僧众数量,可知大寺派的声势已弱。

公元后五世纪,觉音(Buddhaghosa)论师来到锡兰,为振兴大寺派的声势,作了许多重大的贡献。觉音是中印度人,在佛陀伽耶(Buddhagayā),为锡兰僧众所住的大菩提寺(Mahābodhi-vihāra),依止离婆多(Revata)出家,修学巴利文三藏。觉音到锡兰,住在大寺,在公元412～435年与大寺僧众,以巴利语写定全部三藏。公元前26年,锡兰大寺派结集的三藏,是采用锡兰僧伽罗文写成印度分别说部流传的三藏传诵;公元五世纪,觉音论师改用巴利语重新写成《巴利三藏》,但内容还是分别说部的传诵为本,再增编大寺派的主张。因此,大寺派《巴利三藏》的用语确实是较古老,但无法以此论断《巴利三藏》较为纯正及古老。日后,大寺派的传诵流传于东南亚,发展成南传佛教的主轴。

由于巴利语为摩哂陀的故乡语言,铜鍱部试图藉《巴利三藏》提高大寺派传诵的权威及地位,又宣说巴利语是佛陀说法的语言,但这是不可能(有可能是摩竭陀语)。

觉音论师为巴利四部圣典(与四阿含相当)及律藏作注释,又依照"戒、定、慧"作为次第,写成著名的《清净道论》。《清净道论》是依据无畏山寺派之优波底沙(Upatissa)的《解脱道论》(梁·僧伽婆罗Saṅghapāla, C.E. 506～518译为汉文)为蓝本,再加以修正、补充,既说明声闻弟子通达解脱的修道历程,又针对《解脱道论》提出评破,可说是大寺派论破无畏山寺派的重要著作。

锡兰另建新都波罗奈罗瓦(Poḷonnāruwa)是从第九世纪中至十三世纪的事。在五世纪至十一世纪时,锡兰因为内乱而招引南印塔米尔(Tamil)、波陀耶国(Paṇḍya)、朱罗国(Chola)等外敌的入侵。九世纪时,波陀耶国攻占阿㝹罗陀补罗(Anurādhapura),锡兰迁新都于波罗奈罗瓦(Polonaruwa),但公元1017年新都被朱罗国占领,改称为阇那他城(Jananāthāpuri),并建造婆罗门教之湿婆神庙。当公元1050年时,因为锡兰内乱与战争的关系,使得旧都城阿瓮罗陀补罗的佛教中心近乎灭亡①。公元1017～1070年之间,锡兰几沦为外敌的附庸。

锡兰长期受到南印外敌的侵扰,佛教受到极大破坏,大寺及无畏山寺、祇陀林寺等,尽在战争中化为灰烬,僧伽传承几乎断绝。

公元1070年,锡兰王毗阇耶跋诃一世(Vijayabāhu Ⅰ, C.E. 1059～1114)结合缅甸浦甘王朝(Pagan Empine)与民众的力量,赶走来自朱罗国的敌人,重新定都于阿瓮罗陀补罗(Anurādhapura),并改名为胜利王城(Vijayarājapura)。公元1070年,锡兰王毗阇耶跋诃一世请求缅甸浦甘阿尼律陀王Anuruddha(i.e. Anawrahta, C.E. 1040～1077)的帮助,派遣比丘僧团至锡兰,在波罗奈罗瓦(Poḷonnāruwa)传授僧戒②,重新恢复铜鍱部的三藏与僧戒传承。

在毗阇耶跋诃一世之后,锡兰又再陷于动乱,锡兰王波洛卡摩婆诃一世(Parakramabāhu Ⅰ, C.E. 1153～1186)重新统一了锡兰。此时,锡兰尚存的无畏山寺派(后称Dharmaruci)、祇陀林派造成锡兰僧团律戒传承的纷乱。

公元1153年,锡兰王波洛卡摩婆诃一世③为了振兴锡兰佛教,联合锡兰大寺派的摩诃迦叶波④(Udumbaragiri Mahākassapa)及其弟子舍利弗(Śariputta),合力将锡兰已式微的僧团系统,完全地转成大寺派系统。公元1165年,锡兰铜鍱部举行分别说部系的第三次结集(自号称是第五次结集⑤),完成教说的统一,此后锡兰佛教即定位是

---

① *The Buddhist Religion: A Historical Introduction* (forth edition), by R. H. Robinson & W. L. Johnson, 1996, *Buddhism in Sri Lanka*, by H. R. Perera, Kandy: Buddhist Publication Society, 1984.
② *Buddhism in Sri Lanka*, by H. R. Perera, Kandy: Buddhist Publication Society, 1984.
③ *Therovada Buddhism: A Social History from Ancient Beneres to Modern Colombo*, by Rochard Gombrich, 1988.
④ 据1960年锡兰大学出版的《锡兰史》,摩诃迦叶波是巴利文注疏《古注》(Porāṅa-tikā)的作者。
⑤ *Buddhism in Thailand*: Its post and its present by Karuna Kusalasaya, Kandy, Sri Lanka: Buddhist Publication Society, 2005.

大寺派系统。

3-10-1-5 现代的锡兰佛教

十五世纪起,欧洲开始了大殖民的时代,葡萄牙人、荷兰人等基督教徒相继地入侵锡兰。锡兰佛教承受外族长约三百多年的压迫,因为基督教的屠杀、压迫而灭绝,后来几经努力复兴才有今日的面貌。

目前的锡兰佛教僧团有三大派,分别是暹罗派(巴利 Siam Nikāya)、阿曼罗普罗派(巴利 Amarapura Nikāya)、蓝曼匿派(巴利 Rāmaña Nikāya)。

一、暹罗派(巴 Siam Nikāya):锡兰佛教受到异族的巨大破坏,佛教的宗教形式等同全部灭亡。十八世纪时期的锡兰,塔寺尽成废墟,全国无有一位正式的比丘,经典也丧失,这是锡兰佛教最凄凉的时期!1753 年锡兰揭谛·斯里·罗迦辛哈王(Kiti Siri Rajasinha, C.E. 1747~1780)自暹罗的阿瑜泰(Ayuthia)王朝延请十位僧团长老至锡兰传授比丘戒,重建锡兰佛教的传承。由暹罗(今泰国)传入锡兰的僧团传承,又称为暹罗派。暹罗派僧团具有崇尚"高等种姓"的倾向,仅收上层阶级者出家,使得暹罗派僧团与统治阶层、经济菁英连成一气,发展成垄断社会利益的权贵阶级之一。目前此派是锡兰第一大派,派下约有 15 000 名比丘僧。

二、阿曼罗普罗派(巴 Amarapura Nikāya):此派是由上缅甸的 Amarapura 传入,又称缅甸派。锡兰有阿波伽诃·毗提耶(Ambagaha Pitiya, 沙罗伽摩族)不满暹罗派仅收瞿毗伽摩族(Govigama 或 Goigama)的上层阶级者出家为僧。1801 年,阿波伽诃·毗提耶与五位沙弥同往缅甸求受比丘戒,1810 年在锡兰传戒,并且是不分种姓阶级皆准予出家,创立了阿曼罗普罗派。阿曼罗普罗派创立之初,约占锡兰全僧伽百分之二十,后来渐分出二十余个支部。此派是锡兰第二大派,派下约有 12 000 名比丘僧。

2018 年 3 月 2 日，阿曼罗普罗派的首席大戒师 Ven. Dodampahala Chandrasiri Mahā Nāyaka Thero 及暹罗派长老 Ven. Kirama Wimalajothi Mahā Thero 等共十位长老前来中国台湾内觉禅林建立原始佛教根本戒场，并传授比丘戒于台湾。自此，中道僧团承续了阿曼罗普罗派及暹罗派的僧律传承。

三、蓝曼匿派（巴 Rāmañña Nikāya）：1865 年由下缅甸传入，又称为下缅甸派。此派的创始者是阿波伽诃·瓦他·印陀娑婆诃（Ambagaha Watta Indasabha），是以较严格的标准奉行戒律，蓝曼匿派是锡兰第三大派，派下约有 7 000 名比丘僧。

3-10-2　缅甸佛教的发展

佛教最初传入缅甸的年代，并无具实的历史记载，据信十世纪左右锡兰佛教传入缅甸。在下缅甸的史坦马瓦底（打端地带）传说：锡兰觉音论师带来巴利语的"三藏"及《清净道论》，为缅甸佛教打下稳固的基础。

十三世纪末叶浦甘王朝覆灭以后，上缅甸由掸族掌握政权，下缅甸则是蒙族掌权。由于不同部族相互对立，政治动乱影响了僧团，僧伽戒律渐被忽视，并分裂为许多宗派。从此，缅甸陷于近两百年的混乱局面。

公元 1472 年，下缅甸庇古①（Pegu 白古）的统治者 Shin Sawbu 女王（C.E. 1453～1472），晚年为了过宗教生活，将王位让给丹马世底（Dhamma Zeti）。丹马世底王曾出家，是她的救助者与指导老师。

庇古王朝的拉马底巴特，即丹马世底王（Dhamma Zedi, C.E. 1472～1492）即位后，缅甸佛教才终止混乱的局面。公元 1476 年，丹

---

① 《中华佛教百科全书（四）》pp. 1813～1814："此地有乌萨拉（Ussāla）与罕沙瓦提（Haṁsāwati）两种古名。前者与印度的奥利萨同语，意指当地有移民自印度渡海而来。后者是住民所喜爱的名称，意指'白鸟之城'。"

马世底王为了整顿缅甸及佛教的乱象,派遣二十二位长老比丘,前往锡兰学习正统大寺派的授戒轨范(7.17～7.20),并在 Kalyāṇīgaṅgā 河受比丘戒。

当中的十三位比丘回国后,即以大寺派的授戒轨范作为基础,创立"卡路亚尼结界(Kalyāṇīsīmā)"①(受戒场地周围以水为界)的授戒法。此后,藉由卡路亚尼戒坛的授戒方式,将深陷于混乱状态长达两百年的缅甸佛教僧团,予以净化、改革,终于达成缅甸僧律的统一。

3-10-3　泰国佛教的发展

十三世纪,泰族进入湄南河流域,1238年成立素可泰王朝,铜鍱部佛教也由缅甸传入泰国。

素可泰王朝在建国同时,即归依铜鍱部佛教,并致力弘布发扬。素可泰王朝持续约百年,即由阿瑜泰(Ayuthia)王朝取代。阿瑜泰王朝自1352年发展至1767年,1767年缅甸入侵泰国,首都阿瑜泰遭受缅军严重的破坏,王朝遂覆亡。

1782年建都于曼谷的却克里(Chakri)王朝成立,迄于今日。却克里王朝君王拉玛四世(C.E. 1851～1868)在即位前,曾出家达26年,既接受现代教育,也精通巴利语及佛教义学。拉玛四世面临西方基督教的势力入侵,有感于一般僧人不重视持戒,造成佛教失信于社会,间接帮助基督教信仰及外国势力侵入泰国。因此,拉玛四世强调严守戒律,并在旧有的大宗派(Mahā Nikāya)之外,另建立严持戒律的法宗派(Dhammayuttika Nikāya)。

大宗派、法宗派是现今泰国佛教的两大派,在遵守戒律的标准上,两

---

① 参考大野彻《缅甸的社会与佛教》,《中华佛教百科全书(九)》pp. 5348～5349; *The World of Buddhism*, p. 152, 6 *Buddhism in Burma*, by Heinz Bechert, 1995, *The Buddhist Religion*: 7.3 *The Theravada Connection*, *A Historical Introduction* (forth edition), by R. H. Robinson & W. L. Johnson, 1996。

派是不相同,但是奉行的教义与律戒是一致无异,传诵的经典也无不同。

泰国佛教自拉玛四世开始,即不断进行改革。泰国佛教分成大宗派、法宗派,既不是本质性的分裂,也由同一位僧王统理,僧王是经由国王及僧团长老的协议而任命。

3-10-4 铜鍱部的比丘尼传承

根据史献的记载,公元 1164 年锡兰波罗奈罗瓦(Poḷonnāruwa)被外来的侵略摧毁①,公元 1165 年锡兰恢复大寺派佛教的传承,公元 1193 年回教徒攻破中印摩竭陀(Magadha)之斯那王朝,而建于八世纪的印度密教中心超行寺,在 1203 年被毁于回教的统治者。

公元 1215～1251 年锡兰部分领土受到外敌 Megha 王的统治,锡兰佛教受到相当的破坏,直到波洛卡摩跋诃二世(Parakramabāhu Ⅱ, C.E. 1236～1270)才再予以恢复。公元 1236 年波洛卡摩跋诃二世,从南印朱罗国(Chola)的佛教中心香至城(Kañcipuram)②,迎请佛教僧侣至锡兰传戒③,目的是振兴锡兰的僧律及佛教。当时,佛教僧律再传入锡兰,是先传入比丘戒传承,尚未传入比丘尼传承。

东南亚地区原是印度教的天下,信仰佛教是少数。公元 1277、1287 年,比丘尼戒尚未再传入锡兰,元朝铁骑两次入侵信佛的缅甸蒲甘王朝,缅甸浦甘王朝(C.E. 1044～1287)被攻破,造成缅甸佛教的式微。根据缅甸现有的石刻记载,缅甸最后记有尼僧活动的寺院碑

---

① *The Buddhist Religion: A Historical Introduction* (forth edition), by R. H. Robinson & W. L. Johnson, 1996.
② 南印朱罗国(Chola)的香至城(Kañcipuram),一直是南印上座部佛教的中心,有名的觉音论师即出于此。南传佛教的《摄阿毗达磨义论》(巴 Abhidhammattha-saṅgaha),写成于十一、二世纪之间,作者阿耨楼陀(Anuruddha),即曾住于南印香至城(Kañcipura)及锡兰波罗奈罗瓦(Poḷonnāruwa) 的摩拉输麻寺(Mūlasoma-Vihāra)而写《摄阿毗达磨义论》。
③ *The Buddhist Religion: 7.3 The Therovada Connection*, A Historical Introduction (forth edition) by R. H. Robinson & W. L. Johnson, 1996.

文记录,是在公元1279年①,此后再无任何有关尼僧活动的记载。

公元十三世纪以后,东南亚铜鍱部佛教的复兴,是由锡兰将僧律传往东南亚各地。因为锡兰佛教复兴时,无有尼戒的再传入,所以锡兰无法传比丘尼戒,只能传授比丘戒予东南亚各地。

若从史献来推断,目前铜鍱部比丘尼传承消失的原因,应当是出自战争和社会动乱的关系。

由于传戒条件与程序上,比丘尼的授戒及认定,需要具备比丘、比丘尼之两部僧团的认定与参与,而十三世纪以后的铜鍱部佛教,僧律传承只保有比丘的传承,所以十三世纪以后的铜鍱部佛教,即无有比丘尼的传承。

此外,十九世纪末叶,缅甸佛教为了解决女众修行的需要,另外

---

① *Therovada Buddhism*: A Social History from Ancient Beneres to Modern Colombo by Rochard Gombrich, 1988, *Buddhist Nuns in Burma*, by Dr. Friedgard Lottermoser, www.enabling.org/ia/vipassana/Archive/L/Lottermoser/burmeseNunsLottermoser.html. Historical Background of the Buddhist Nuns of Burma, According to research done by Luce and Than Tun, there is inscriptional evidence to show that there were bhikkhunis as well as bhikkhus in Pagan. Daw Mi Mi Khaign says that one bhikkhuni (rahan-ma, or female monk) was even a bishop! These reports were confirmed in a conversation I had in 1986 with a woman scholar, Daw Tin Tin Myint, who is head of the Department of Oriental Studies at the University of Rangoon.
When Did the Bhikkhunis Come to Burma?
Pali tradition states (in the Sāmantapāsādikā 69.10, translated by N. A. Jayawickrama, p.61) that Emperor Aśoka sent the monks Sona and Uttara to Suvannabhumi and that they established the Buddhadhamma there. Suvannabhumi has been identified with Lower Burma. The city of Thaton has been identified with Sudhammanagara, the capital of a Mon kingdom of that time.
From archaeological remains, including stone inscriptions in Pali found in Lower Burma, we know that the Pyu people living there before the Burmese arrived were Therovada Buddhists. There is Chinese evidence to the effect that both boys and girls of the Pyu were educated in Buddhist monasteries and that "they left at the age of twenty, if they did not feel inclined to the religious mode of living on a life-long basis." … The Bhikkhuni Order may have been introduced into the Pyu kingdoms of Lower Burma from South India along with other features of Therovada Buddhism.
It is not quite clear how the bhikkhunis disappeared from Burma. Pagan was sacked by the Mongol emperor of China in 1298 C.E. After this, Burma was in a state of political unrest, split up under different rulers of several centuries. Some of these were antagonistic to Buddhism.

发展出离家居寺、受持八戒(八戒女)、不属出家的新体制。这是在出家僧团之外,介于俗世生活与出家十戒之间的学法者,是特别为想离俗修行的女众所开辟的道路。因此,现今的南传铜鍱部佛教,是因为尼僧传承的断绝,才会形成八戒学法女的律规及定位,无法成为僧团的正式成员。南传佛教在修行与信仰的结构上,不同于汉传及藏传菩萨道,并不存在出家女性地位低落的问题。

3-10-5 台湾佛光山的作为

公元 1998 年,华夏佛教圈的台湾佛教佛光山教团,曾以汉传菩萨道系统的比丘众与尼众,结合南传佛教部分比丘僧,在印度菩提伽耶举行传戒,为许多东南亚与南亚的学法女授比丘尼戒。这是试图复兴南传佛教比丘尼传承做出的努力,用心值得赞叹。

虽然汉传菩萨道的僧戒系统,是出于分别说系法藏部的《四分律》,《四分律》与现今南传铜鍱部的《铜鍱律》,同出于分别说系的传承。然而,这些学法女在南传佛教圈,因为传授戒律的僧团出于南、北教团的混合,被认为不符合南传铜鍱部佛教的正统,所以不为南传僧团承认。当时曾参加受比丘尼戒的一位缅甸女尼,为此受到缅甸政府的囚禁,后来还俗出囚。泰国佛教大德法藏长老 Phra Dhammapitaka 针对此事提出他的看法[①]:"这就好像从一所大学毕业,却要求另一所大学发给文凭,僧团没有权利这样做,只有承认其他学校学历的权利。"

南传不承认此事的原因,主要是汉传佛教与藏传佛教的菩萨道系统,不仅舍弃部派佛教的教法与律法,更歧视部派佛教的南传是小乘,宣称是不了义的声闻、缘觉法。

---

① 宣方《当代南传佛教国家佛门女性解放运动之考察(上)》,《弘誓月刊》第 91 期,2008 年。

中国的大乘菩萨道,在梁武帝以前,是沿用印度的"大乘菩萨戒"①。公元六世纪,梁武帝(C.E. 502～549)采用政教合一的宗教政策,敕令御用的"建康教团"②依据《瑜伽菩萨戒本》为蓝本,另编撰出大乘《梵网经》(梵语:Brahmajāla Sūtra),这是不同于上座部佛教传诵的《长部》(巴 Digha Nikaya)《梵网经》(巴 Brahmajalasutta),该经下卷是《梵网经菩萨戒经》(梵语:Brahmajāla Bodhisattvaśila Sūtra)。公元519年,梁武帝依《梵网经菩萨戒经》受菩萨戒,并号称是"皇帝菩萨③"。

"大乘菩萨戒"的内容,不仅将四圣谛、解脱戒与卜巫历算等外道

---

① "菩萨戒"是公元后之新教派所创制的新律规,原本就不是释迦佛陀的制定。当公元前一世纪《般若经》传出以后,十二因缘、四圣谛才被曲解为中乘及小乘,主张"六度"是大乘法。
公元前一世纪至公元三世纪,大乘学派只提出自派的菩萨信仰及新编的大乘经典,却缺少符合大乘信仰、教说的具体戒律规范。这一时期的大乘出家人,是一群不信仰传统佛教经法、律戒,只坚持自派的菩萨信仰、大乘教说,却无有大乘僧戒的"大乘学人"。
大乘学派是如何自我合理化?在大乘菩萨道过渡期传出的《涅槃经·师子吼品》(C.E. 150～200),开始把戒律分为声闻戒和菩萨戒,主张"从初发心乃至得成阿耨多罗三藐三菩提,名为菩萨戒,若观白骨乃至证得阿罗汉果,名为声闻戒"。
公元后四世纪,大乘菩萨道的无著论师(C.E. 310～390)写《瑜伽师地论》,《瑜伽师地论》当中有《菩萨地持品》,提出菩萨行者的行相,受到修学菩萨行者的信受及赞叹,遂独立发展为《菩萨地持经戒本》,即此是大乘菩萨戒的蓝本,成为"大乘菩萨戒"的先河,并在日后发展出《瑜伽菩萨戒本》。后世,大乘菩萨道的出家者,承继与保留此一律规发展的过程,形成"先受声闻之二阶律戒,后舍声闻戒,唯受菩萨戒"的三阶受戒程序,也就是所谓的"三坛大戒"。这是一方面保留大乘戒的历史发展遗绪,二方面显示弃舍二乘,而"回小向大"。但是,在日本曹洞宗、天台宗,是主张仅必须受持菩萨戒,不必另受声闻戒,直接以菩萨教团自行发展的戒律为依归。然而,现今日本的僧人只是自称僧人的"受五戒的在家人"而已!
公元六世纪,梁武帝(C.E. 502～549)令建康教团依《瑜伽菩萨戒本》为蓝本,另编撰出《梵网经菩萨戒本》。因此,自梁武帝以后,中国的大乘菩萨道舍去《瑜伽菩萨戒本》,另依据《梵网经菩萨戒本》作为传授大乘菩萨戒的根据。
② 颜尚文《佛教的思想与文化》,《印顺导师八秩晋六寿庆论文集》p.124:"梁武帝即位初年,即大力进行政治与佛教结合政策。梁武帝领导'建康教团',经过天监年间(502～519)十八年的努力,进行弘佛、护法、翻译、编纂、批注大量佛教典籍之政教结合工作。梁武帝的'建康教团',在天监十八年四月八日武帝亲受菩萨戒之时,为此一政教结合政策提出'皇帝菩萨'的核心理念。……武帝周围'建康教团'成员的因素,更有着魏晋南北朝长期政教关系之深远背景等较大的因素。"
③ 颜尚文《梁武帝"皇帝菩萨"的理念及政策之形成基础》,《师大历史学报》第十七期,1978年。

俗典同列,更教诫菩萨学众不得修学、传授,否则以犯戒论①。

因此,出自部派佛教的南传铜鍱部佛教,是不可能接受北传、藏传出家者参与僧团的授戒。在此之下,南、北教团合作传授出家戒,也只能视为"教派的部分成员为了维持不同教派之间的和谐友好关系"而已!终究不被南传佛教承认是如法、如律的传戒。这正如北传、藏传认定南传佛教僧伽是小乘、声闻僧,不接受南传僧伽具有传授"大乘菩萨戒"的资格。

3-10-6 恢复铜鍱部比丘尼的困难

铜鍱部失落比丘尼的传承,是社会动乱造成的遗憾,并不是铜鍱部比丘僧团的刻意排斥,更不是出自歧视女性的结果。

佛陀制定比丘尼受具足戒,必需在比丘、比丘尼具足的情况下,举行二部僧团授戒。铜鍱部比丘尼传承的恢复,主要是受限于"比

---

① 《梵网经菩萨戒本疏》卷五,《大正藏(40)》p.638:"背正向邪戒第八……菩萨理弃舍二乘,受持大乘真实之法,方名菩萨,而今乃弃大归小失其正行,乖理之极,故须制也。"《梵网经菩萨戒本疏》卷五,《大正藏(40)》p.640:"法化违宗戒第十五……菩萨理应以菩萨乘授与众生,令得究竟饶益,反以二乘小法,用以化人,违理违愿,故须结戒。"《梵网经菩萨戒本疏》卷五,《大正藏(40)》p.645:"背正向邪戒第二十四……本为受行大乘名为菩萨,今若舍此,何大士之有?……此倒学有八种:一、邪见者。二、二乘者。……"《梵网经·菩萨心地品》卷一〇,《新修大正藏(22)》p.1105:"若佛子!心背大乘常住经律,言非佛说,而受持二乘声闻、外道恶见,一切禁戒邪见经律者,犯轻垢罪。"《菩萨戒本》(出《瑜伽师地论·菩萨地持品》),《大正藏(24)》p.1108:"若菩萨作如是见,如是说言:菩萨不应乐涅槃,应背涅槃,不应怖畏烦恼,不应一向厌离。何以故? 菩萨应于三阿僧祇劫,久受生死求大菩提。作如是说者,是名为犯众多犯。"《菩萨戒本》(出《瑜伽师地论·菩萨地持品》),《大正藏(24)》p.1108:"若菩萨如是见,如是说言:菩萨不应听声闻经法,不应受、不应学。菩萨何用声闻法为? 是名为犯众多犯,是犯染污起。""若菩萨于菩萨藏不作方便,弃舍不学,一向修习声闻经法,是名为犯众多犯,是犯非染污起。"《菩萨地持经》(戒本)卷五,《大正藏(30)》pp.912~913:"菩萨欲学菩萨律义戒、摄善法戒、摄众生戒者。……尔时智者,于佛像前敬礼十方世界诸菩萨众,如是白言:'某甲菩萨!于我某甲前三说受菩萨戒。'……波罗提木叉戒,于此律仪戒,百分不及其一,千百万分乃至极算数譬喻亦不及一,摄受一切诸功德故。"《菩萨地持经》(戒本)卷五,《大正藏(30)》p.915:"若菩萨如是见、如是说言:菩萨不应听声闻经法,不应受、不应学,菩萨何用声闻法?为是名为犯众多犯,是犯染污起。何以故? 菩萨尚听外道异论,况复佛语。不犯者,专学菩萨藏,未能周及。若菩萨于菩萨藏,不作方便,弃舍不学,一向修集声闻经法,是名为犯众多犯,是犯非染污起。"

丘、比丘尼二部僧团共授比丘尼戒"的授戒程序问题。在南传佛教的传统,很难有南传僧团长老愿意承受"不守戒"的非议风险,越过二部僧众不足的程序障碍,直接以比丘僧团举行"第一次传授比丘尼戒"。

虽然佛制传授比丘尼戒,必需比丘、比丘尼举行二部僧团授戒,但是环境情况极为特殊时,是可许只依比丘受具足戒。譬如:分别说系法藏部传诵的汉译《四分律》记载,当年佛陀的姨母摩诃波阇波提瞿昙弥求出家时,佛陀制以"八不可过法(八敬法)"[①],并教示"若女人能行者即是受戒",当时瞿昙弥顶戴受持此八法,世尊即证彼已得具足戒。当然,除了遵守《八敬法》以外,更要不移地奉守四圣谛、三十七道品,这才是具足比丘尼的要件。

此外,据分别说系铜鍱部传诵之巴利律的《小品》之《比丘尼犍度》[②],提到"许比丘尼随比丘而受具足戒"、"比丘尼应随比丘而受具

[①] 《四分律》卷四八《比丘尼犍度第十七》,《大正藏(22)》p.923:"佛告阿难:今为女人制八尽形寿不可过法,若能行者即是受戒。何等八?虽百岁比丘尼见新受戒比丘,应起迎逆礼拜与敷净座请令坐,如此法应尊重、恭敬、赞叹,尽形寿不得过。阿难!比丘尼不应骂詈、呵责比丘,不应诽谤,言破戒、破见、破威仪,此法应尊重……阿难!比丘尼不应为比丘作举、作忆念、作自言,不应遮他、觅罪、遮说戒、遮自恣,比丘尼不应呵比丘,比丘应呵比丘尼,此法应尊重……式叉摩那学戒已,从比丘僧乞受大戒,此法应尊重……比丘尼犯僧残罪,应在二部僧中半月行摩那埵,此法应尊重……比丘尼半月从僧乞教授,此法应尊重……比丘尼不应在无比丘处夏安居,此法应尊重……比丘尼僧安居竟,应比丘僧中求三事自恣见闻疑,此法应尊重……如是阿难!我今说此八不可过法,若女人能行者即是受戒。譬如有人于大水上,安桥梁而渡。如是阿难!我今为女人说此八不可过法,若能行者即是受戒。……摩诃波阇波提言:若世尊为女人说此八不可过法,我及五百舍夷女人当共顶受。……如是阿难!我今说此八不可过法,五百女人得受戒。"

[②] 《铜鍱律·小品》第十比丘尼犍度二之一、二,《汉译南传大藏经(4)》p.343:"(一)时,摩诃波阇波提瞿昙弥诣世尊住处。诣已,敬礼世尊而立于一面。于一面立已,摩诃波阇波提瞿昙弥白世尊,曰:'世尊!我于此诸释女中,应如何为之耶?'时,世尊说法而教示摩诃波阇波提瞿昙弥……令欢喜。时,摩诃波阇波提瞿昙弥,礼敬世尊,右绕而去。时,世尊以是因缘,于此时机,说法而告诸比丘曰:'诸比丘!许比丘尼随比丘而受具足戒。'(二)时,彼诸比丘尼言摩诃波阇波提瞿昙弥,曰:'尊ం未受具足戒,我等已受具足戒。世尊如此制立:"比丘尼应随比丘而受具足戒。"'时,摩诃波阇波提瞿昙弥至具寿阿难处。至已,敬礼具寿阿难,立于一面。于一面立已,摩诃波阇波提瞿昙弥言具寿阿难,曰:'大德阿难!彼诸比丘尼如此言:"尊者未受具足戒,我等已受具足戒。世尊如此制立:比丘尼应随比丘而受具足戒。"'时,具寿阿难诣世尊处。诣已,敬礼世尊而坐于一面。于一面坐之具寿阿难白世尊,曰:'摩诃波阇波提瞿昙弥言:"大德阿难!彼诸比丘尼……制……阿难!摩诃波阇波提瞿昙弥已受八敬法,以此为受具足戒。'"(转下页)

足戒",并且记载当时诸释种女皆是随比丘而受具足戒,故诸释种女皆质疑摩诃波阇波提未如法受戒。针对释种女的质疑,佛陀解释说:"瞿昙弥已受八敬法,以此为受具足戒。"

由此可见,当时瞿昙弥是第一位求出家的女性,只能先在佛前"依八敬法得受具足戒",而其余释种女是第一批求出家的女性,在尚无比丘尼僧团的情况下,也必须先在比丘僧团前,随比丘而受具足戒。这是经典指陈的特殊情况,依此可许只依比丘僧授比丘尼戒。如此可知,比丘尼僧团初创立时,出家女众先依比丘僧团行使一部僧受戒,这才会有诸释种女尼质疑瞿昙弥未得尼戒的事情。

目前铜鍱部佛教僧团,早已无有比丘尼的传承,南传、北传合作共传尼戒的做法,又难以受到南传佛教僧团的接受及认同。在此一极特殊的情况下,若不先依靠奉守四圣谛的铜鍱部比丘僧团进行一部僧授尼戒,日后再依律制进行二部僧团授尼戒,则比丘尼僧的传承绝对无从恢复。

(接上页)巴利律文 *Pali Vinaya* 2.256

Atho kho mahāpajāpatī gotamī yena bhagavā tenupasankami. Upasankamitvā bhagavantaṁ abhivādetvā ekamantaṁ aṭṭhāsi. Ekamantaṁthitā kho mahāpajāpatī gotamī bhagavantaṁ etadavoca:'kathâham-bhante imāsu sākiyānīsu paṭipajjāmi'ti. Atha kho bhagavā mahāpajāpati ṁ gotamī ṁ dhammiyā kathāya sandassesi samādapesi samuttejesi sampahaṁsesi. Atha kho mahāpajāpatī gotamī bhagavatā dhammiyā kathāya sandassitā samādapitā samuttejitā sampahaṁsitā bhagavantaṁ abhivādetvā padakkhiṇaṁ katvā pakkāmi. Atha kho bhagavā etasmiṁ nidāne etasmiṁ pakaraṇe dhammiṁ kathaṁ katvā bhikkhū āmantesi:'anujānāmi bhikkhave bhikkhūhi bhikkhūniyo upasampādetunti.'

英译 *Bhikkhunīs in Theravāda* by Bhikkhu Sujato

The Bhikkhuni-Khandhaka:

Then Mahāpajāpati Gotami approached the Blessed One. Having approached and bowed down to the Blessed One she stood to one side. Standing to one side she said this to the Blessed One: "How, bhante, am I to practice with regard to these Sakyan women?" Then the Blessed One inspired, roused, uplifted and exhorted Mahāpajāpati Gotami with talk on Dhamma, and having bowed down she left keeping her right side towards him. Then the Blessed One, having given a Dhamma talk, addressed the bhikkhus with regard to that reason, with regard to that cause saying: "I allow, bhikkhus, bhikkhunī to be given acceptance by bhikkhus."

3-10-7　齐力恢复比丘尼僧团传承

佛教已是相当的衰弱,即使总括全球南、北、藏传的佛教徒总数,也只剩三亿多人而已!信仰一神教的基督教、天主教约有二十多亿信众,伊斯兰教(即回教)有高达十三四亿的信徒,印度教徒则近八亿人。现今佛教声势已是敬陪末座了!

全世界主要国家的教育水平,已非古代可比,在家庭、社会、国家与世界的贡献上,女性的成就是全世界有目共睹。如果佛教要提升社会的接受度与高度,坚立于亚洲,甚至走出亚洲的大门,朝向全球化发展,佛教不仅要契合现代社会的脉动,更要接轨国际通识,接受女性的合理地位与份量,两性僧团共同担纲起兴隆佛法与僧团的大任。

公元 1998 年,在印度的鹿野苑,斯里兰卡阿曼罗普罗派(巴 Amarapura Nikāya)的 Ven. Talale Dhammaloka Anu Nayaka Thera 长老、暹罗派(巴 Siam Nikāya)的 Ven. Dr. Mapalagama Vipulasara Nayaka Thera 长老,以及几位上座部比丘长老,依上座部佛教僧律恢复传授比丘尼戒。

接续其后,致力健全佛陀两部僧团,努力恢复上座部比丘尼传承的比丘僧团长老,主要有:斯里兰卡暹罗派(巴 Siam Nikāya)的 Ven. Inamaluwe Sri Sumangala Maha Nayaka Thera、Ven. Kirama Wimalajothi Maha Thera 长老;阿曼罗普罗派(巴 Amarapura Nikāya)的 Ven. Waskaduwe Mahindawansa Maha Nayaka Thera、Ven. Talalle Mettananda Anunayaka Maha Thera、Ven. Kalupahana Piyaratana Thera 长老;蓝曼匿派(巴 Rāmañа Nikāya)的 Ven. Keppetiyagoda Gunawansa Thera 长老;印度摩诃菩提学会秘书长、暹罗派(巴 Siam Nikāya)的 Ven. P. Seewalee Thera 长老;华人佛教圈有中道僧团、原始佛教会导师的随佛长老(Ven. Vūpasama Thera)。

至今,斯里兰卡僧团已有近千名比丘尼,并且斯里兰卡僧团也将比丘尼戒传往泰国、越南、印尼、新加坡,以及中国大陆及台湾。

中道僧团的道一尊尼、谛如尊尼、谛严尊尼、明证尊尼、觉严比丘尼、觉信比丘尼、觉力比丘尼等,不仅尊奉原始佛教的《阿笈摩》经典,坚定不移地奉守四圣谛为教法,并且是在斯里兰卡奉行《铜鍱律》的铜鍱部比丘、比丘尼僧团下,完成两部僧团传授的比丘尼戒正受,正式开启了华人四圣谛佛教比丘尼的传承。

4　菩萨信仰与比丘尼的宗教地位

4-1　菩萨信仰的发展

《舍利弗阿毗昙论》为了建立"阿罗汉无漏、不究竟"的学说,提出"声闻人、缘觉人、菩萨人、正觉人"的论义,改造了佛教原有的圣贤典范。

"菩提萨埵"一词,简称为"菩萨",巴利语为Bodhisatta,意为精勤寻求正觉的人。具有"无明最后断、遍知"的奥义书、耆那教思想。由于"菩萨"专指"过去生尚未成佛的释尊",并且是"不从他教,无师自学",所以"菩萨"一词不宜使用于佛陀以外的其他佛教徒。

对照分别说系铜鍱部传诵的《相应部》及说一切有部传诵的《相应阿含》,即可发现到《相应部》已依据《舍利弗阿毗昙论》的论义,将释迦佛陀过去未成佛时称为"菩萨",而源自经师系传诵的《相应阿含》,却无这种说法。

根据铜鍱部传诵的《相应部》[1],提到过去七佛的毗婆尸佛、尸弃、毗舍浮、拘留孙、拘那含、迦叶、释迦牟尼,以及《中部》[2]的《双想经》《圣求经》《随烦恼经》,都是将"佛陀未正觉时"称为"菩萨"。比对说一切有部《相应阿含》[3]出于同一传诵的经说,是无有"菩萨"的说法,

---

[1] 《相应部·蕴相应》27经;《因缘相应》65,4~9经。
[2] 《中部》第19《双想经》,《汉译南传大藏经(9)》p.160。《中部》第26《圣求经》,《汉译南传大藏经(9)》p.227。《中部》第128《随烦恼经》,《汉译南传大藏经(12)》p.149。
[3] 《相应阿含》第14、287、366及次经。

并在《中阿含》①的《念经》《罗摩经》《长寿王本起经》《天经》,也只有"我本未(得)觉无上正真(或"尽")道(或"觉")时"而已!

此外,出自分别说系法藏部传诵的汉译《长阿含》②,大众部传诵的汉译《增一阿含》③,也有"菩萨"的说法。由此可知,目前出自分别说部、大众部的传诵,比起说一切有部的传诵,多加了"菩萨"的用词。

古来的传诵一向是"增新不去古",可见"菩萨"不是早期僧团的共同传诵,而是分别说部及大众部的增新。

日后,"菩萨"逐渐发展成部派佛教普遍信从的修行典范,更转变成"一切学佛众生的学习现况"。

4-2 三十二相的信仰

伴随菩萨信仰的重要附属,是三十二相的信仰:

> 云何菩萨人?若人三十二相成就;不从他闻,不受他教,不请他说,不听他法,自思、自觉、自观,于一切法知见无碍;当得自力自在、豪尊胜贵自在,当得知见无上正觉,当成就如来十力、四无所畏,成就大慈,转于法轮:是名菩萨人。④

佛陀是在无有老师教导十二因缘、四圣谛、三十七道品的状况下,自成正觉、成就解脱;阿罗汉是经由佛陀的教导,得知十二因缘、四圣谛、三十七道品,而成就正觉、解脱。佛陀与阿罗汉的修证成就是一致无别,差异只在无师与有师的差别,这是《舍利弗阿毗昙论》传出以

---

① 《中阿含·念经》,《大正藏(1)》p.589。《中阿含·罗摩经》,《大正藏(1)》p.776。《中阿含·长寿王本起经》,《大正藏(1)》p.536。《中阿含·天经》,《大正藏(1)》p.539。
② 《长阿含》卷一,《大正藏(1)》p.3:"比丘!当知诸佛常法。毗婆尸菩萨从兜率天降神母胎,从右胁入,正念不乱。当于尔时,地为震动,放大光明,普照世界。"
③ 《增一阿含》卷三四之三,《大正藏(2)》p.739:"我本未成佛道为菩萨行,坐道树下,便生斯念:欲界众生为何等所系。"
④ 《舍利弗阿毗昙论》卷八,《大正藏(28)》p.585。

前的僧团共见。

"菩萨"一词,在部派初始之时,原是指"未曾闻法,能自觉法"、"不从他闻,不受他教"的修行者,但最后却被佛弟子发展成一种修行的典范。然而,试问:在佛法中学习的佛弟子,有谁是"不从他闻,不受他教,不请他说,不听他法,自思、自觉、自观"? 佛弟子是依着佛陀教法而学习的人,但却以"未曾闻法,能自觉法"的"菩萨人"自居。奇哉!

然而,《舍利弗阿毗昙论》提出"菩萨"及"三十二相",使得"神格化的佛陀观"成为修证目标与勘验标准:

> 世尊如次言:"诸比丘! 于大人有三十二大人相;具足此之大人趣处,决定有二而无其他。若居在家者,成为转轮王之正法王……然者,若彼[大人]由俗家而出家为无家者,除去此世间所有之障覆,将成为阿罗汉、等正觉者。"……(阴茎)被覆藏(如马阴藏)……此乃依业所成而获得此相也。①

> 此处菩萨现三十二相、八十种好,庄严其体,紫磨金色。②

《舍利弗阿毗昙论》提出的"三十二相",是建立在"十结"的修证理论上,认为菩萨忍惑不断,久处生死的累积利生资粮,最后成就"三十二相"的殊胜福报。由于耆那教有"在家为轮王,出世为佛陀"的信仰,此一信仰糅杂于部派佛教的结果,又认为人间俗世至上者的转轮圣王,也如同"菩萨",具有"三十二相":

> 闻彼沙门瞿昙成就三十二大人之相,若成就大人相者,必有二处真谛不虚。若在家者,必为转轮王。③

> 如来、应供、正等正觉者,随诸所作一切善法,普施世间一切众生,广发大愿……转轮圣王、如来、应供、正等正觉,皆具大

---

① 南传《长部》30《三十二相经》,《汉译南传大藏经(8)》pp.138~142;巴利经文 Pali Sutta Digha Nikaya 30 (DN.iii 142~145)。
② 《增一阿含》卷二三,《大正藏(2)》p.166。
③ 汉译《中阿含》第161经,《大正藏(1)》p.685。

丈夫相。①

这是一种糅杂印度文化与宗教信仰的思惟,绝不是佛陀的教法。在《相应阿含》与《相应部》,皆无有"三十二相"的教说。这一说法是采用完美、理想、超现实的境界,擘画出世俗大众仰望不可及的圣境,一方面建立佛陀、菩萨的崇高、伟大,二方面突显人间阿罗汉的不圆满。如此一来,还有多少人愿崇敬、学习、证成阿罗汉?《舍利弗阿毗昙论》使正统佛教逐渐地式微、隐没于世。

4-3 贬抑女性的宗教信仰

"三十二相"的内容有"阴藏相","阴藏相"原是耆那教的信仰,是指男根内缩而不现,也被认定是"多生多世不行淫欲"的表征。例如:"阴藏相如象马王"②、"十者阴藏相,如马王象王"③、"为化女人现阴藏相"④、"如宝马宝象阴不现,故名阴藏相"⑤。如大众部(可能为说出世部)的汉译《增一阿含》⑥:"颇有阴马藏,贞洁不淫乎?"

由于"阴藏相"为男性独有,所以菩萨道即主张:唯有男人可以成就无上菩提,女人不能成就无上菩提,也无法做任何领域的领袖:

> 当知女人不得行五事:若女人作如来、无所著、等正觉,及转轮王、天帝释、魔王、大梵天者,终无是处。当知男子得行五事:若男子作如来、无所著、等正觉,及转轮王、天帝释、魔王、大梵天

---

① 《施设论》卷三,《大正藏(26)》p.520:"转轮圣王者,往昔修因,其事广大。于长时中,常起是念:我当广行布施,植诸胜福,长养一切众生,净持戒行。世间痴暗,无归救者,悉为救度。如来应供正等正觉者,随诸所作一切善法,普施世间一切众生,广发大愿,如愿所行,舍家出家,成等正觉。以是因故,转轮圣王、如来、应供、正等正觉,皆具大丈夫相。"
② 《大方便佛报恩经》,《大正藏(3)》p.164。
③ 《过去现在因果经》,《大正藏(3)》p.627。
④ 《阿毗昙毗婆沙论》,《大正藏(27)》p.428。
⑤ 《十住毗婆沙论》,《大正藏(26)》p.65。
⑥ 《增一阿含》卷三八,《大正藏(2)》p.521。

者,必有是处。①

女人不作转轮圣王,不成帝释,不成梵王,不成魔王,不证缘觉菩提,不证无上正等菩提。②

"三十二相"的教说,是确立菩萨胜于阿罗汉、辟支佛的理论,同时也是违反性别无关正觉、解脱的佛法,具有歧视女性的色彩。

近代有信仰菩萨道的女性修行者不知于此,既崇仰菩萨教法、轻视阿罗汉,又主张性别平权。岂不自相矛盾?

若是除去"三十二相"的说法,比较于阿罗汉,"菩萨"只是"无有特殊受用证明"的观念而已!由于无有殊胜受用的教说理论,是无法吸引世人的信仰及兴趣,所以"三十二相"的信仰理论,是菩萨信仰的重要支柱。如果信受菩萨,即当信受"三十二相";若否定"三十二相",亦即否定"菩萨胜于阿罗汉"的教说。

在此,奉劝近代信仰菩萨的女性修行者,不能一方面提倡菩萨信仰地否定阿罗汉,又提倡性别平等,否定"三十二相"主张的性别修证差异。这是自相矛盾、不成套的做法,纯粹是依据个人需要而采取的选择性说法。

4-4 比丘尼的宗教地位

除了"三十二相","(大乘)菩萨道"的《地藏经》强调礼敬地藏菩萨、持《地藏经》,可获得"女转男身③"的功德,《法华经·提婆达多品》

---

① 汉译《中阿含》卷二八第116经,《大正藏(1)》p.607。
② 《施设论》卷三,《大正藏(26)》p.521。说一切有部传诵的《施设论》,是由赵宋法护(Dharmapāla)译出七卷,内容为"世间施设"、"因施设"、"业施设"。这是传诵为八品的大论,宋译不全(参印顺《印度佛教思想史》p.54)。
③ 《地藏经·嘱累人天品》《大正藏(13)》p.789:"若未来世,有善男子、善女人,见地藏形像,及闻此经,乃至读诵,香华饮食,衣服珍宝,布施供养,赞叹瞻礼,得二十八种利益:一者天龙护念,……十一者女转男身。"

也有"龙女转男身成佛①"的说法。由此可见,"女身不能成佛"是菩萨信仰的通识。

菩萨信仰是明显具有"男尊女卑"的色彩,但这不是释迦佛陀的教导。

佛陀在世时,曾对阿难说:"阿难!女人若于如来所说之法与律中离家而出家者,可得现证……阿罗汉果。"②

由此可见,佛陀承认女性出家为比丘尼,是如同比丘一样可以达到解脱,比丘、比丘尼没有不同成就的限制。

(大乘)的《地藏经》《法华经》,皆是传出于公元一世纪以后的典籍,当中多有采用佛世时圣弟子作为问答的角色,一方面藉声闻圣弟子作为经典出自佛陀时代的表征,以取信世人,二方面在问答的对应时,借机贬抑四圣谛佛教、声闻圣弟子。然而,在实际的印度佛教历史,佛世时的舍利弗是不曾参与(大乘)经典讲述的任何活动。

女性地位的低落,是古印度社会的既有问题,释迦佛陀对此是不以为然。可是,深受《舍利弗阿毗昙论》影响的后世佛教,却把歧视女性的不当文化糅杂于佛教。

除此以外,在部派佛教各部派传诵的《比丘尼律》,皆有《八敬法(巴利aṭṭha garu-dhammā)》的传诵,《八敬法》主张比丘尼的受戒程

---

① 《法华经・提婆达多品》,《大正藏(9)》p.35:"文殊师利言:有娑竭罗龙王女,年始八岁……志意和雅能至菩提。智积菩萨言:我见释迦如来,于无量劫难行苦行……然后乃得成菩提道。不信此女于须臾顷便成正觉……所以者何?女身垢秽非是法器,云何能得无上菩提?……又女人身犹有五障:一者不得作梵天王,二者帝释,三者魔王,四者转轮圣王,五者佛身。云何女身速得成佛?尔时龙女有一宝珠,价直三千大千世界,持以上佛,佛即受之。……当时众会皆见龙女,忽然之间变成男子,具菩萨行,即往南方无垢世界,坐宝莲华成等正觉,三十二相、八十种好。……皆遥见彼龙女成佛。"
② 《铜鍱律・小品》第十比丘尼犍度一之三,《汉译南传大藏经(4)》p.341。英译 *The Book of Discipline*, translated by I.B. Horner, M.A., Pali Vinaya 2.b.10.1.3.(V.ii 254) The Bhikkhuni-Khandhaka: "Ānanda, women having gone forth from home into homelessness in the dhamma and discipline proclaimed by the Truth finder, are able to realize the fruit of stream-attainment or the fruit of once-returning or the fruit of non-returning or perfection."

序,最后需要获得比丘僧团的认可,也强调尼僧不仅需礼敬比丘,也需遵守比丘的教诫。

《八敬法》的内容,诸部传诵略有出入,但大致相合。因此,《八敬法》的出现,"有可能"在佛教分裂以前即已是僧团的传诵,不大可能是出自后世部派的编造。

近代有佛教女性平权运动者,认为佛陀是平等思想者,不可能会制此"歧视"尼僧的"不平等法",主张《八敬法》为后世僧团的增新,更有推断是大迦叶学团主持"第一次结集"时的编造。这些佛教的女性平权运动者是极力主张毁弃《八敬法》,同时也贬低大迦叶。

对于佛教女性平权运动者的见解,基于维护佛法、律戒与僧团的立场,不得不作出说明。探究佛教现有的史献,《八敬法》是部派佛教各部皆有的传诵,虽诸部所说略有出入,但内容大致相合。然而,《八敬法》的出处,是佛陀在世时的制定,还是大迦叶学团自制?或是出自后世佛教形成的"部派共识"?凡是关心此事者,不应强作臆测及推断,但可以针对此事作深入探讨。

释迦佛陀教导的"因缘智慧",既不同意阶级差别的"种姓制度",也不认同"平等无分"的抽象理想。"众生平等"是出自奥义书、耆那教的主张,也是"沙门文化"的重要思想:

> 愚痴无闻凡夫,无明触故,起有觉、无觉、有无觉;我胜觉、我等觉、我卑觉;我知、我见觉,如是知、如是见觉,皆由六触入故。多闻圣弟子,于此六触入处,舍离无明而生明,不生有觉、无觉、有无觉;胜觉、等觉、卑觉;我知、我见觉。①
>
> 世尊:输屡那!若诸沙门、婆罗门,以无常、苦、变易法之色(、受、想、行、识),不观我是胜,不观我是等,不观我是劣者,如何得不见如实耶?……世尊:若无常、苦、变易之法,得观此,而此

---

① 《相应阿含》45 经。

是我所,此是我,此是我体耶?……输屡那!是故,于此处所有色(、受、想、行、识)之过去、未来、现在、内、外、粗、细、胜、劣、等、远、近者,此非我所,此非我,此非我体,应以如是正慧如实见。①

由此可见,男尊女卑、女尊男卑、男女平等的三种观点,皆不是释迦佛陀的教说,应当根据不同的因缘情况,而有不同的强弱优劣差异,不是由性别、年纪、种族决定。后世,受"一说部"影响的大乘佛教却主张"众生平等"。

释迦佛陀面对古印度社会的传统风俗,不同意"男尊女卑"的社会陋习,突破印度宗教界不让女性出家的传统,打开女性出家的大门,并提出男女僧人皆可证得解脱的教说。除此,释迦佛陀面对社会两性因缘的巨大差异,既已让女性出家,难道不会在兼顾正法及现实下,制定出"不悖离社会实况的规范"?

"第一次结集"时,阿难曾传佛陀遗教的"小小戒可舍"。又因为阿难未及时地问佛陀:何为小小戒? 当时,大迦叶呵责阿难,既未向佛陀作此问,却又传"小小戒可舍"的遗教,徒引起僧团的歧议。大迦叶为了此事,在结集戒律后宣布"若佛所不制不应妄制,若已制不得有违"②,确定了集律的准则与方向。

汉传佛教某些反对《八敬法》的女性学人,质疑《八敬法》是出自大迦叶学团的制定,并讥嫌大迦叶保守、固执、迂腐、刚愎。

然而,如果大迦叶真是"保守、固执、迂腐、刚愎",试问:大迦叶及其学众怎会在"第一次结集"集出佛陀未制的《八敬法》? 这是自相矛盾地质疑与指责圣弟子!

因此,质疑《八敬法》与大迦叶确实是不当的做法,纯是出于反抗"男尊女卑"的需要而已!

---

① 南传《相应部·蕴相应》49经,《汉译南传大藏经(15)》pp.70~71。巴利经文 Pali Sutta Samyutta Nikaya 22.49(S.iii 48~50)。
② 见《五分律》卷三〇,参《大正藏(22)》p.191。

现今广为流传的佛教,是源自深受《舍利弗阿毗昙论》影响的后世部派,主要有南传铜鍱部及北传、藏传菩萨道,并且不论南传、北传、藏传系统皆有"三十二相"的信仰。因此,现今佛教界确实有男、女二众地位的争议,也形成"男尊女卑"的修行结构。

但是,男尊女卑、女尊男卑、男女平等的三种观点,皆是以性别作为智慧、能力、品德、地位的评价标准,实际是出自照顾社会文化与心理的需要,并不合乎普世经验。实不足取!

4-5 《八敬法》的制定背景与现代意义

佛陀以前的印度,女性是既无继承家族财产的权利,也无有受教育的机会,并且缺乏人身的自主权,更不得参与宗教性的出家组织。

女性的社会地位低落,不是古印度社会独有的问题,而是古代社会的普遍现象。

佛陀的俗世父亲净饭王,先娶佛母摩诃摩耶(巴利 Mahāmāyā),摩耶夫人生下瞿昙·悉达多(巴利 Gautama·Siddhattha),却因难产导致生产后七日即死亡。净饭王为了照顾年幼的悉达多,遂娶摩耶夫人的亲妹摩诃波阇波提(巴利 Mahāprajāpatī),并再生下难陀王子。

悉达多是29岁离家、寻道,并成为沙门集团的一员,经历六年的修学苦行、禅定。最后,舍弃耆那教的苦行、禅定,自觉地发现因缘法、八正道,成就四圣谛三转、十二行的修学,完成正觉、离贪、慈悲喜舍、灭苦、解脱的修证。释迦佛陀究竟佛道后,最先成为佛教僧团的成员,是追随悉达多修学苦行多年的五位苦行者,也是最先听闻四圣谛三转、十二行而见法的憍陈如(巴利 koṇḍañña)等五位比丘。

悉达多离家约第七年,释迦佛陀成就佛道的第二年,释迦佛陀回到故乡迦毗罗卫国。当时净饭王为了支持自己的儿子,一方面是壮大佛教僧团的声势,二方面是扩大释迦族的社会影响力,遂令释迦族

长老选择诸多释族的贵族青年出家:

> 时,净饭王作如是念:今佛弟子外道千人,心虽端正,身非严好,由昔苦身,形容瘦悴。云何得令世尊门徒容仪可爱、睹相生善?若令释种陪随世尊,方是端严,人共尊重。……
>
> 时,净饭王即便槌钟,宣令普告诸释种中:家别一人,出家奉佛,若不肯者,必招咎责。即于是时,释种之中,贤善无灭等,五百释子悉皆出家。①

当时,跟随释迦佛陀出家的释族青年,有同父异母的难陀(巴利 Nanda,又称孙陀利难陀)、亲生子罗睺罗(巴利 Rāhula)、堂弟阿难(巴利 Ānanda,又称庆喜)、堂弟提婆达多(巴利 Devadatta)等,以及佛陀俗世时的马夫阐陀(巴利 Channa,又译称车匿)、王家理发师的优波离(巴利 Upāli)。

当净饭王殁世后,可以合法继承净饭王权利的血脉男子,只有悉达多(佛陀)、难陀、罗睺罗等三人,但是三人皆已出家。因此,净饭王过世后,身为王妃、佛陀姨母的摩诃波阇波提,因为无有继承权而顿失依靠,不得不离开迦毗罗卫城,转投靠悉达多、难陀、罗睺罗等亲族男性。

由此可知,佛姨母摩诃波阇波提选择出家的原因,实际是存在着古印度女性社会地位低落的因素。

当佛姨母摩诃波阇波提离开迦毗罗卫城,向释迦佛陀要求出家于佛教僧团,是将自己的后半生投靠已出家的释族亲人。

摩诃波阇波提是释族王妃,投靠佛陀的出家僧团,出身贵族及养尊处优的生活习惯,如何能够适应少欲、居无定所及去除种姓阶级的僧团生活?何况,除了摩诃波阇波提以外,跟随摩诃波阇波提向佛陀寻求出家的女性,还有一大群出身释族的贵族女性。

---

① 《根本说一切有部毗奈耶》卷一八,《大正藏(23)》p.720。

如前所说,当时的女性不具备人身自主权,印度各宗教也无有参与出家的女性成员,面对姨母的要求,释迦佛陀是有着"接受女性出家"的实际困难。

初期,释迦佛陀是果断地拒绝摩诃波阇波提的要求,并且随即远行他处,避免姨母接续不停地请求出家。这是委婉地暗示摩诃波阇波提——不用再要求出家。根据律典的记载,释迦佛陀为了避开摩诃波阇波提的请求,刻意地远行他处,先由释翅瘦尼拘律园远行至拘萨罗国,再由拘萨罗国远行至舍卫国祇桓精舍:

> 尔时,世尊在释翅瘦尼拘律园。时,摩诃波阇波提与五百舍夷女人俱,诣世尊所,头面礼足却住一面。白佛言:"善哉!世尊!愿听女人于佛法中得出家为道。"佛言:"且止!瞿昙弥!莫作是言:欲令女人出家为道。何以故?瞿昙弥!若女人于佛法中出家为道,令佛法不久。"尔时,摩诃波阇波提闻世尊教已,前礼佛足,绕已而去。尔时,世尊从释翅瘦与千二百五十弟子人间游行,往拘萨罗国,从拘萨罗还至舍卫国祇桓精舍。①

面对佛陀的拒绝,摩诃波阇波提转向阿难寻求帮助。在阿难的请求下,佛陀针对女性出家的问题,提出《八敬法》(巴利 aṭṭha garu-dhammā)的规定:

> 佛告阿难:"今为女人制八尽形寿不可过法!若能行者即是受戒。……如是,阿难!我今说此八不可过法,若女人能行者即是受戒。"②

听到佛陀已针对女性出家提出《八敬法》的规定,阿难随即向摩诃波阇波提转达佛陀施设的《八敬法》,摩诃波阇波提当下即表示遵守《八

---

① 《四分律·比丘尼犍度》卷四八,《大正藏(22)》p.922。
② 《四分律·比丘尼犍度》卷四八,《大正藏(22)》p.923。

敬法》的意愿。因此,佛陀接受摩诃波阇波提等女性进入僧团,成为佛教第一批比丘尼:

> 尔时,阿难闻世尊教已,即往摩诃波阇波提所,语言:"女人得在佛法中出家受大戒,世尊为女人制八不可过法,若能行者即是受戒,即为说八事如上。"
>
> 摩诃波阇波提言:"若世尊为女人说此八不可过法,我及五百舍夷女人当共顶受。"
>
> 时,阿难即往世尊所,头面礼足已,却住一面白佛言:"世尊!为女人说八不可过法,摩诃波阇波提等闻已顶受。"……(佛言:)"如是,阿难!摩诃波阇波提及五百女人得受戒。"①

释迦佛陀制定《八敬法》(或称八尊敬法、八不可过法)的说法,在部派佛教各部派传诵的律藏皆有记载。

依古律《摩诃僧祇律》为准,三大派《八敬法》的内容及次第表列:

各部律 律文次第 八敬法内容	僧祇律	十诵律	根有律	五分律	四分律	铜鍱律
受具百岁应礼迎新受具比丘	1	1	6	8	1	1
二年学法已于两众请受具足	2	2	1	4	4	6
不得说(举)比丘罪	3	8	4	6	3	8
不得先受	4	·	·	·	·	·
犯尊法于两众行半月摩那埵	5	3	7	7	5	5
半月从比丘众请教诫问布萨	6	6	2	1	6	3
不得无比丘住处住	7	4	3	2	7	2
安居已于两众行自恣	8	5	8	3	8	4
不得骂詈谗谤比丘	·	·	5	5	2	7

---

① 《四分律·比丘尼犍度》卷四八,《大正藏(22)》p.923。

(续表)

各部律 律文次第 八敬法内容	僧祇律	十诵律	根有律	五分律	四分律	铜鍱律
不得向白衣说比丘过失	·	·	·	5	·	·
问比丘经律不听不得问	·	7	·	·	·	·

僧祇律的八敬法次第,多有其他部律的认同,其他的部律则不是,参僧祇律①、十诵律②、根有律③、五分律④、四分律⑤、铜鍱律⑥。

当时,释迦佛陀首开印度宗教的先河,允许女性出家,特别是允许出身释氏的贵族女性出家,不仅是印度宗教界的革命,也是对佛教僧团的大冲击。

古印度女性既无有人身自主权,也无有参与出家的宗教权利。女性进入出家组织,是挑战男尊女卑的社会制度,更威胁男性主导一切的家庭体制,势必激起社会、宗教界的大力反弹。女性出家的做法,在当时是国王都不敢支持的事。试想:释迦佛陀应当如何推展?

当时的印度社会分为四种阶级,最高的身份是宗教阶级的婆罗门(婆罗门教的祭司)、沙门(耆那教的出家者)、佛教的比丘,其次是统治社会之政治阶级的刹帝利,其三是社会农工商阶级的吠舍,最低的是奴隶阶级的首陀罗。另外,负责宰杀牲畜、焚烧死尸、清理粪便等工作的人,是被视为不可碰触的非人阶级。

争取女性的人身自主权、宗教参与权,在当时是挑战社会的家庭、宗教体制,这是统治社会的刹帝利阶级也无权支持的做法。唯一可以支持的人,只有社会最高阶级的婆罗门、沙门、比丘,只有宗教阶

---

① 《摩诃僧祇律》卷三〇,《大正藏(22)》pp.471~476。
② 《十诵律·八敬法》卷四七,《大正藏(23)》p.345。
③ 《根本说一切有部毗奈耶杂事》卷二九,《大正藏(24)》pp.350~351。
④ 《五分律》卷七,《大正藏(22)》pp.45~46。
⑤ 《四分律·比丘尼犍度》卷四八,《大正藏(22)》p.923。
⑥ 《铜鍱律·小品》之十《比丘尼犍度》,《汉译南传大藏经(4)》p.341。

级身份才能够抵挡来自刹帝利阶级、吠舍阶级的反对,让女性获得宗教参与权。

因此,女性进入僧团,不是释迦佛陀同意即可顺利进行,更需要佛教比丘僧团的全力支持。因为实际面对社会压力、承受宗教界讥讽的是佛教的比丘僧团,若缺乏比丘僧团的认同与支持,比丘尼僧团的成立与发展势必是困难重重:

> 相信"敬法"是女众在僧伽体制中的根本立场——尊敬比丘僧。在修证的立场,比丘与比丘尼,完全平等。然在当时的现实社会中,男女的地位是悬殊的。女众的知识差、体力弱、眷属爱重,在男女不平等的社会中,不可能单独地组合而自行发展,必须依于比丘僧的教授教诫。在比丘"波罗提木叉"("波逸提")中,已制有教诫比丘尼的学处。教诫比丘尼,不是比丘的权利,而是名德上座应尽的责任与义务。从"正法住世"的观点,比丘尼应奉行"敬法"。违犯敬法,是不承认比丘僧的摄导地位,这等于破坏僧伽体制。①

释迦佛陀制定《八敬法》的原因,是在反对阶级思想的十方僧团内部,消除释氏贵族女性的种姓优越感,一方面让出身释氏贵族的女性能够符合佛教僧团的体制,二方面避免贵族女性的骄慢引起比丘僧团的拒斥及反弹。

释迦佛陀制定《八敬法》的目的,是让当时缺乏教育权利的贵族女性或一般女性,可以谦虚地接受比丘僧团的教导,一方面提升比丘教育比丘尼的意愿,二方面减少两性僧团相处的冲突,三方面增加比丘僧团支持女性参与出家组织的意愿。

若依今日的社会教育、制度作为标准来评价《八敬法》,必定会产

---

① 印顺《原始佛教圣典之集成》第六章,正闻出版社,1994年版,p.408。

生《八敬法》是歧视女性的无知规定与恶法的看法,进而认为《八敬法》不应当是出自释迦佛陀的意见。

然而,当思考当时的社会背景,设身处地地深思佛陀的处境与问题,设想应当如何有效支持女性的人身自主权、宗教参与权?我们可以明白:制定《八敬法》的动机与目的,完全无关乎"男尊女卑"的性别歧视。在古印度的社会背景,《八敬法》的制定,确实是促使比丘僧团支持女性出家的有效办法,而佛教历史也证明佛教顺利地建立了比丘尼僧团。

现代的女性主义者,往往拿《八敬法》指责比丘僧团,批判大迦叶,质疑《八敬法》的确当性。这些"以今非古"的不当批判,应当是出自"女性受迫害"的情伤后遗症。虽值得同情,但无法认同!

在现代的社会教育水平与制度下,《八敬法》的意义与价值,不在一成不变地遵守不逾,应当是在学习释迦佛陀的处世智慧,感念早期比丘僧团对女性出家的支持与帮助,并学习两性僧团的相处之道,目的是团结僧团、利益人间、兴隆佛教。

4-6 建立原始佛教两部僧团的传承

自1810年起,阿波伽诃·毗提耶开始在斯里兰卡传戒度僧,不

ශ්‍රී කල්‍යාණිවංශ නිකාය

දෙවන සියවස් සමරුව

නිකාය ආරම්භය - ශ්‍රී බුද්ධ වර්ෂ 2353 ව්‍යවහාර වර්ෂ 1810
ශ්‍රී කල්‍යාණිවංශ නිකාය ප්‍රතිෂ්ඨාපිත සංඝ ජේෂ්ඨ ප්‍රණාමාඤ්ජලී

ජයතු ජයතු ලෝකයේ වාදී වාදක මර්ධන - ධර්ම චිත් ධර්ම රාක්ෂස ධීමතා
ජයතු ජයතු ලංකාද්වීප දීපේ හඳුන්නේ - ගුණරත්න යතිඳ්‍රරන්ත කල්‍යාණිවංශො

බු.ව.2351 බිනර මස පුර අටවක්දා ශ්‍රී කල්‍යාණිවංශ උපසම්පදාව
රැගෙන ඒමට වැඩම කළ නිසඳම වනන්සේලා

01. කතළුවේ ශ්‍රී ගුණරත්න මහා නාහිමි
02. බටපොළ කල්‍යාණිතිස්ස මහාහිමි
03. වැල්ලාවත්තේ ධම්මරතන නාහිමි
04. සොඟල ධම්මසාර මහාහිමි

05. වැලිතොත්තේ පඤ්ඤාතිස්ස නාහිමි
06. තාරන්දෙණියේ ගුණරතන නාහිමි
07. මිරිස්වත්තේ මෙධානන්ද නාහිමි
08. සීටිවන්දේ සීලානන්ද නාහිමි

Sambodhi sangha Ven. Vūpasama Thero

On Enlightenment of first fullmoon day Buddha Era 2450, 2nd Era

In the 2450 year of Enlightenment Buddha Era, on 14th-15th day of first lunar month; (i.e. March 1st to 2nd, 2018 C Venerable Vūpasama Thero of Sambodhi Sangha invited the Most Ven. Kammatthan Dodampahala Chandrasiri Maha Nayaka Thero of Amarapura Nikāya, Ven. Kirama Wimalajothi Maha Thero of Siam Nikāya and 8 other Theros from Sri Lanka to Taiwan, established the Fundamental Sima of Original Buddhism and performed an Upasampadā Ordination. Hereafter, the Sambodhi Sangha led by Venerable Vūpasama Thero acceded this sacred lineage in Taiwan, a Buddhism line from Sri Lanka with a history of over 2400 years.

Original Buddhism Sambodhi Sima situated in Taiwan established and confirmed the Buddhism lineage on 15th of first lunar month in Enlightenment of Buddha Era 2450 • Buddhist Era 2562 • 2nd March 2018

Ten Sangha Theros form Sri Lanka:

元 師 **The Preceptor Satthu :**
Most Ven. Kammatthanacara Dodampahala Chandrasiri Mahanayaka Thero

教授師 **The Instructor Satthu :**
Ven. Kirama Wimalajothi Maha Thero

羯磨師 **The Kammavaca Satthu :**
Ven. Thapowanaye Nivattha Thero

尊 證 **The Witness Satthu :**
Ven. Kannaderiye Santa Thero

羯磨師 **The Kammavaca Satthu :**
Ven. Tapovanaye Sutachara Thero

羯磨師 **The Kammavaca Satthu :**
Ven. Thapowanaye Damitha Thero

尊 證 **The Witness Satthu :**
Ven. Thapowanaye Samiddhi Thero

尊 證 **The Witness Satthu :**
Ven. Thapowanaye Saddhajowe Thero

尊 證 **The Witness Satthu :**
Ven. Thapowanaye Suseetha Thero

尊 證 **The Witness Satthu :**
Ven. Monaravila Samadhikusala Thero

依止師 **The Upādāya Satthu :**
Ven. Vūpasama Thero — Vūpasama

ශ්‍රී කල්‍යාණිවංශ නිකායේ දෙවන සියවස් සමරු කමිටුව

VEN. DODAMPAHALA CHANDASIRI MAHA NAYAKA THERO
(Sri Lanka Amarapura Kalyaniwansa Sector)
Gothama Thuposaraya, Kalapaluwawa,
Mulleriyawa - New Town.

分种姓阶级皆准予出家,并创立了阿曼罗普罗派僧团(Amarapura Nikāya)至今,阿曼罗普罗派僧团已历经二十代大戒师的传承。

2018年3月,中道僧团迎请Amarapura Nikāya第二十代大戒师Most Ven. Kammatthanacara Dodampahala Chandrasiri Mahā Nāyaka Thero等十位斯里兰卡僧团长老,在台湾建立原始佛教根本戒场,并传授比丘戒。

2018年11月,阿曼罗普罗派第二十代大戒师Ven. Kammatthanacara Dodampahala Chandrasiri Mahā Nāyaka Thero签署文书正式承认:中道僧团自阿曼罗普罗派僧团正式承续源自印度的僧律法脉,并传戒度僧于华人社会。

虽然南传铜鍱部是出自分别说系(论师)的传承,教法不同于佛灭百年内的经说,但是南传佛教的律法是延续早期佛教的僧律传承,大致同于经师、律师的僧律传承。

此外,出家、奉教13～21年的道一尊尼(Tissarā Bhikkhunī)、谛严尊尼(Ñāṇavati Bhikkhunī)、明证尊尼(Vimokha Bhikkhunī),早已依阿曼罗普罗派的比丘僧团、比丘尼僧团受持比丘尼戒,确立原始佛教比丘尼传承。

个人经由16年的努力,现今已经还原"第一次经典结集"之《七事修多罗》的经说原义,并依据古老的《七事修多罗》,重现释迦佛陀的十二因缘法、十二因缘观、四圣谛、三十七道品、修证道次第、圣贤

典范。历经两百余年、五代人的接续努力,终于使佛陀正法再次显现于世间。

2018年起,中道僧团既传续隐没两千两百多年的原始佛法,又自斯里兰卡的僧律法脉,承续已有两千四百多年传承的解脱僧团律脉。自此,中道僧团传续原始佛法,也建立原始佛教两部僧团的律脉传承。

5 正法与异说的消长

5-1 略说原始佛法与《舍利弗阿毗昙论》的差异

阿育王登位第10年,阿育王御用的目犍连子帝须编出《舍利弗阿毗昙论》,并由目犍连子帝须领导的分别说部学团采用结集的形式传出。《舍利弗阿毗昙论》系统性地编造出六大类、二十项异说,近乎全面性地改变佛教原有的十二因缘法、因缘观、四圣谛、修证道次第、一乘圣者,乃至改变五阴、六根、六境、六识、五盖及三十七道品等,内容、次第、定义皆有巨大的变动。

《舍利弗阿毗昙论》的内容大量糅杂了奥义书、耆那教的理论与信仰,编造出奥义书、耆那教与佛教混杂的"变型佛教",目的是符合信仰耆那教之孔雀王朝的统治需要。

《舍利弗阿毗昙论》与分别说部学团的建立,皆是出自阿育王的政治策略,并受到孔雀王朝的大力支持,使得孔雀王朝支持的"变型佛教"逐渐凌驾于正统佛教之上。如此,佛灭百年以前的正统佛教逐渐地衰微与质变,《舍利弗阿毗昙论》主导的"变型佛教"成为主流,佛教也分裂发展为部派佛教。

《舍利弗阿毗昙论》传出后,佛教分裂后的部派,不论是分别说部系四派、大众系各派、说一切有部系各派及犊子部四派,或是起源自公元前一世纪的大乘学派,不论是性空、唯识、唯心等大乘三系,或是汉传八宗,乃至公元七世纪以后的秘密乘,虽然各派都不否定十二因缘、四圣谛及三十七道品的原始教法,但是在传诵、认知、解说上,各派皆离不开《舍利弗阿毗昙论》的论义体系。

譬如：一、针对现实诸法的认识论，不是"因缘、缘生"，而是"直观无常、苦、空、无我"的观点，或是直观缘生诸法是出自"识生、心生"及"俱生"的见解；二、有关十二因缘的传诵，是依《舍利弗阿毗昙论》编造出"识分位"的因俱生法；三、对生死轮回的认识，或对四圣谛的解说，皆依据《舍利弗阿毗昙论》之"五阴是苦"的论义，并有解脱、涅槃混淆不分的错误；四、对于修证道次第的传诵与解说，不是正统的"四圣谛三转、十二行"，完全是《舍利弗阿毗昙论》的"十结"论义，或是相关"十结"之"戒、定、慧"的次第与传诵；五、圣人典范的观点，不论是声闻人、缘觉人、菩萨人、正觉人的说法，或后世的大乘、中乘、小乘说法，皆源自《舍利弗阿毗昙论》的论义。

由于目前流传于世的佛教各派，皆是《舍利弗阿毗昙论》传出以后的学派，在认识论、生死轮回、解脱、道次第、圣者典范等方面，皆承受了《舍利弗阿毗昙论》的教说，所以各派有着差距不大的教说与修证体系。这种部派佛教以后的佛教思想发展，造成后世佛教徒产生各部派都不悖离佛陀教法的错误印象。

然而，根据源自阿难师承系统有关"第一次经典结集"的传诵，也即是目前说一切有部传诵的《根本说一切有部毗奈耶杂事》，清楚记载了"第一次经典结集"集成的经说范围，是汉译《相应阿含》及巴利《相应部》当中，《因缘相应》《食相应》《圣谛相应》《界相应？》《五阴（蕴）相应》《六处相应》《四念处等道品相应》等《七事相应教》的古老经法共说。

> 此苏怛罗是佛真教。……阿难陀今皆演说，诸阿罗汉同为结集。但是五蕴相应者，即以蕴品而为建立；若与六处、十八界相应者，即以处、界品而为建立；若与缘起、圣谛相应者，即名缘起而为建立；……若与念处、正勤、神足、根、力、觉、道分相应者，于圣道品处而为建立；若经与伽他相应者（于八众品处而为建

立)。此即名为相应阿笈摩(旧云杂者取义也)。①

摩窒里迦我今自说,于所了义皆令明显,所谓:四念处、四正勤、四神足、五根、五力、七菩提分、八圣道分。②

近代的印顺导师也有同等的研究发现,认定"第一次经典结集"集成的内容,应当要从汉译《相应阿含》及巴利《相应部》的共说当中推求:

现存的《杂阿含经》与《相应部》,都属于部派的诵本,从此以探求原始佛法,而不是说:经典的组织与意义,这一切都是原始佛法。③

当比对汉译《相应阿含》及巴利《相应部》之《因缘相应》《食相应》《圣谛相应》《界相应?》《五阴(蕴)相应》《六处相应》《四念处等道品相应》,可以清楚地发现,部派传诵的诵本内,具有两套截然不同的教说系统。

现今部派传诵的《七事相应教》,当中有一套思想体系,明显附合《舍利弗阿毗昙论》的论义,又有另一套教说体系则完全不同于《舍利弗阿毗昙论》。两套思想体系之间,共通的地方是有着许多一致佛教用语,但却有着极大不同的解说、定义。

根据佛教各派传诵的经、律、论、史,以及国际史学界的研究成果来看,阿育王以后发展的佛教,确实是以《舍利弗阿毗昙论》作为教说主旨的变型佛教。

本书提出的原始佛教,是指源自释迦佛陀住世时的亲说教法及"第一次经典结集"集成的经说。原始佛教既不是佛灭至佛灭后110年间的根本佛教,也完全不同于阿育王时代起,由《舍利弗阿毗昙论》开展的部派佛教思想体系,更不是现今的南传、汉传、藏传的宗

---

① 《根本说一切有部毗奈耶杂事》卷三九,《大正藏(24)》p.407。
② 《根本说一切有部毗奈耶杂事》卷四十,《大正藏(24)》p.408。
③ 印顺编著《杂阿含经论会编》,正闻出版社,1994年版,p.b60。

派佛教。

原始佛教在认识论、教说宗旨、实践方法、生活态度、圣贤典范等方面,确实截然不同于婆罗门教、奥义书、耆那教及目前佛教各派的说法。

若离原始佛教的《七事相应教》愈远,离释迦佛陀也愈远。

5-2 经师、论师的对抗

阿育王之后,公元一世纪之前,印度佛教发生三次经师、论师的对抗,当代的经师、论师对抗是在华人社会。

第一次经师、论师的对抗,是阿育王登位第 10～11 年(262～261 B.C.E.),分别说部结集完成的当年或次年①,优波鞠多领导摩偷罗僧团举行"第三次经律结集",对抗分别说部教团结集的"分别说部三藏"。因为重经的摩偷罗僧团对抗重论的分别说部教团,引发佛教发生大纷争、根本分裂。

第二次经师、论师的对抗,是佛灭后约 250 年(137 B.C.E.),摩偷罗僧团的迦旃延尼子写《发智论》,大量融摄了《舍利弗阿毗昙论》的论义,造成摩偷罗僧团分裂为二,重经的雪山部对抗重论的说一切有部。

阿难系摩偷罗僧团是重经、拒论的多闻众,分化自摩偷罗僧团的说一切有部,却是融摄《舍利弗阿毗昙论》的论义,发展出自派七论的重论派。摩偷罗僧团分裂之初,即是重经之雪山部与重论之说一切

---

① 《岛王统史》第六章,《汉译南传大藏经(65)》p.39:"正觉者般涅槃后二百十八年喜见灌顶。"《善见律毗婆沙》卷二,《大正藏(24)》pp.682～684,提阿育王登位第 9 年,有外道附佛,引起僧争;僧争经 7 年,僧团无法和合布萨说戒,阿育王遂请目犍连子帝须出面处理僧争,阿育王依"分别说者"为僧,进行结集。依《善见律毗婆沙》的说法,佛灭 234 年,阿育王登位第 16 年,分别部结集。《岛王统史》第六章,《汉译南传大藏经(65)》p.54:"经〔佛灭后〕第二百三十六年上座部再生大分裂。"分别说部结集应在阿育王登位第 9～10 年,僧团分裂在阿育王登位第 10～11 年。

有部的分裂、对抗。

第三次经师、论师的对抗，是佛灭后约350～400年(37 B.C.E.～C.E. 13)，重论的说一切有部分化出重经的经量部，重经的经量部对抗重论的说一切有部。

说一切有部出自反论的经师传承，却发展为反经重论的论师学派。说一切有部自开派起，一直陷入经、论对抗的处境，先与经师本派的雪山部对立，后有经量部的反抗。

第四次经师、论师对抗，起自公元2008年(佛灭后约2395年)，也是唯一发生在华人社会的经师、论师对抗。

当代的经师系统是"还原初始经说，依止《七事修多罗》"的中道僧团、原始佛教会，论师系统是分别说系铜鍱部为主的南传佛教，特别是强调"论高于经"的某些南传学派，主要是缅甸"依论修行"的帕奥、马哈西学派。

公元一世纪雪山部、经量部消失后，佛教界一直未再有"重经去论"的经师出现了。当经师消失后的佛教，佛教一直是由论义、论师主导了教法、僧团的发展，真实的佛法可说是彻底隐没了，直到华人的经师系统出现于世！

现今某些"依论修行"的华人南传学人，针对中道僧团、原始佛教会是极尽所能的排斥、诋毁、迫害、丑化之能事。然而，中道僧团只是努力的弘扬经法，未曾针对任何一位南传学人有负面、攻讦的作法，但依旧难避争端。

5-3 经法、论义的对立及影响

论书、论义、论义经诵的流传，不仅破坏正统经法、佛教的发展，分裂僧团及佛教，误导两千多年来的佛弟子，使务实、实证的人间佛教，转变成糅杂奥义书、耆那教思想的形上学说，并且偏向耆那教之苦行、消极、避世的生活态度，造成佛教失去正常的教化功能，反而障碍社会的健全发展，促成佛教的衰败。

经师是经法传承者，论师是论义传承者，两者之间的对抗，不仅是经法与论义的对抗，也是佛陀教说、后世学人说法之间的对抗，正统佛法与部派异说的对抗，更是部派分裂以后的佛教演变重点。

佛教正统经法的重兴，经师传承的再续，不仅可以再续正统禅法的传承，更可以恢复佛教的正确思想与教化功能，使佛教摆脱迷信、不务实际、消极、颓废、避世的弊病，并对现实人间发挥引导、助成的作用，加强佛教的发展力量，延续佛教的传承，重兴佛教的光辉。

5-4 大乘、小乘的争论

分别说部《舍利弗阿毗昙论》提倡的论义，是系统性地变造释迦佛陀传授的教法，极大程度地将佛教变造为近同耆那教的宗教。

《舍利弗阿毗昙论》变造佛陀教导的"观五阴生法、灭法"，提出"直观五阴是无常、苦、无我"，既变造因缘观，也变造了四圣谛。如此一来，扭曲佛教之智觉、务实、精勤的生活态度，使佛教充满负面、消极、退缩、颓废的人生观，造成厌离现实人生的严重偏差。

《舍利弗阿毗昙论》藉由"变造佛法"的手段，改变佛、法、僧、解脱的实际面貌，扭曲因缘法、四圣谛的功用及重要性，进而贬抑声闻阿罗汉的证量及社会价值。

《舍利弗阿毗昙论》提出声闻人、缘觉人、菩萨人、正觉人等四种圣贤典范，否定声闻阿罗汉的证量与解脱，使佛教学人丧失现实的努力重点、生命方向，造成佛教学人迷失在超现实理想、信仰与现实人生之间的巨大裂隙，陷入错乱、挫败、沮丧、抑郁、无奈及逃避的困境。

后世的佛教学人，发现部派佛教具有巨大的负面问题后，遂推动佛教的革新运动，这即是后世称的"大乘运动"。

"大乘运动"的发展,渊源自分别说部《舍利弗阿毗昙论》的菩萨信仰,公元前约137~50年之间,菩萨信仰促成了《六度集》的集出:

> (佛)为说菩萨六度无极难逮高行,疾得为佛。何谓为六?一曰布施,二曰持戒,三曰忍辱,四曰精进,五曰禅定,六曰明度无极高行。①

> 六度,本从"本生"的内容分类而来。选择部分的"本生"谈,随类编集,称为《六度集》。……这虽是部派佛教所传的,但是菩萨修行的模范,受到佛教界的尊重(古代每用为通俗教化的材料)。大乘菩萨道,依此而开展出来(在流传中,受到大乘佛教的影响)。②

六度的内容包含:布施、持戒、忍辱、精进、禅定、明度无极高行(智慧),又称为六波罗蜜。波罗蜜(pāramitā)意指"到彼岸③",也即是"度"的意思。

"大乘运动"建立的六度,次第最后是禅定、智慧,明显是配合"十结"之"最后断掉、无明"的论义。

在说一切有部传诵的汉译《相应阿含》,仅有《相应阿含》《灰河喻经》提到"菩萨",此经是说一切有部独传的"孤经",是其他部派无有:

> 譬如灰河,南岸极热,多诸利刺,在于暗处。众多罪人,在于河中,随流漂没。……河中有一人,不愚、不痴者,谓菩萨摩诃萨。手足方便逆流上者,谓精勤修学;微见小明者,谓得法忍;得平地者,谓持戒;观四方者,谓见四真谛;大石山者,谓正见;八分水者,谓八圣道;七种华者,谓七觉分;四层堂者,谓四如意足;五柱帐者,谓信等五根;正身坐者,谓无余涅槃;散华遍布者,谓诸

---

① 《六度集经》,《大正藏(3)》p.1。
② 印顺《初期大乘佛教之起源与开展》第九章,正闻出版社,1993年版,p.560。
③ 《大智论》卷十二,《大正藏(25)》p.145。

禅、解脱、三昧、正受；自恣坐卧者，谓如来、应、等正觉；四方风吹者，谓四增、心见法安乐住；举声唱唤者，谓转法轮。①

《相应阿含》1177经的内容，融摄《舍利弗阿毗昙论》的论义，是说一切有部独有的论义经诵，该经提出菩萨修学的道品，依旧不离传统的三十七道品。在《相应阿含》，不论此经或其余诸经，皆未见到"波罗蜜"的说法。

可见，佛灭后250年(137 B.C.E.)，说一切有部编集自派《相应阿含》的时代，《六度集》可能尚未传出。

在印度的部派佛教，说一切有部是主张"四波罗蜜②"，认为"持戒摄忍辱，智慧摄禅定"。分别说系化地部，也近同说一切有部的看法。反之，分别说系法藏部③是宣扬"六波罗蜜"，大众部④也是提倡"六波罗蜜"。由此推断，《六度集》很可能是出自法藏部或大众部的编集。

大乘佛教的起源，主要有四项：

一、源自《舍利弗阿毗昙论》的论义及菩萨信仰。

二、改革部派佛教偏向厌世、消极、脱节现实等负面发展。

三、《六度集》⑤的集出。

四、佛弟子对佛陀的怀念与救世理想。大乘运动的兴起，是出自信受菩萨思想的修行者，面对部派佛教趋向消极、颓废的偏差，亟思革除部派佛教的弊病，恢复佛陀的利世精神，遂朝向慈悲、进取的菩萨风范前进。

菩萨的信仰，确实是源自阿育王时代的《舍利弗阿毗昙论》，尔后

---

① 《相应阿含》1177经。
② 《阿毗达磨大毗婆沙论》卷一七八，《大正藏(28)》p.892："问如说菩萨经三劫阿僧企耶？修四波罗蜜多而得圆满。谓施波罗蜜多、戒波罗蜜多、精进波罗蜜多、般若波罗蜜多。"
③ 法藏部《佛本行集经》卷一，《大正藏(3)》p.656："若诸菩萨成就具足六波罗蜜，何等为六？所谓檀波罗蜜，乃至般若波罗蜜。"
④ 大众部《增一阿含》卷一序品，《大正藏(2)》p.550："菩萨发意趣大乘，如来说此种种别，人尊说六度无极，布施持戒忍精进，禅智慧力如月初，逮度无极睹诸法。"
⑤ 《六度集经》，《大正藏(3)》pp.1~52。

广为各部派信受。由《舍利弗阿毗昙论》变造出错误的因俱生法、四圣谛、三十七道品、解脱、声闻圣贤，既是悖离佛法、脱节现实、厌离世间的异说，也完全不合乎《舍利弗阿毗昙论》自行编造出的菩萨。

因此，部派佛教时代的菩萨信仰者，必需在部派典籍以外，另寻觅符合菩萨信仰的修行法，遂自编撰佛陀过去尚未成佛事迹的《本生谭》，审视佛陀《本生谭》的内容，部分是取材自耆那教启教者的传说故事，再依据故事主角的修行特点，撰集出六种修行模式，这即是《六度集》。

《六度集》促成了"方广思想"的兴起，融合"方广思想"与"一说部教说"即是大乘《般若经》的教说根本。在公元前一世纪中叶，出于不同时间、不同地区、不同作者的作品，汇集成《大般若经》的前五品经篇。此后，在菩萨信仰风潮及造经运动下，"大乘菩萨道"逐渐地确立。

大乘的革新佛教运动，应当不是为了破坏部派佛教，实际是为了"改革部派佛教引起的负面、消极、退缩、颓废的人生观，以及厌离现实人生的偏差"，使佛教可以为现实人间带来正面、积极、勇健、热诚的人生观，藉由智觉、勤奋、正行于现实生活，使世人可以获得实益。

虽然出自革新部派佛教弊病的"大乘运动"，动机是为法、为教、为众生，但是"大乘运动"的主要的推动者，是深受部派佛教思想影响的僧俗二众。"大乘运动"的推动者，依旧陷在《舍利弗阿毗昙论》的论义思想，无法真正探明佛陀的真实教导。

依现今大乘典籍来看，"大乘运动"的思想内涵，既有承续《舍利弗阿毗昙论》论义，也有融摄部派佛教的各派论义及创见（如《般若经》继承"一说部"的部义），更有不少是自行再创新的信仰、教法及律规（菩萨戒）。

大乘、小乘的观点与争端，主要是源自《舍利弗阿毗昙论》错误主张的四种圣贤典范，不当的部派论义加上各自再创新的见解，促成了

"大乘学派"的兴起。当然,其中少不了宗派利益的冲突。

"大乘运动"的作为,突显出部派佛教的困境,使世人更愿意接受"大乘运动"的新思想,也促成了部派佛教的衰落。

大乘佛教学人针对因缘法、四圣谛、阿罗汉的认识,深受《舍利弗阿毗昙论》的影响。在阿育王创立之"变型佛教"的误导下,后世的大乘学人,不仅误认四圣谛、阿罗汉是不究竟的"小乘法",也误认为"四圣谛"是释迦佛陀为了适应古印度的沙门文化,教化苦行沙门的"方便法",妄认"六波罗蜜"才是"真实法",是佛陀的真正本怀。

其实,大乘教派是误判!自公元前一世纪始,新出的大乘教派不断地、强力地贬低"缘起法"及"四圣谛",批判"四圣谛"是小乘。大乘批判、拒绝的小乘,实际是出自《舍利弗阿毗昙论》擘画的"变型佛教",并非真正的佛教。真实的十二因缘法、因缘观、四圣谛、修行道次第、阿罗汉、解脱、涅槃,部派佛教早已忘失,比部派佛教晚出现的大乘,更是未曾真正地听闻、了解。

5-5 重现原始佛教光辉,昌盛人间

近代影响世界发展最为巨大的事件之一,可说是工业革命。工业革命使西方社会一跃成为世界经济、军事、科学的领航者,促成工业革命的要素是务实验证、科学方法、人本思维,此三者皆肇发自14~17世纪的文艺复兴运动。

文艺复兴(Renaissance)运动使西方社会由"神为中心"转为"以人为本"的生命态度,生命的重心是在现实人生,不再是理想、抽象的神与天堂。文艺复兴运动促进了西方社会由内到外的全面性改造,并发展出工业革命,从而超越东方社会,引领世界至今。

两百余年来,亚洲社会面临西方科技、经济、军事、制度、文化与宗教的巨大影响,不仅难以与西方竞争,甚至无以自保。亚洲社会在

学习西方优点急起直追之余，也面临自身传统文化、思想、价值的衰微。在此之下，如何让亚洲社会习得西方社会的长处，又能维护亚洲社会的优良传统文化及社会价值，一直是主要、重大的课题。这种需要可以称为亚洲社会的"自觉"！

近百年来，华人佛教的"自觉"，即是"人间佛教"的推展运动，目的是经由佛教的改革，间接促使佛教文化圈的华人社会得以再造、新生，获得更好的发展、进步。

释迦佛陀宣说"因缘"，揭示了"五阴系缚（轮回）、苦"的真相，佛陀又借由"四圣谛"的教法，重视探知事实缘由及务实解决困难、开展人生、度越烦恼的道路，揭示出"佛在人间"的人生态度。如《增一阿含·等见品》（三经）[①]："彼以人间为善趣，于如来得出家，为善利而得三达。所以然者？佛、世尊皆出人间，非由天而得也！"

"佛在人间"即是"人间佛教"的古义，强调面对现实、探知事缘，进而务实的"解决困难、开展人生、度越烦恼"，宣扬此人、此时、此处、此生为主轴的"人生宗趣"，不重在"无从更改的过去、尚未发生的未来、遥不可及的他方世界"。虽然佛教针对个人已知经验之外的人、事、物，保持"不绝然肯定、否定，不多议论虚实"的原则，但这已完全颠覆了古印度婆罗门教之梵神创世的一神教，以及奥义书之梵生万有、神我、宿业决定的形上哲学。

佛陀宣说的缘起、四圣谛是重于实际人生，具有利益现实人生及引导社会正面发展的功能。虽然佛教不绝然否定经验以外的人、事、物，却不沦丧为脱节现实人生的精神寄托、形上哲学，而是将空洞、不务实际的理想导向务实、正向的人间生活，这即是"人间佛教"的真精神。

西方文艺复兴运动的三要素务实验证、科学方法、人本思维，近

---

① 大众部《增一阿含》卷二六，《大正藏(2)》p.694。

似原始佛教的三纲领:实证准则,缘起智见,人间为本。释迦佛陀面对的世界,即是婆罗门教、奥义书思潮下的六师外道,佛陀提出"缘起论"及"四圣谛",皆是以"人间为本",目的是要引领社会走出神秘、形上信仰、本体论、唯心思想,乃至各种不切实际的作为。直接地说,佛法即是古印度的思想革命,也是社会革新运动。

然而,原始佛教的"人间为本",是有所不同于文艺复兴运动的"人本思维"。"人间佛教"是依据"缘起"为认识论,不否定现实经验以外的人、事、物,但确立以"此人、此时、此处、此生"为主轴的人生宗趣;文艺复兴运动的"人本思维",是以"检证经验"作为认识论,不认同现实经验以外的人、事、物,强调"以人为本"为主轴之现实、实际、人间世界的生活。"人间佛教"与"人本思维"之间,除了同样强调务实、实际之外,对于经验以外的人、事、物,确实有着明显不同的看法与态度。

文艺复兴运动的初意是"赞美、探知上帝创世的奥秘",却逐渐发展为"宇宙规律知识取代上帝的全知,宇宙规律取代上帝的大能,学习宇宙规律取代祈求上帝,运用宇宙规律取代上帝恩典"的革新风潮。简单地说,文艺复兴运动的发展趋向是"宇宙取代上帝,人间代替天堂,人卓立于上帝之前",其极致是唯物的自然科学、社会学。至此,上帝已死!但是,佛教从未有类似的认知、发展。

此外,原始佛教与上帝信仰之间,针对自由、平等的看法与立场,也是大大的不同。

佛陀的"缘起论"主张"因缘发生的一切,必定受到因缘的局限,无法全自主、全知、全能"。因此,正统佛教是不承认世上有任何形式的"绝对自主、全然自由"。

佛陀的"缘起论"认识到"因缘皆不同,众生有别",既不承认任何的"绝对平等",更不认同任何的"阶级差别",不论是血统、种族、性别、性向(异性恋、同性恋、双性恋)或物种等,无不是如此。佛教认为

"现实是因缘影响中不断改变的状态",相互之间是"无法有绝对、不变的对应状态及关系",必需针对当时、当处的实况而定。

佛教致力的目标,既不是追求全然自由、绝对平等,也不是建立平等无异或阶级差别的生活,而是在契合"现实因缘"之下,落实尊重生命及有条件的自由、平等,追求有益于群我生活的法治、公义、公正、幸福。

由于目前流传于世的佛教,是广受《舍利弗阿毗昙论》影响的部派佛教、菩萨道,其中的教说已经糅杂大量的奥义书思想,所以承认及宣扬"绝对的自主、自由(自在)、平等",完全悖离了释迦佛陀的教法与精神。

释迦佛陀的真实法以"缘起法"及"四圣谛"为枢轴,依"实证准则、缘起智见、人间为本"为纲领,致力于尊重生命、法治、公义、公正、幸福的社群生活,实现"解决困难、开展人生、度越烦恼"的人间佛教。

个人、家庭、社会、国家、民族需要安定,更要发展、进步、繁荣,其中最重要的基础是个人及家庭,具有健全、优秀的个人及家庭,社会、国家、民族才能安定、繁荣。

因此,佛教的大能、大用,是佛教思想对于个人、家庭可以产生教育功能及扶助贡献,不是让佛教功能局限在信仰、慈善,佛教才真能帮助整体社会。因为社会发展必须仰赖健全、优秀的个人与家庭,不是依赖信仰及需要救济的弱势族群。当知,佛教拒绝了信仰、慈善的功能,必让佛教发展的动能大幅度降低,乃至变质为知识、学术化的佛教;反之,佛教发展过度倾向于信仰化、慈善化,必使佛教逐渐的窄化、弱化、俗化及失能,乃至名存实亡。

探究真实的佛法,亟需具备印度思想史、南北三藏、史献的深厚根底。目前必需探究说一切有部汉译《相应阿含》及铜鍱部巴利《相应部》之中的《七事修多罗》,一方面探究两方部派圣典的共说,二方面要探明《舍利弗阿毗昙论》的论义,三方面去除两部部派传诵之《七事修多罗》共说之中，相关《舍利弗阿毗昙论》的论义经诵。如此，可以获知"第一次经典结集"的经说传诵教法。

传承解脱戒的部派僧团绝大多数已断绝，现今硕果仅存于世的部派僧团，唯有分别说系铜鍱部僧团。虽然该部的经诵是论师系统的传承，但是僧律是承自部派共传的僧律。

探究、修学原始佛教，是需要具备南、北三藏、史献的深厚学习根底，绝不是一门一派的传承，或是道听途说、自以为是即可。

经过16年的努力，现今已经完成"第一次经典结集"集成之经说教法《七事修多罗》的原说还原，并依此为本，复原释迦佛陀教导的十二因缘、四圣谛、八正道、七解脱、五根、五力、四神足、四正勤、四念处等修证道品的真义及原貌，得以去除部派佛教以来讹误的经说及教法。

重现佛、法、僧、戒的光辉，推展原始佛教的目的，是藉由释迦佛陀真实教法的重现，使佛教恢复自利、利世的大用，间接地助成华人社会的进步、昌盛，使华人社会可以与西方社会同领先锋，并得以发展自身的优良传统文化及社会价值。

后 记

本书的内容,关于佛陀、阿育王时代的考证,完成于 2010 年 3 月。其他的部分,有写于 2009 年,有写于 2014 年,也有部分写自 2017 年 2~7 月,正式成书于 2018 年 3 月。距 2008 年 8 月《相应菩提道次第》出版,已经过九年多。

其间,部分内容在中华原始佛教会出刊的《正法之光(51~53)》连载,目的是让十方学人可以深入印度史实,真实审视印度阿育王的作为,重新认识佛教分裂、流变始末的关键及真正原因。

2018 年 3 月,本书初版印刷流通。2018 年 6 月、2019 年 8 月,本书陆续进行第二、三版的增修,做了更加完善的补充、修整。2021 年 1 月,本书完成第四版的内容增修,补了之前避而不谈的事,并以"不取稿费"的方式,委由上海复旦大学出版社出版。

感谢两百多年来,国际学术界各方前贤对印度佛教的考证贡献,以及印顺老法师对初期结集史的研究!若缺少各方学者的可贵研究成果,正法必会更迟显现人间。

一切的荣耀归向释迦佛陀!

一切的成就归向正法僧团!

一切的利益归向护法善信!

虔祝佛法利益这片美丽的土地与人民!

原始佛教传承史大事略记

随佛禅师　编撰

❶ 佛陀正觉宣说四圣谛度五比丘(432 B.C.E.)

佛陀觉明四圣谛之三转、十二行,断贪、解脱、成就阿耨多罗三藐三菩提,度憍陈如等五位比丘,原始佛教僧团确立。(参考原始佛教会出版的《正法之光》创刊号 pp.10～18,《关于佛陀与阿育王之年代考证》,见 www.arahant.org。)

❷ 佛陀正觉后 45 年 (387 B.C.E.)

佛陀入灭于拘尸那罗 Kusinâra,大迦叶召集五百圣弟子,结集出相应经法 Sutta 与律戒 Vinaya。

"第一次结集"会议,集成《因缘》《食》《圣谛》《界》《五阴》《六处》《道品(四念处等)》之七事相应教,以及比丘、比丘尼律。

❸ 佛陀正觉后 155 年 (277 B.C.E.)

佛灭后约 110 年,优波离系毗舍离僧团,擅行受取金钱等"十事非律",僧团为此起论争。摩偷罗阿难系僧团主导羯磨会议,优波离系阿盘提、达嚫那婆多僧团支持之,佛教僧团复归于清净、团结。

佛教举行"第二次结集"会议,由阿难系僧团主导,七百僧团贤达参与,将"原始七事相应教"及百年内的"增新经说",重新编集为:一、古老的"原始七事相应教"及增新之短篇经法等,古新共集的《相应阿含》(误译名《杂阿含》,通巴利《相应部》);二、新增之中篇经文集编的《中阿含》(通巴利《中部》);三、增新长篇经文集编的《长阿含》(通巴利《长部》);四、将古新经篇法义,按法数分类集编的《增一阿含》(通巴利《增支部》):分别说部有十一法,说一切有部有十法,大众部有百法。如是次第发展,逐渐形成佛灭后百年的四部圣典。

❹ 佛陀正觉后 161 年(271 B.C.E.)

佛灭后 116 年,阿育王登位初年,阿育王的御用僧人,异道依附毗舍离僧团出家的大天举"异法五事",贬低阿罗汉证量,阿难系摩偷罗僧团反对,遂发生"五事异法僧争"。

❺ 佛陀正觉后 169～170 年(263～262 B.C.E.)

佛灭后 124～125 年,阿育王登位第 9～10 年,阿育王、目犍连子帝须共谋,藉主张"佛分别说"的御用僧团举行"分别说部结集",糅杂奥义书、耆那教的思想编集出"变造佛教"的《舍利弗阿毗昙论》。再依《舍利弗阿毗昙论》为准,变造"第二次结集"集出的四部经典,形成"分别说部三藏"。"分别说部三藏"的见解,提倡菩萨信仰,采取折衷摩偷罗僧团、大天集团的意见,针对阿罗汉的证量提出"无漏、不究竟"。

❻ 佛陀正觉后 170 年(262 B.C.E.)

佛灭后 125 年,阿育王登位第 10 年,孔雀王朝御用的分别说部编集出"分别说部三藏",系统性、全面性改变了佛教经法、教乘、修证次第。此外,在阿育王的支持下,分别说部传教团传扬"变型佛教"于印度及周边各地。

❼ 佛陀正觉后 170 年(262 B.C.E.)

佛灭后约 125 年,阿育王登位约第 10 年,摩偷罗僧团的优波鞠多为了维护"第二次结集"的经、律传诵,对抗阿育王支持、变造佛教的"分别说部三藏",遂领导摩偷罗僧团举行"第三次经律结集"。自此,佛教正式分裂为:经系的摩偷罗僧团、律系的毗舍离僧团、论系的分别说部及大天集团等三大派。

❽ **佛陀正觉后 182 年(250 B.C.E.)**

佛灭后约 137 年,阿育王登位约第 22 年,孔雀王朝、楞伽岛(狮子国)组成"政教同盟",摩哂陀将分别说部传入楞伽岛。融摄异道思想的分别说部分化为化地部、法藏部、饮光部,加上正统佛教的阿难系摩偷罗僧团、优波离系毗舍离僧团,印度佛教分为五部。除摩偷罗僧团以外,其余四部僧团开始编集自派的新经诵(《小部》或《杂部》)。

❾ **佛陀正觉后 295 年(137 B.C.E.)**

佛灭后约 250 年,坚守传统经法之阿难系受优波离系部派见解的影响,分裂为"依经之雪山部"与"重论之说一切有部"。日后,维续经法传承的雪山部衰危,终至隐没于世。

❿ **佛陀正觉后 382 年 (50 B.C.E.)**

受优波离系之菩萨信仰影响,大乘菩萨道传出于世,贬"四圣谛"而另倡"缘起即空,诸法皆空",形成"部派菩萨道"与"大乘菩萨道"分立的新局面,部派佛教日渐没落。

⓫ **佛陀正觉后 406 年 (26 B.C.E.)**

分别说系锡兰大寺派僧团举行自部结集,以文字记录集成五部圣典,形成分别说系锡兰铜鍱部。尔后,再传往东南亚诸国。

⓬ **佛陀正觉后 875 年 (C.E. 443)**

求那跋陀罗(Guṇabhadra)将阿难系说一切有部传诵之《相应阿含》

译成汉文,将含有"第一次结集"集成之经法传诵,正式传入于汉地。

⑬ 佛陀正觉后 943 年（C.E. 511）

受优波离系影响之说一切有部为白匈奴王密希拉古拉（Mihirakula,译作摩酰逻矩罗、弥罗崛、寐吱曷罗俱逻）破灭于印度,法脉从此断绝。

⑭ 佛陀正觉后 1415 年（C.E. 983）

公元后 971 年,宋太祖赵匡胤(开宝四年)促成汉地大藏经的开版(蜀版),至公元后 983 年(宋太宗太平兴国八年)完成。汉地大藏经的编集与刻版印刷,使汉译《相应阿含》在译出五百余年后得以刻版印刷。然而,《相应阿含》在历经五百多年的辗转传抄后,不仅译出时的五十卷经文,已失佚了两卷(《神足相应》《正断相应》缺佚),并且次第紊乱。此后《相应阿含》的流传本,在内容与次第上,都有错乱,如卷二三、卷二五两卷,并不是《相应阿含》的经文,而是求那跋陀罗（Guṇabhadra）翻译之《阿育王譬喻》的部分异译,目前被误编在《相应阿含》内。

⑮ 佛陀正觉后 1585 年（C.E. 1153）

锡兰王波洛卡摩婆诃一世（Parakramabāhu I）,联合了锡兰大寺派摩诃迦叶波（Udumbaragiri Mahākassapa）及其弟子舍利弗（Sāriputta）,并团结锡兰所有比丘,将锡兰佛教完全转成大寺派系统。

⑯ 佛陀正觉后 2415 年（C.E. 1983）

汉传菩萨道印顺法师,致力将次第错置、经篇缺佚的阿难系汉译《相应阿含》(误译名《杂阿含》),恢复原有的次第,编写成《杂阿含经论会编》,强化探究"原始佛法"的基础。

⓱ 佛陀正觉后 2423 年 (C.E. 1991)

优波离系南传铜鍱部僧团，将正统僧团之僧律传承，传入台湾与大陆，促使释迦佛陀的声闻僧团再次显现于华人世界。

⓲ 佛陀正觉后 2428～2429 年 (C.E. 1996～1997)

台湾修学南传佛教传诵，遵循"依经识经"而"不依论"的中道僧团及"内觉禅林"成立。

华人南传铜鍱部佛教的学众，依照"修学依据"的差异，分为两种不同的学系：

一、"依经、依律，不依论"的重经学系，以中道僧团为代表。

二、"学经、依律，而依论"的重论学系，依南传铜鍱部诸论作为"学法及禅修依止"的诸方学众为代表。

⓳ 佛陀正觉后 2429 年 (C.E. 1997)

台湾元亨寺将南传巴利三藏译出，汉译南传大藏经全部出版印行于世。

⓴ 佛陀正觉后 2434 年 (C.E. 2002)

中道僧团遵循"依经识经"的修学准则，转变为"传承阿难系与优波离系之原始经法共说"，奉守"第一次结集"之经法、禅法、一乘菩提道，发展为传承原始佛教之经法、律戒的中道僧团。

㉑ 佛陀正觉后 2438 年 (C.E. 2006)

中道僧团在纽约创立了原始佛教内觉禅觉会（Original Buddhism Meditation Society of Enlightenment），2010 年改名为原始佛教会（Original Buddhism Society）。

㉒ 佛陀正觉后 2440 年（C.E. 2008）

出家于南传缅甸僧团的随佛禅师（Bhikkhu Vūpasama），根据阿难系汉译《相应阿含》与优波离系《相应部》之古老《七事修多罗》的共说，厘清部派佛教教说，编写成《相应菩提道次第》，还原被曲解、隐没约二千二百余年之因缘法、菩提道次第的原貌。

《相应菩提道次第》重现修证佛法的正统，阐明先闻知"六处分位"的正确十二因缘法，再依"观六触入处集法"为入手的十二因缘观，体现"先断无明得慧解脱，后离贪、断识食得解脱"，次第开展"四圣谛三转、十二行"的一乘道次第，四圣谛统贯三十七道品的完整禅法，再次重现人间。

㉓ 佛陀正觉后 2442 年（C.E. 2010）

中道僧团（Sambodhi Saṅgha）在台湾、马来西亚、美国等三地创办了原始佛教会（Original Buddhism Society），出版《正法之光 Saddhammadipa》会刊，分设中道禅林 Sambodhi World，在美国申请设立原始佛教会专属的"非营利扶助孤童组织——关怀儿童"（Compassion for Children）。重归"原始佛法（四圣谛）"、"人间佛教"相应一致，世间、出世间通达无碍，自利、利他同步并进的"一乘菩提道"，致力于建立如法、如律、和合一味之原始佛教教团，传续正法于世界。

㉔ 佛陀正觉后 2443 年（C.E. 2011）

公元 2011 年，原始佛教会（Original Buddhism Society）先后在美国、中国台湾、马来西亚等三地，团结了原始佛教中道僧团 Sambodhi Saṅgha 及南传佛教分传于锡兰、缅甸、泰国、柬埔寨、寮国、美国、马来西亚、新加坡的僧伽，共同公开地以"四圣谛佛教"的名义，举行僧团联合宣法，为世人宣说"四圣谛"的教法及深义，并且以中、英文共同发表"四圣谛佛教宣言"（Joint Declaration of "Buddhism of the

Four Noble Truths")。此宣言提出了十项内容,由中道僧团导师随佛禅师拟写,得到斯里兰卡僧团 Venerable Davuldena Gnanissara Maha Nayaka Thero 及 Venerable Kurunegoda Piyatissa Maha Nayaka Thero 两位大长老的慈悲大力支持,经原始佛教中道僧团及南传佛教僧团共同签署后宣告于十方。

㉕ 佛陀正觉后 2445 年(C.E. 2013)

公元 2013 年 6 月,随佛禅师(Bhikkhu Vūpasama)接受江西宝峰寺(中国禅宗马祖道一道场)的邀请,在江西宝峰寺公开地传授"原始佛教中道禅法",慕法、学法者众多。随佛禅师依据阿难系汉译《相应阿含》与优波离系《相应部》之古老《七事修多罗》的共说,传授佛陀原说之"依六处分位的十二因缘法",修正源自部派佛教"依识为分位"的妄解误说"十二因缘法"。此外,又传授依据"十二因缘观",次第开展"七菩提支",统贯三十七道品,究竟成就"四圣谛三转、十二行"的"中道禅法"。

同年,在中国大陆法友的帮助下,在大陆建立了原始佛教的网站,并且继续邀请随佛禅师在大陆各地传授禅法,台湾、大陆团结在佛陀的光明下,同步地学习原始佛教。从此以后,自部派佛教以来被曲解、隐没约二千二百余年之因缘法、禅法、菩提道次第的原貌,正式地在中国大陆宣扬传授,原始佛教开始流传于中国大陆。

㉖ 佛陀正觉后 2446 年(C.E. 2014)

公元 2014 年,中道僧团与中华原始佛教会共同推动成立"中华四圣谛佛教会"。两会共同合作推展佛陀教法、僧团的重兴,并且致力于团结佛教的重要工作,一起为华人社会发展与佛教昌隆做出可贵的贡献。

㉗ **佛陀正觉后 2447 年（C.E. 2015）**

公元 2015 年，随佛禅师依"正念十二因缘"为核心，开展持名念佛、定心念佛、实相念佛之《三阶念佛弥陀禅》，重显弥陀法门的真义，引导弥陀学人归向正道。

公元 2015 年，中国大陆原佛文化参与原始佛教的研究。

公元 2015 年，中道僧团尼僧首座道一尊尼，依照锡兰律承建立：原始佛教比丘尼僧团。

㉘ **佛陀正觉后 2448 年（C.E. 2016）**

创立三阶念佛弥陀禅学会，推广"正念缘起之实相念佛"，引摄弥陀行者三阶念佛朝向菩提。

公元 2016 年间，随佛禅师著作《因缘法之原说与奥义》正式写成，普为世人开显释迦佛陀的真实教法。在网络逐步公开部分内容，此书为重兴释迦佛陀亲传之正觉禅法，奠定了"依经入禅"的坚实基础。

㉙ **佛陀正觉后 2449 年（C.E. 2017）**

随佛禅师领导中道僧团及中国大陆与台湾、马来西亚、美国等地的学众，自斯里兰卡秘密迎奉释迦族守护之古印度迦毗罗卫城（比普罗瓦佛塔）考古出土释迦佛陀真身舍利（遗骨）进入台湾（华人世界）。

㉚ **佛陀正觉后 2450 年 1 月 15 日（C.E. 2018.3.2）**

中道僧团迎请斯里兰卡 Amarapura Nikāya 大长老 Most Ven. Kammatthanacara Dodampahala Chandrasiri Maha Nayaka Thero 及 Siam Nikāya 长老 Ven. Kirama Wimalajothi Maha Thero 等十位斯里兰卡僧团大德，在台湾建立原始佛教根本戒场，并传比丘戒。自此，随佛禅师领导中道僧团自斯里兰卡承续已有两千四百多年传承的解脱僧团律脉于中国台湾。

㉛ 佛陀正觉后 2450 年 2 月 22 日（C.E. 2018.4.7）

随佛禅师带领中道僧团、原始佛教会，公开举办迎奉释迦佛陀真身舍利入台永住大典。

由斯里兰卡守护佛舍利协会代表人摩哂陀大长老、迎请人原始佛教会导师随佛禅师、发现人英国威廉·克拉斯顿·佩沛（William Claxton Peppé）的家族代表威廉·卢克·佩沛（William Luke Peppé），以及比普罗瓦佛塔考古研究的国际学术权威、德国古印度语言及考古学家哈利·福克博士（Dr. Harry Falk），四方共同签署《释迦佛陀真身舍利分奉证书》，确认1898年比普罗瓦佛塔考古出土，奉于迦毗罗卫城的佛陀真身舍利已经入台永住。

㉜ 佛陀正觉后 2450 年 3 月 15 日（C.E. 2018.4.30）

2002～2018年，随佛禅师参考印度史献、现代佛教学术研究，根据说一切有部《相应阿含》、铜鍱部《相应部》及南北传三藏、史献的比对及考证，恢复"第一次经典结集"的古老《七事修多罗》的教说原义，还原佛陀亲教的因缘法、因缘观、四圣谛、三十七道品、修证次第及一乘圣者，确立中道僧团的经法传承。此外，又承续南传铜鍱部千年律戒法脉，建立中道僧团之比丘僧团、比丘尼僧团的律戒传承。历时二百余年，经五代人的努力，中道僧团依据原始佛教传承的经法、律戒及因缘观，再次确立原始佛教的比丘僧团、比丘尼僧团，原始佛教再次出现于人间。

图书在版编目(CIP)数据

阿育王时代变造佛教之史探.上.阿育王掌控僧团推行变造、分裂佛教之政策/随佛禅师著. —上海:复旦大学出版社,2021.5(2022.12重印)
ISBN 978-7-309-15386-6

Ⅰ.①阿… Ⅱ.①随… Ⅲ.①佛教史-印度 Ⅳ.①B949.351

中国版本图书馆 CIP 数据核字(2020)第 221108 号

本书由作者无偿授权出版。

阿育王时代变造佛教之史探.上.阿育王掌控僧团推行变造、分裂佛教之政策
随佛禅师　著
责任编辑/王汝娟
复旦大学出版社有限公司出版发行
上海市国权路 579 号　邮编:200433
网址: fupnet@fudanpress.com　http://www.fudanpress.com
门市零售: 86-21-65102580　　团体订购: 86-21-65104505
出版部电话: 86-21-65642845
上海盛通时代印刷有限公司

开本 890×1240　1/32　印张 10.75　字数 269 千
2021 年 5 月第 1 版
2022 年 12 月第 1 版第 2 次印刷

ISBN 978-7-309-15386-6/B·738
定价: 65.00 元

如有印装质量问题,请向复旦大学出版社有限公司出版部调换。
版权所有　　侵权必究